Kuh Mississippi

Lebensnummer AT 2868118, geb. 22.09.2010,
11 Kälber, verwertet jährlich ein 5.000m² Dauergrünland (Kulturlandschaft), fördert die Biodiversität und produziert dafür auch wieder den eigenen Wirtschaftsdünger (Mist, Gülle, Jauche).
Mississippi hat bereits über 100.000 kg wertvolle Milch produziert.

Leo Steinbichler

Wir füttern die falschen Kühe

Das Werk wurde unter größter Sorgfalt erarbeitet. Dennoch können Fehler nicht vollständig ausgeschlossen werden. Die im Buch dargestellten Ansichten geben die Meinung des Autors wieder. Der Verlag und auch der Autor übernehmen keine Haftung für die Aktualität, Richtigkeit und Vollständigkeit der Inhalte des Buches, ebenso nicht für Druckfehler. Es kann keine juristische Verantwortung sowie Haftung in irgendeiner Form für fehlerhafte Angaben und daraus entstandene Folgen vom Verlag bzw. Autor übernommen werden.

1. Auflage 2023

ISBN 978-3-8000-7827-1 (print)
ISBN 978-3-8000-7836-3 (e-book)

Lektorat: Karin Leherbauer-Unterberger, www.korrekte-texte.at
Textgestaltung: Thomas Schrems
Umschlag-, Covergestaltung & Satz: Saskia Beck, s-stern.com
Coverbild: Adobe Stock
Fotos: privat
Druck und Bindung: Imprint d. o. o., Ljubljana

www.ueberreuter.at

Leo Steinbichler

WIR FÜTTERN DIE FALSCHEN KÜHE

Der betrogene Konsument – Wege aus dem System

Aufgezeichnet von Thomas Schrems

ueberreuter

INHALT

Wer die Energie beherrscht,
beherrscht eine Nation.
Wer die Nahrung beherrscht,
beherrscht die ganze Welt.

Henry Kissinger

1

Die Ratte.
Die Jäger.
Die Wut.

Wie eine zahme Ratte auf dem Bezirksjägertag alles veränderte

Speedy und das Märchen vom Tierwohl

Zehn Bauernfamilien werfen in Österreich Tag für Tag das Handtuch, europaweit sind es im Schnitt an die tausend, und fast immer trifft es kleinere Betriebe. Oft sind es die, die sich der Viehwirtschaft verschrieben haben. Das hat gute Gründe. Danach befragt, würde ein Vollblutpolitiker – durch Spindoktoren und NLP darin geschult, wortreich nichts zu sagen – antworten: „Es ist das komplexe Zusammenspiel einer Vielzahl von Faktoren, ein Ineinandergreifen von Umständen wie auch Interessen und Handlungen jener, die hinter diesen Interessen stehen."

Die Älteren unter uns haben noch die Ära Bruno Kreiskys miterlebt. Als er Anfang der 1970er-Jahre als Klubobmann einer erstarkten Sozialistischen Partei gegen die ÖVP zur Kanzlerwahl antrat und gewann, punktete er bei vielen Menschen mitunter mit diesem sinngemäßen Versprechen:

„Jeder Arbeiter soll sich täglich sein Schnitzel leisten können."

Mehrmals pro Woche Fleisch zu essen, war damals, Wirtschaftswunder hin oder her, Privileg der Oberschicht. Für Arbeiter, kleine Beamte und Angestellte wie auch Pensionisten reichte das Geld für derartigen Luxus nicht. Schnitzel und Schweinsbraten gab es fast ausnahmslos an Sonn- und Feiertagen. Es war dies aber auch die Zeit, als Supermärkte begonnen hatten, Frischfleisch in Bedienung anzubieten. Kreisky fand im roten „Konsum“ einen mächtigen Verbündeten, die als Genossenschaft organisierte Handelskette bot auf einmal Fleisch zum sensationell günstigen Preis an. Der hohe Wasseranteil der Ware bei zugleich minderer Qualität war Aufzucht, Futter und Verarbeitung geschuldet, doch das tat der Begeisterung keinen Abbruch. Die Menschen kauften und kauften. Die „Früchte“ der Massentierhaltung, generell der seriellen Produktion von Lebensmitteln – da noch in ihren vergleichsweise harmlosen Anfängen – kamen in der Breite an, nicht zuletzt, weil es bereits Discounter gab. Sie untergruben die Preisbindung der Markenhersteller, die zu dieser Zeit noch vorherrschte und es Erzeugern ermöglichte, allein über die Verkaufspreise ihrer Waren zu bestimmen.

Erste Märkte wanderten an die Peripherie ab, hinaus ins Grüne, wo massenweise Parkplätze zur Verfügung standen. Die Verkaufsflächen explodierten, das Warenangebot desgleichen. Obendrein fiel die Preisbindung, und der Wettbewerb um Marktanteile bei unserer Nahrung definierte sich nunmehr auch (und bald ausschließlich) über das Geld, denn die Dumpingspirale begann sich zu drehen, nahm an Fahrt auf, ohne je innezuhalten.

Das konnte nicht ohne Folgen bleiben. Für uns alle.

Dies wie auch eine Vielzahl weiterer Faktoren befeuerte eine Entwicklung, vor deren Trümmern wir heute stehen, mit Rabattschlachten da und explodierenden Preisen dort. Unser definitiv viel zu hoher Fleischkonsum ist da nur einer von unzähligen Puzzlesteinen, wenn wir nach konkreten Antworten auf die Frage, warum so viele Bauern ihre Höfe aufgeben, fernab des Polit-Blablas suchen. Schlagwörter blitzen vor unserem inneren Auge auf: Pestizide, Klimawandel, CO_2- und Methanausstoß, Regenwald, Ausbeutung von Arbeitskraft, Palmöl, Megakonzerne, Essen aus der Retorte, Betrug am Konsumenten, Versagen der Politik und so weiter.

Wie hängt all das zusammen?

Wer sich hinsetzt, um in Ruhe nachzudenken, woran es liegt, wer welche Rolle spielt, welchen Anteil trägt, welchen Profit zieht oder Schaden erleidet und was sich im Sinne einer besseren, gerechteren Welt, eines schonenderen Umgangs mit dem Klima, einer weniger gnadenlosen Vernichtung von Ressourcen und einer gesünderen Ernährung bei gleichzeitig mehr Tierwohl anstellen ließe, und was wir – als Einzelne, aber auch im Kollektiv der Gesellschaft – dazu beitragen können …

… wer also bereit ist, sich damit ernsthaft auseinanderzusetzen, dem kann der Kopf schon mal gehörig zu rauchen anfangen: bei so viel globalem Warenverkehr und Lobbying, Massentierhaltung und Umweltproblemen, Verschränkungen ohne Ende, und mittendrin auch das Bauernsterben, das mit einer beängstigenden Rasanz voranschreitet.

Brauchen wir die Bauern überhaupt noch?

Stellen wir uns doch mal so eine Welt ohne Bauern vor. Oder zumindest eine, in der es nur noch die Großen gibt. Wo ausnahmslos Massenproduktion herrscht und wir unserem Körper nur noch zuführen, was Konzernbosse, Labormitarbeiter und Marketingabteilungen für angemessen befinden. Genau dorthin geht die Reise nämlich, auch in Österreich.

Vielleicht haben wir nicht sofort ein klares Bild, wie – globalen Marktmechanismen und deren Profitlogik folgend – so eine von landwirtschaftlichen Klein- und Mittelbetrieben „bereinigte" Welt aussieht, doch vermutlich jede Menge Fragen.

Wenn ich mir etwas wünschen darf, so ist es, dass Sie am Ende der Lektüre dieses Buches sagen: Nein, so eine Welt will ich nicht. Ja, wir sind bereit, mehr als bisher dafür zu tun, darum zu kämpfen, dass sich das System ändert – ohne dass deshalb alle Last der Verantwortung einmal mehr bloß auf uns Konsumenten abgeladen wird. Und wenn ich mir noch etwas wünschen darf, so ist es, dass Sie erhellende Antworten gefunden haben auf Fragen wie diese, um für den Anfang nur ein paar zu nennen:

- Wie verhält es sich mit der Tierhaltung? Gibt es auch bei uns Massenbetriebe wie in Holland, Deutschland oder Spanien?
- Wer garantiert für das Tierwohl? Wer prüft, wie Bauern ihre Tiere behandeln? Wer, ob Tiere jemals Tageslicht sehen?
- Hat nicht jeder Landwirt die Möglichkeit, das Leben seiner Tiere maximal erträglich zu gestalten, so er sie nicht bloß als Betriebsmittel, sondern als Lebewesen sieht? Wenn nein, warum nicht?
- Was ist dran an den Berichten von Tierquälerei, von unhaltbaren Zuständen?
- Wenn das System der Landwirtschaft, der Produktion von Lebensmitteln, wie es heißt, so ausbeuterisch ist, dass die Bauern kaum Geld verdienen – warum spielen nach wie vor so viele mit?
- Woher stammen unsere Lebensmittel? Wie gesund oder ungesund sind sie tatsächlich? Unter welchen Bedingungen werden sie hergestellt? Mit welchen Hilfsmitteln und Tricks? Auf wessen Rücken?

- Was geschieht mit der Kulturlandschaft, unseren Erholungsgebieten draußen vor den Toren der Städte? Wer kümmert sich um sie?
- Wer macht die Preise für unser Essen? Nach welchen Kriterien?
- Welche Rolle spielen Handelsriesen? Wie sehen die Verflechtungen mit der Politik aus?
- Wer sind die Strippenzieher dieses Systems? Wem dient es vorrangig? Wer bleibt darin auf der Strecke?

Der Tierschutz und die Viel-Klassen-Gesellschaft

Eines vorab: Es gibt nur wenig, das mir so sehr am Herzen liegt wie das Wohl der Tiere. Meiner Tiere, aber nicht nur das ihre. Für einen Landwirt mit Leib und Seele, wie auch ich einer bin, versteht sich das von selbst. Gewiss, die schwarzen Schafe existieren überall, auch bei uns Bauern. Seien es Berichte von vernachlässigten Rindern und Schweinen, die wir ab und an zu sehen bekommen, oder jene erschütternden Bilder, die uns erst kurz vor Weihnachten 2022 aus einem Geflügelmastbetrieb[1] in der Steiermark erreicht haben.

So schrecklich diese Zustände auch sein mögen und jedem Tierfreund das Herz eng schnüren, so sehr sind sie zum Glück nicht die Regel und für mich keine Motivation, ein Buch wie dieses zu schreiben. Bauern und Betreiber von Mastbetrieben sind per se keine Tierquäler oder generell desinteressiert am Wohl der Geschöpfe in ihren Ställen. Was sie jedoch sind, ist das eine Rad in einem riesenhaften Getriebe von Rädern, in dem sie sich mitdrehen, ja, bisweilen mitdrehen müssen, der eine Teil einer Maschinerie, die ein massives strukturelles Problem hat. Diese Strukturen zu beleuchten, war meine Motivation. Aufzuzeigen, warum es läuft, wie es läuft, und zugleich den Hochglanzlack von jenem Bild einer immer noch heilen Alpenidylle abzukratzen, das uns im Zusammenwirken aus Politik, Werbung, Massenmedien, Handelsriesen und marktbeherrschenden Big Playern, wie Raiffeisen, vorgegaukelt wird.

Dabei kam mir der glückliche Umstand zu Hilfe, dass ich über Jahrzehnte hinweg tiefe Einblicke in gleich mehrere Welten nehmen durfte. Weder bin ich nur ein Bauer, der meint, Politiker spielen und gescheit daherreden zu müssen, noch nur ein Politiker, der meint, den Menschen in puncto Landwirtschaft und Lebensmittel die Welt erklären zu können – bloß weil irgendwo in seinen Adern ein paar Tropfen bäuerliches Blut fließen, auf die er sich bei Bedarf beruft, ohne von der Praxis einen Schimmer zu haben. Weder bin ich Anhänger irgendwelcher Verschwörungstheorien, noch trete ich an, blindlings „Bashing“ in diese oder jene Richtung zu betreiben. Ich halte bloß die Augen offen und versuche zu tun, was ich stets getan habe: mir selbst treu zu bleiben.

Darum habe ich mich bemüht, Bauer- und Politikersein zu vereinen, wenn ich frühmorgens nach dem Ausmisten aus den Stallstiefeln geschlüpft bin und hinein ins Auto, um nach Wien zu einer Sitzung im Bundes-, später Nationalrat oder in irgendeinen Ausschuss zu fahren. Und darum bemühe ich mich heute noch. Heute wie damals höre ich mir die Sorgen und Nöte jener – fast hätte ich gesagt – Kaste an, der ich selbst entstamme und mit Begeisterung und Stolz angehöre. Ich höre zu, lerne, ziehe meine Schlüsse.

Zugleich versuche ich, informiert zu bleiben, die Verzahnungen einzelner Systeme zu einem übergeordneten System zu erfassen, zu begreifen und mit Erfahrungen abzugleichen, die ich sammeln durfte, um es als gebündeltes Wissen weiterzugeben. Es war mir vergönnt, das System Politik über lange Zeit von innen heraus zu studieren und in seiner bestehenden Form missachten zu lernen.

Aufzeigen, warum es läuft, wie es läuft. Das ist mir gerade in Sachen Tierwohl ein Anliegen. Schließlich leben nicht nur wir Menschen in einer Viel-Klassen-Gesellschaft. Die Tiere tun es auch, bloß dass unsereins Gesellschaften innerhalb der Gesellschaft durch eigenes Handeln schafft, Tiere indes diese Abstufungen aufgezwungen bekommen. Von uns Menschen.

Eine Ratte als Sittenbild der Doppelmoral

Darum möchte ich Ihnen zum Einstieg auf den folgenden Seiten die Geschichte rund um die Ratte Speedy erzählen. Ich habe den kleinen Nager auf dem Bezirksjägertag von Vöcklabruck eingeschleust, im Wissen, neben mir – auf dem Podium der Ehrengäste – würde der Landeshauptmann sitzen. Die Sache sollte (so viel vorab) einen handfesten Eklat nach sich ziehen und zugleich einen Wendepunkt in meinem Leben markieren. Ohne Speedy wäre tatsächlich alles anders gekommen. Kein Landeshauptmann hätte einen hochroten Schädel bekommen und vor versammelter Partei-Prominenz einen Wutanfall. Meinen medienwirksamen Hinauswurf aus dem Bauernbund hätte es ebenfalls nicht gegeben. Auch hätten – im Gefolge dessen – 1.200 Landwirte mit 400 Traktoren niemals demonstriert und die Kriminalpolizei auf den Plan gerufen. Und zum gewaltsamen Sturm auf ein Gasthaus hätte auch niemand (ums Haar) angesetzt. Desgleichen hätte …

Hätte, hätte, hätte. Was für ein Rattenschwanz an Konsequenzen wegen einer kleinen, harmlosen, noch dazu handzahmen Ratte!

Aber am besten alles schön der Reihe nach. Punkt für Punkt möchte ich es im Folgenden darlegen. Wie es bei den Haus-, Nutz- und sonstigen Tieren anfängt und bei Bio-Wahn und Bio-Lüge im Stall, auf dem Acker, im Supermarkt endet. Wie die systematische Täuschung der Menschen von A wie AMA-Gütesiegel bis Z wie Zucker reicht. Und warum es keine Rolle spielt, ob wir von Österreich, Deutschland, der Schweiz, Italien oder einem anderen Land sprechen. Die Auswüchse in meiner Heimat sind mir naturgemäß am nächsten.

Der Hochmut und die Hinterbank

Als Landwirt aus einem Dorf wie Aurach am Hongar im Hausruckviertel sich aufs glatte Wiener Parkett der Politik zu begeben, bleibt nicht ohne Folgen und Gegenwind. Man prallt auf ein System, dessen führende Köpfe sich selbst dienen und bedienen und Menschen einfacher Herkunft, wie auch ich einer bin, mit einer generellen Skepsis und Herablassung begegnen. Das war eine der größten Lehren, die ich zog, als ich vor mehr als 20 Jahren aus der Landes- in die Bundespolitik wechselte. Rasch begriff ich die Blicke, die wortlos sagten: Du magst ja ein gewisses Ansehen genießen in deinem Dorf. Und eine Gaudi beim Spritzertrinken ist es auch mit dir. Aber das hier ist eine andere Liga. Champions League, verstehst du?

Vom Hinterwäldler ist es ja – sprachlich zumindest – nicht weit zum Hinterbänkler, jener Subspezies von Abgeordneten, die sich die Hörner erst abstoßen, ihre Redezeit am Pult erst verdienen müssen. Sofern sie überhaupt etwas sagen wollen. Zu einem verstorbenen Nationalratsabgeordneten, langjähriger Bürgermeister einer Gemeinde in Osttirol, hält sich hartnäckig die Geschichte, er habe in seinen 16 Jahren im Nationalrat eine einzige Wortmeldung abgegeben, welche wiederum aus einer Ein-Wort-Forderung bestanden habe:

„Pause!"

Ob wahr oder sanfte Übertreibung – die Geschichte legt lebhaft Zeugnis über ein beschämendes Sittenbild ab.

Klassischer Hinterbänkler sein wollte ich niemals. Ich wollte von Anfang an mitgestalten statt mitverwalten. Weder peilte ich den Versorgungsposten danach an, noch begab ich mich in anderweitige Abhängigkeiten. Das macht es um vieles leichter, die Goschen nicht zu halten, ist aber auch Garant fürs Anecken.

Ein Bundesräte-Treffen zum Tierschutz mit Folgen

Phase 1 – erste Unstimmigkeiten

Der Bundesrat ist Teil des Zwei-Kammern-Systems der Gesetzgebung und ein dem Nationalrat nachgeschaltetes Instrument – eine Art kleiner Bruder des Nationalrats also, dessen Mitglieder (61 an der Zahl, ein Drittel der Nationalratsabgeordneten) vom Landtag in den Bundesländern proportional zu den politischen Mehrheitsverhältnissen in den Bundesländern entsandt werden mit dem Auftrag, die Interessen der Länder zu vertreten. Vor allem will der Bund neue Gesetze erlassen.

So viel zur etwas langweiligen Theorie. In der Praxis wird die Sinnhaftigkeit dieser Institution gerne infrage gestellt, weil der Bundesrat …

1. … von Parteien als Kaderschmiede missbraucht wird, um Jungspunden erste Atemzüge in der Welt der großen Politik zu ermöglichen.
2. … dazu dient, um altgediente, unliebsame, in Ungnade gefallene Mandatare aus dem Nationalrat wegzuloben, ohne sie ganz vom Futtertrog zu verbannen.
3. … für die Presse wenig bis gar nicht attraktiv ist. Er ist vielmehr – um es in der Bauernsprache zu sagen – eine Art Wiederkäuer, würgt Themen empor, kaut sie durch, wiewohl sie Wochen zuvor im Parlament durchgekaut wurden und keinen Journalisten hinter dem Ofen hervorlocken. Und – als Hauptgrund der Kritik:
4. Der Bundesrat hat nichts zu sagen.

Nun ja, nichts stimmt nicht ganz. Schließlich kann er ein „suspensives Veto" einlegen, aufschiebenden Einspruch für maximal acht Wochen. Nachhaltig bewirken kann das Veto nichts. Das ist wie beim Kartenspielen, wenn der eine noch so gut zu agieren glaubt, doch der andere stets das bessere Blatt in Händen hält und über alles drüberfährt. Dieses Über-alles-Drüberfahren (zu erwirken mit einfacher Mehrheit, in einer Koalition, die nicht am Zerbröseln ist, also praktisch immer) nennt sich im Politiker-Sprech so:

Beharrungsbeschluss.

Ein „absolutes Veto" gibt es auch. Dort, wo der Staat direkt in die Gesetzgebung der Bundesländer eingreifen und zugleich die Verfassung ändern möchte, wenn er z. B. meint, die Landesschulräte sollten von nun an Bundessache sein. Auch Bereiche wie Landwirtschaft, Wohnbauförderung oder Raumordnung zählen dazu.

Doch es wäre nicht Österreich, gäbe es für die Ausnahme nicht eine Reihe von Ausnahmen, die in größerer Stückzahl als die Regel selbst vorliegen, und so kam es in der Zweiten Republik erst ein einziges Mal vor, dass dieses absolute Veto angewandt wurde: Das war unter Türkis-Blau bei der Ökostromförderung, als die Sozialisten im Bundesrat Njet sagten.

Fahnentreue oder reines Gewissen?

Hätten Sie mich einst nach Bedeutung und Notwendigkeit des Bundesrates gefragt, hätten Sie in mir einen glühenden Befürworter vorgefunden. Ich war selbst jahrelang Mitglied und wollte etwas bewegen.

Der Tag, von dem ich nun spreche, war kein gewöhnlicher Sitzungstag des Bundesrates. Es war eine gemischte Veranstaltung. Ein Hearing zur Novelle des Bundestierschutzgesetzes, angesetzt im Parlament und mit Beteiligung von Nationalrat, Bundesrat und externen Experten. Einer von ihnen war der von mir sehr geschätzte Professor Alfred Haiger, damals Vorstand im *Institut für Nutztierwissenschaften* an der Universität für Bodenkultur in Wien, ein Kapazunder auf seinem Gebiet und unermüdlicher Promotor kleiner, regionaler Einheiten, für die auch ich plädiere. Ein Gegengewicht zur Größer-noch-größer-Doktrin, die nichts als fatalen Preis- und Arbeitsdruck erzeugt und von niemandem gewünscht wird – ausgenommen Industrie und Handel.

Ungeachtet dessen stand für mich außer Frage, dass mein Gewissen an diesem Tag – vor allem beim Tierschutz – einmal mehr stärker sein würde als meine Lust auf Fahnentreue. Dabei kam mir jedoch der zweite geladene Experte in die Quere – der damalige Direktor im Tiergarten Schönbrunn, Helmut Pechlaner. Meine eigene Partei, die ÖVP, hatte ihn als Gastexperten entsandt. Pechlaners Aufgabe bestand darin, Stimmung zu machen für die geplante, hinter den Kulissen längst ausgeschnapste, Novelle.

Doch was sah die Novelle überhaupt vor?

In kurzen Worten: Die Novelle war ein Rückschritt, eine Abkehr, von errungenen Verbesserungen früherer Tage. Hundewelpen zum Beispiel durften damals in Zoohandlungen gar nicht mehr angeboten werden, das neue Gesetz sah vor, dass dies sehr wohl wieder möglich sein sollte. Unter bestimmten

Voraussetzungen wie einem „verpflichtenden Verkaufsgespräch, um Spontankäufen vorzubeugen“. Und einem „Betreuungsvertrag mit einem Tierarzt“.

Die Tierschützer der Grünen gingen zu Recht auf die Barrikaden. Und leider blieb nur folgende Erkenntnis:

Die Diskussion um den Tierschutz ist fadenscheinig und verlogen. Was wir brauchen, ist ein viel breiterer, fairer Zugang. Eine gesellschaftliche Diskussion, die der Gesamtheit gerecht wird. Und nicht die x-te Neuauflage eines milliardenschweren Geschäftsmodells, weil das, worum es wirklich geht, zweitrangig ist: das Tierwohl.

Zur Veranschaulichung ein Beispiel:

Warum erklären wir die Wespe zum Todfeind und rücken ihr mit Giftgas zu Leibe, während die Biene den Status einer Heiligen genießt? Sind nicht alle beide Nützlinge? Fressen nicht sogar die einen (Wespen) die lästigen Gelsen und andere Insekten? Versehen nicht alle beide den wichtigen Dienst des Bestäubens von Blüten? Besteht der größte Unterschied nicht darin, dass die eine nur einmal zustechen kann und die andere mehrmals? Oder liegt es am Honig, den uns die Wespe nicht schenkt? Oder womöglich daran, dass die eine (Biene) eine mächtige Zeichentrick-Verbündete hat und die andere (Wespe) nicht?

Das klingt lächerlicher, als es in der Realität des politischen Aktionismus ist. Die Macht der Symbolik ist enorm, und mir fällt dazu diese Begebenheit vom Mai 2013 ein:

Das Waterloo mit der Biene Maja

Niki Berlakovich war damals ÖVP-Minister. Der Burgenländer galt lange als DIE Nachwuchshoffnung einer personell vor sich hin kränkelnden ÖVP (Sebastian Kurz ging da gerade nicht mehr zur Schule und hatte es nach einigen Runden mit dem *Geilomobil* zum jüngsten Staatssekretär des Landes geschafft). Berlakovichs Strahlemann-Image hatte jedoch nach einer peinlichen Affäre rund um einen verpassten Flug und seinen Zornausbruch der Botschaftsvertretung in Frankreich gegenüber erste Schrammen erlitten.

Dann kamen die Bienen.

Genauer gesagt: die EU-Abstimmung über ein Verbot der Neonicotinoide, jener synthetischen Chemie-Wunderwaffe, die bei fast allen 5.000 heimischen Zuckerrübenbauern gegen den Rüsselkäfer und bei Maisbauern gegen den Maiswurzelbohrer im Einsatz stand und nach wie vor steht. Jene Chemie-Wunderwaffe aber auch, die seit Jahren für das Bienensterben mitverantwortlich gemacht, von Umweltschützern bekämpft wird (und mittlerweile zum Teil durch ein Mittel ersetzt worden ist, das halb so wirksam ist, dafür viermal so teuer).

Wie so üblich, entsandte auch der rot-weiß-rote Minister einen ranghohen Beamten nach Brüssel, der an seiner statt die Hand heben sollte. Der tat wie befohlen und stimmte *gegen* ein Verbot des Pflanzenschutzmittels. Österreich befand sich damit an der Seite von Italien, Tschechien, Ungarn, Portugal, Rumänien, der Slowakei und dem Vereinigten Königreich in einer Ein-Drittel-Minderheit.

Was geschah?

Ein Aufschrei ging durchs Land. Berlakovichs Ausritt diente den anderen Parteien im Wahlkampf als Steilvorlage, und für das Volk war Niki Berlakovich ab sofort Österreichs Bienenstaatsfeind Nummer 1. Nicht zuletzt, weil die *Kronen Zeitung* landesweit ein Bild der Biene Maja auf der Titelseite brachte und Berlakovich die Leviten las. Noch am Morgen des Erscheinens rief der Minister einen leitenden Redakteur des mächtigen Blattes an (er hat es mir selbst erzählt) und bat dringend um einen Termin. Man traf sich Stunden später in einem Lokal am Donaukanal bei der Urania und saß im hintersten Eck mit Blick aufs Wasser. Ein Mitarbeiter des Ministers stand abseits und sah zu, dass niemand sich dem vertraulichen Gespräch näherte.

„Was habe ich falsch gemacht, dass alle über mich herfallen?", fragte der Minister verdattert, „jetzt sogar ihr von der Krone!" Womit Berlakovich das damals schon mehr als nur wohlwollende Verhältnis zwischen Blatt und Partei ansprach.

„Du hast es verbockt, Niki", sagte der Journalist. „Wer gegen die Biene Maja ist, hat in diesem Land verloren. Sorry, aber so ist das nun mal. Das ist einfach ... *too much*, verstehst du? Da kann ich leider nichts machen. Befehl von ganz oben."

Experten-Warnung als Staubfänger in der Schublade

Berlakovich legte über Nacht mit einer 180-Grad-Wende einen Kniefall vor dem Boulevard aufs Parkett, berief einen Bienengipfel ein und war von da an strikt für ein Verbot der Neonicotinoide. Welch verheerende Gefahren diese Giftbomben bergen, musste ihm jedoch schon fast zwei Jahre zuvor bekannt gewesen sein, nachdem ihn ein Experte der Universität für Bodenkultur in Wien, Stefan Mandl, eindringlich darauf aufmerksam gemacht hatte.

Zur Veranschaulichung: Ein Gramm der Substanz kann bis zu vier Milliarden (!) Bienen töten, das entspricht 160.000 Bienenvölkern – theoretisch und bei kleinräumiger Anwendung, die in der Regel aber nicht der Fall ist. Doch auch so ist das Todespotenzial des Mittels schaurig, und jene, die einen Kontakt überleben, werden zu Alzheimerbienen, vergessen erlernte Düfte oder verlieren im Fall von Männchen die Fähigkeit zur Fortpflanzung. Desgleichen töten Neonicotinoide zuhauf Hummelpopulationen, weil die Tiere nach Gifteinwirkung zu langsam mit den Flügeln schwirren, was dazu führt, dass sie weniger Nahrung sammeln können und sterben. Darüber hinaus schädigt das Gift eine Vielzahl anderer Lebewesen, befördert Regenwürmer, Schmetterlinge, Käfer und andere Insekten ins Insekten-Nirwana – und bringt das Ökosystem in akute Gefahr. Alles bloß ein Kollateralschaden, den man im Kampf gegen Rüsselkäfer, Maiswurzelbohrer und andere Schädlinge hinnehmen muss?

Weder der Minister noch sein Team hatten auf Mandls Bericht reagiert, das Papier in einer Schublade zum Staubfänger verkommen lassen und stattdessen die Argumentation einer von drei Chemiekonzernen mitfinanzierten Studie[2] zur relativen Unbedenklichkeit der Neonicotinoide weitestgehend übernommen – bis er sich seine Schelte in der *Krone* abholte und den jähen Sinneswandel, ausgestattet mit einem diplomatischen Aber, so erklärte:

„Wir wollen die Bienen schützen. Wir wollen aber auch die Bauern schützen.“[3]

Als Minister für Umwelt UND Landwirtschaft in Personalunion beide Interessen vertreten zu wollen, wäre selbst für einen Schizophrenen in Bestform keine ausgemachte Sache. Berlakovich musste demnach scheitern, und da half auch nicht, dass 94 Prozent aller Ministeriumsinserate mit seinem Bildchen versehen waren, und auch nicht eine vom Rechnungshof angeprangerte 4,4 Millionen-Euro-Homepage. Wenig später war Berlakovich als Regierungsmitglied Geschichte. Doch er fiel nicht tief, blieb Abgeordneter und wurde obendrein Präsident der Landwirtschaftskammer im Burgenland.

2018 war EU-weit endlich Schluss mit Neonicotinoiden. Österreich hebelte allerdings das Verbot prompt durch eine „Notzulassung“ für den Rübenanbau wieder aus, und eine von Berlakovichs Nachfolgerinnen, Elisabeth Köstinger, blendete den Bauchfleck ihres Parteikollegen mit diesen Worten aus:

„Uns war stets eine gemeinsame europäische Lösung wichtig." [4]

Der Hohn mit dem Tierschutz

Damit zurück zum Thema, denn die Bienen sind im fadenscheinigen Umgang mit dem Wort Tierschutz nur das eine. Hier weitere Beispiele:

Warum vergiften wir Fischreiher und hängen für Störche fast schon Welcome-Transparente an die Schornsteine?

Warum sperren wir Katzen und Hunde (artgerecht?) in kleine Wohnungen und beklagen uns zugleich, dass Bauern (die wir persönlich nicht kennen) ihre Tiere nicht rund um die Uhr auf die Weide lassen, um beim nächsten Einkauf superbilliges Tierfabrikfleisch unbekannter Herkunft ins Wagerl zu legen?

Warum kümmert niemanden, wenn Fische in dichtester Haltung neuerdings sogar in Baumärkten zu kaufen sind?

Warum lieben wir Schwäne auf Ansichtskarten und erklären sie im echten Leben zur Plage, wenn ihre Population wächst und sie beispielsweise den schönen Attersee mit ihren Exkrementen verunstalten? Im konkreten Fall, im Sommer 2020, endete das damit, dass Tiere mit aufgeschlitzten Hälsen beim Seeabfluss ein Wassergrab fanden und zugleich das Bundeskriminalamt (absurd, aber wahr) Ermittlungen aufnehmen musste, weil ein Urlauber jemanden beim Füttern der Tiere beobachtet und sich beschwert hatte.[8]

Wo beginnen die Interessen von Tourismus und Wirtschaft? Inwieweit hat echtes Tierwohl hier noch Platz?

Und müssen wir nicht auch weiterdenken, wenn wir schon den Schwänen die Trübung unseres Freizeitvergnügens unterstellen? Etwa (Beispiel Attersee) an den immensen Lufteintrag von Schadstoffen, den die Autoschlangen in den Sommermonaten verursachen? So hat das renommierte *Fraunhofer Institut für Umwelt-, Sicherheits- und Energietechnik* in Oberhausen zum Thema errechnet, dass von den 300.000 Tonnen Mikroplastik, die Jahr für Jahr allein in Deutschland in die Umwelt gelangen, bei 51 Quellen der mit Abstand größte Verursacher der Abrieb von Autoreifen ist – und zwar jener der heiligen Kuh Privat-Pkw. Auf Platz 3 des Rankings findet sich der Abrieb von Asphalt, auf Platz 6 die Freisetzung von Baustellen – und auf Platz 7 der Abrieb unserer Schuhsohlen.[9]

Was sagt uns das über das Schadensausmaß durch die Schwäne?

Wie verhält sich der Tierschutz beim Wolf, wenn er in einer Nacht 20 Schafe tötet und weitere acht notgeschlachtet werden müssen?

Warum zerschneiden, vergiften oder salzen wir Schnecken zu Tode oder zertreten sie? Handelt es sich hierbei um keine Lebewesen?

Die Jagd wiederum genießt einen Sonderstatus. Warum wird hierbei nicht ebenso differenziert, wie wir es anderswo als selbstverständlich erachten?

Die Antwort ist so schlicht wie ernüchternd:

Tierwohl endet, wo Profit beginnt.

Besonders gut abzulesen ist dies bei den Ratten. Wir bescheren ihnen einerseits einen qualvollen Tod durch Giftköder und züchten sie andererseits millionenfach, um sie zum Kilopreis an Schlangenhalter zu verkaufen (allein im Bezirk Linz-Land sind 115 Züchter gemeldet) oder in Labors einzusetzen. Gerade an ihnen manifestiert sich die Doppelmoral auf erschreckend erhellende Weise: Mal sprechen wir einer Spezies das Recht auf Leben zu, mal ab. Je nachdem, ob es den Interessen dient oder nicht.

Haben wir uns nicht längst einem Leitbild für den Umgang mit Tieren unterworfen, das fast ausnahmslos dem Geschäftssinn folgt und kaum noch echten Werten?

Auch die Wissenschaft spielt mit

Noch ein Wort zu den Laborratten: Mehr als 200 etablierte Methoden in der human-medizinischen Forschung gibt es mittlerweile, die ohne Tierversuche auskommen und keine schlechteren Resultate erzielen. Die Erfolgsquote bei auf Basis von Tierquälerei entwickelten Medikamenten ist ohnedies schaurig: Gegen die Erkrankung Alzheimer existieren rund 400 Arzneien, die bei Mäusen wirken – doch kein einziges hilft Menschen. Ähnlich verhält es sich bei der Krebsforschung. Generell liegt die Erfolgsquote von Mitteln, die bei Tieren funktionieren, im menschlichen Anwendungsbereich bei unter zehn (!) Prozent.[10]

Einen Gegentrend in Richtung menschenbasierter Methoden gibt es längst, so zum Beispiel an der Charité in Berlin, wo ein neues Zentrum zur Entwicklung alternativer Methoden eröffnete. Man wolle, hieß es, zur Hauptstadt dieser zukunftsträchtigen Methoden avancieren. Nachdem sich der Dekan der berühmten Einrichtung im Magazin der *Süddeutschen Zeitung* kritisch zu Tierversuchen geäußert hatte, war der Abgang eines ausgewiesenen Tierversuchsexperten zu vermelden, der wenig später an der Johannes-Kepler-Universität (JKU) in Linz anheuerte. Kurz darauf wurde von dort der Ruf nach einem neuen Tierversuchszentrum laut. Obwohl selbst aus den eigenen Reihen der Krebsforscher heftige Kritik an den Methoden dieses Zentrums erhoben wurde und es einen Verein „Ärzte gegen Tierversuche“ mit prominenter Besetzung gibt, tat das dem Engagement in Linz keinen Abbruch.

Dabei denken bereits ganze Nationen um. Die Niederlande haben ein Verbot der systematischen Tierquälerei für 2025 in Aussicht gestellt, die USA wollen bis 2035 nachziehen. Auch Großbritannien sendet Signale in eine ähnliche Richtung. Wo die Gewichtung andernorts liegt, ist an der Verteilung der Mittel zu ersehen: So werden in Deutschland (gestützt durch Förderungen) jährlich rund 4,8 Milliarden Euro in Tierexperimente gesteckt – und 20 Millionen in tierversuchsfreie Methoden mit denselben Zielen. Also nicht einmal ein halbes Prozent davon. In Österreich ist dieses Verhältnis ähnlich.

Oberste Regel: Vorsicht mit Ikonen!

Tierversuche brauchen wir wirklich nicht mehr. Womit sich hier der weite Kreis schließt und wir zurück sind bei jenem Hearing im Parlament, wohin ich Sie eingangs eingeladen habe. Als sich die Ränge gefüllt hatten und das Tierschutz-Hearing begann, wurde meine Wut über die Art, wie die Diskussion darüber geführt wurde, immer größer. Nein, keine Tierversuche. „Kümmern Sie sich doch lieber um Ihre Elefanten, Herr Pechlaner!“, rief ich ihm quer durch den Saal zu. „Und wir Bauern kümmern uns um unsere Viecher!“

Das kam nicht überall gut an, und am allerwenigsten, von Pechlaner abgesehen, bei den linientreuen Ja-Sagern meiner eigenen Partei. Mag sein, dass mein Einwurf unter der Gürtellinie war, weil der Anlass, auf den ich mich bezog, ein zutiefst trauriger war. Ich sprach ja jenen verhängnisvollen Sonntagnachmittag im Tiergarten Schönbrunn an, als der pubertierende Elefantenbulle Abu seinen Pfleger, einen 39 Jahre alten Vater zweier Kinder, plötzlich mit den Stoßzähnen aufspießte und tödlich traf.

So kam es, dass ich gegen Helmut Pechlaner, der sicher ein verdienter Experte in vielen Belangen ist, auftrat und mir damit aber natürlich den Unwillen meiner Partei zuzog.

Damit stand ich unter Beobachtung.

Der Samen für meinen Bruch mit der Österreichischen Volkspartei war in der Welt und begossen – und so begann er unausweichlich zu wachsen und zu gedeihen.

Der Bezirksjägertag

Phase 2 – Sprünge und erste Brüche

Nun aber endlich zum Bezirksjägertag. Mit dichtem Programm, Ansprachen, Trophäenschau, der Wahl von Bezirksjägermeister und Stellvertreter, des Bezirksjagdrates, der Delegierten und so weiter.

Als Bezirksobmann des Bauernbundes und Bezirksbauernkammerobmann war auch ich einer der Geladenen. Und ich brachte die Ratte Speedy mit. Diese ungewöhnliche Begleitung erregte natürlich hohes Aufsehen, besonders da mein Platz am Podium war, und noch bevor das Programm begann, wurde ich vehement aufgefordert, die Ratte zu entfernen.

Der Festredner war Landeshauptmann Josef Pühringer. Er staunte nicht schlecht.

„Das ist der Speedy", sagte ich in seine Richtung und nickte wohlwollend, „und der spielt heute eine Hauptrolle."

Vielleicht sagte ich auch: *die* Hauptrolle. So genau weiß ich das nicht mehr. Das tut aber auch nichts zur Sache. Einem Landeshauptmann als Festredner auf einer Provinzbühne namens Bezirksjägertag das alleinige Vorrecht auf die Hauptrolle abzusprechen, ist Sakrileg genug. Und wenn der Konkurrent um den schauspielerischen Hauptakt eine Käfigratte ist – na dann, gute Nacht!

Dann ging es auch schon los, und Speedy blieb, wo er war: dicht an meiner Seite und mit freiem Blick auf den zunehmend irritierten Landeshauptmann. Punkt für Punkt wurde die Tagesordnung abgespult, bis ich an die Reihe kam mit meiner Rede und sagte, was zu sagen war: Ich sprach von der Doppelbödigkeit in Sachen Tierschutz, von der Verlogenheit der Gesellschaft im Umgang mit sogenannten Nützlingen und Schädlingen, von der Zwiespältigkeit der Tierhaltung in Großstädten, von der Vergötterung der Haustiere bei zugleich alles anderer als artgerechter Haltung. Zur Unterstreichung des Gesagten hielt ich ab und an Speedy in die Höhe.

Kurz nach mir war der Landeshauptmann mit seiner Ansprache an der Reihe, als Höhepunkt im Programm, ehe es zum gemütlichen Teil überging. Bemerkenswerterweise konnte schon eine Stunde danach niemand mehr den Inhalt seiner Rede wiedergeben, auch nicht ansatzweise.

Speedys Auftritt hingegen hatte dauerhaften Eindruck hinterlassen. Nicht bloß, dass die Schulterklopfer (mit verstohlenem Blick) fast anstanden, nein, auch heute noch, so viele Jahre danach, werde ich darauf angesprochen. Es hat den Anschein, als hätte ich den Nerv getroffen. Auf den Punkt brachten den breiten, doch lieber klammheimlichen, Zuspruch die Worte eines Freundes. Er raunte mir, die Folgen erahnend, noch während der Veranstaltung zu:

„Leo, du hast ja recht mit allem, was du sagst. Aber sagen hättest es nicht dürfen."

Der Landeshauptmann und der Tierschutz

Phase 3 – der Bruch

Anderntags erschien ein Bericht zum Bezirksjägertag in der *BezirksRundschau* sowie im Regionalteil der *Oberösterreichischen Nachrichten.* Medial war die Husky-Ratte Speedy ein Renner. In meinem Sprengel allemal. Und ich muss gestehen: Es bereitete mir einige Freude, mit Speedy auf der Schulter für das Zeitungsfoto zu posieren. Natürlich wurde die Geschichte ein wenig aufgebauscht. In gewissem Sinne wehte ein Hauch der alten David-Goliath-Geschichte durch den Bezirk und darüber hinaus, bloß mit definitiv anderem Ausgang. Weil mir natürlich klar war, dass ich den Riesen nicht zu Fall bringen würde.

Ein paar Tage später war Landesparteikonferenz in Linz.

So eine Landesparteikonferenz wie jene im Raiffeisenhaus ist nichts Erhebendes. Es sei denn, das Knistern der aufgeladenen Stimmung macht sich schon zu Beginn bemerkbar. So war es auch damals, denn ehe es losging, funkelte Landeshauptmann Josef Pühringer in meine Richtung und knurrte mit diesem bestimmenden Tonfall, in dem Menschen seiner Position Machtworte auszudrücken pflegen und jeden Widerstand kategorisch ausschließen:

„Noch bevor wir zur Tagesordnung übergehen ... Leo ... dass das klar ist: Kein Wort mehr über den Tierschutz."

Speedy auf dem Bezirksjägertag hatte also seine Wirkung hinterlassen und David dem großen Goliath ein blaues Auge geschossen. Ob ich überhaupt noch etwas zum Tierschutz hätte sagen wollen oder nicht, war für mich an diesem Montagmorgen nicht das Thema. Darüber hatte ich im Vorfeld gar nicht nachgedacht. Doch allein der Versuch, mir vor versammelter Truppe einen Maulkorb zu verpassen, weckte meinen Widerspruchsgeist.

„Sepp", gab ich so emotionslos wie möglich zurück, „das schaffst *du* mir nicht an."

Still war es auf einmal im Saal, wie bei der berühmten Stecknadel, nach deren Fallen man die Stille hört.

Dann sprang der Landeshauptmann auf und donnerte auch schon fuchsteufelswild drauflos:

„ICH HABE GESAGT, KEIN WORT MEHR VON DIR ZUM TIERSCHUTZ!!!!!"

Schreien ist nicht so meine Sache.

Nun stand auch ich auf, ganz langsam, ganz bedächtig. Ebenso bedächtig sagte ich nun ein zweites Mal:

„Sepp ... das ... schaffst ... *du* ... mir ... nicht ... an."

Das war's dann. Mir war das klar. Allen anderen im Saal ebenso. Doch es ging eben nicht anders.

Der Hinauswurf aus der Heiligen Familie

Es war der 19. Februar 2008, als ich ein historisches und richtungsweisendes Schreiben erhielt: meinen Hinauswurf aus dem Bauernbund.

Heute noch treibt es mir Tränen der Heiterkeit in die Augen, lese ich die Bergündung. Sie erinnert mich an den einen oder anderen Eintrag ins Klassenbuch während meiner Schulzeit und ist doch auf eine Weise entlarvend, sodass ich sie Ihnen nicht vorenthalten möchte, hier im Originalwortlaut:

Grund Nr. 1:
„Bei diversen Sitzungen der Gremien fällt er jahrelang negativ durch zu spätes Kommen, früheres Gehen, Telefonieren, provokante Fragen und Zwischenrufe auf.“

Grund Nr. 2:
„Weitere Beschimpfungen wie etwa 'Was Rosinger (damaliger Direktor des OÖ. BB. Anm.) schreibt, ist hübsch das gleiche, was eine Kuh hinten raustut', ferner 'Dem brat ich morgen eine auf' (Steinbichler über BBKO Striegl) sowie weiters über BR Tiefnig, NR Prinz, Mitarbeiter der LKOÖ usw.

(Dazu möchte ich festhalten: Was die Kuh hinten raustut, wie da steht, ist nichts Verwerfliches, weil Biomasse. Außerdem habe ich gesagt: „Was der Bauernbund-Direktor Rosinger absondert, landet an derselben Stelle wie das, was bei der Kuh hinten rauskommt … auf dem Misthaufen.“ Und zum Rest stehe ich auch.)

Grund Nr. 3:
„Gründung der IG Milch und Obmann-Stellvertreter, die öffentlich mit direkten Mitbewerbern des Bauernbundes zusammenarbeiten und Stellung bezieht und von ihren Statuten her die Interessen gegen u. a. die Landwirtschaftskammer und das Ministerium (also durchwegs mit Bauernbundfunktionären besetzte Organisationen) vertreten will.“

(Abgesehen von der unbeholfenen Formulierung … mein Zutun bei der Gründung der IG Milch im Kampf gegen Methoden und Vormachtstellung von Molkereien und Supermärkten hatte den Herrschaften damals tatsächlich sauer aufgestoßen, alles dazu in Kapitel 4).

Grund Nr. 4:
„Gründung der IG Fleisch als Konkurrent zu funktionierenden bäuerlichen Organisationen am Markt, dazu Falschaussagen zur Verunsicherung der Konsumenten."

(Hintergrund ist, dass ich damals schon von der statistischen Überschusslüge, vgl. Kapitel 10, gesprochen und Konsumenten angeblich zu Unrecht beunruhigt hatte.)

Grund Nr. 5:
„Aufruf zum Boykott der Agrarstrukturerhebung (als BB-Bezirksobmann – für den Bezirksvorstand des Bezirkes Vöcklabruck."

(Ja, nieder mit jenen, die es wagen, etwas verbessern zu wollen!)

Grund Nr. 6 (mein Favorit):
„Steinbichler gratuliert AK-Präsident Tumpel und kritisiert 'die Interessensvertreter und Politiker in der Landwirtschaft'"

(Stimmt genau. Ich hatte es gewagt, Herbert Tumpel, langjähriger Präsident der Arbeiterkammer und politischer Gegner, zu seinen erfolgreichen Lohnverhandlungen zu beglückwünschen und als Vorbild für die bäuerliche Vertretung darzustellen. Eine Todsünde.)

Grund Nr. 7:
„Steinbichler fordert zum Milchpreis und hohen Betriebsmittelpreisen 'klare Antwort von Politik und Interessensvertretung'!"

(Klare Antworten fordern? Da könnte ja jeder kommen.)

Grund Nr. 8:
„Halbherzige Distanzierung von Vorwürfen der IG Milch gegen den Bauernbund im Jahr 2005."

(Was hätte ich denn tun sollen, um glaubwürdig rüberzukommen? Mich entleiben?)

Grund Nr. 9:
„Öffentliche Äußerungen, die gegen die Menschenwürde verstoßen.

(Es ging bei einer Diskussion darum, was beispielsweise in einer Extrawurst landet, wovon der Konsument keine Ahnung hat. Und da fiel mir ein, mit welcher Urgewalt – an die viertausend PS – so ein Kutter genannter Fleischwolf in einer Wurstfabrik alles zerkleinert. Was da alles passieren kann.)

Grund Nr. 10:
„Geschmackloser Missbrauch eines tragischen Unfalles im Tiergarten Schönbrunn zum Polemisieren gegen das Tierschutzgesetz in Presseaussendungen und Leserbriefen.“
(Die erwähnte Geschichte mit Zoodirektor Pechlaner und dem Elefanten. Vom Düpieren eines Landeshauptmannes mit einer Ratte war übrigens nicht die Rede.)

Der Aufmarsch

Dass ich aus dem Bauernbund rausfliegen könnte, war mir lange vor Erhalt des Briefes klar, zumal ich in etwa wusste, was bei dem Tribunal gesprochen worden war. Wir leben schließlich in einer Demokratie, und so durfte auch ich einen Vertreter zu jener Hearing genannten Verhandlung entsenden, wo es um die Wurst ging.

In Wahrheit bin ich dem Gremium bis heute dankbar. Wie sonst hätte ich zwei Erkenntnisse fürs Leben gewonnen:

- **Erkenntnis Nr. 1**: Aktive Landwirte, die bei der Ernte auf dem Feld oder im Stall stehen und aus der Praxis berichten, sind eher nicht erwünscht. Erwünscht sind die Parteisoldaten. Jene braven Funktionäre, die stets strammstehen, zwecks Ausnüchtern vom Vortag als Erste ans Buffet drängen und als Letzte angeheitert heimgehen.

- **Erkenntnis Nr. 2**: Es gibt auch andere, die genug haben.

Die Nachricht meines Ausschlusses hatte sich wie ein Lauffeuer im Bezirk verbreitet und eine Vielzahl von Gemütern entflammt. Und so ging es auf einmal so richtig rund im Bezirk.

Was geschah?

Eines Tages (ohne dass ich davon im Detail gewusst hätte) marschierten eine Menge Leute plötzlich beim Gasthof Fellner in Vöcklamarkt, unserem gewohnten Versammlungsort, auf. Nicht zehn Bauern, nicht 50, nicht 100, nein, 1.200(!) Landwirte und Landwirtinnen mit 400 Traktoren. Viele trugen

Transparente oder Tafeln, auf denen sie ihrem Unmut freien Lauf ließen und gegen meinen Ausschluss protestierten. Als ich hinzukam, kochte die Stimmung fast schon über.

Unter den vielen „Echten“ waren aber auch die „ganz Echten“, und so hätte die Eigendynamik um ein Haar darin gegipfelt, dass manch einer mit dem Frontlader seines Traktors die Fenster eindrückte und größerer Schaden angerichtet worden wäre. Zum Glück konnte ich die aufgebrachte Menge beruhigen, worauf sie den Landesrat für eine Aussprache herbeiforderten. Der kam auch – allerdings mit der Kriminalpolizei und einem Haufen Uniformierter.

An meinem Rauswurf änderte das freilich nichts, doch das war mir nicht unrecht. Nun könnten Sie natürlich sagen: Das alles ist Jahre her. Stimmt. Aber geändert hat sich an Präpotenz und Weltfremdheit dieser Herrschaften nichts. Im Gegenteil. Daran abzulesen, dass erst vor Kurzem dem Obmann der Jungbauern Ähnliches widerfuhr wie mir. Er eckte mit bäuerlichen Themen an und legte letztlich sein Amt nieder, weil er sich für die Herkunftskennzeichnung von Lebensmitteln (wie ich mit dem Volksbegehren „Echt ehrlich“, siehe Kapitel 6) starkgemacht und etwas zu laut gesagt hatte:

„Wenn man das nicht unterstützen darf, hat der Bauernbund seine Berechtigung verloren.“

Das war's dann. Auch für ihn. Und so wiederholt sich die Geschichte.

1.200 Bauersleute mit 400 Traktoren. Einerseits rührte mich der Aufmarsch all dieser Menschen zutiefst, rührt mich heute noch. Andererseits hat er mir etwas vor Augen geführt, das weit hinausreicht über dieses letztlich kleinräumige Protestereignis:

Wenn 1.200 Bauersleute sich aufmachen, um den Hinauswurf eines der ihren zu verhindern, tun sie es aus Solidarität. Auch. Insbesondere aber, weil es ihnen reicht. Weil sie es satt haben, belogen und betrogen und an die Wand gedrückt und in ihrer Existenz bedroht zu werden. Und weil allein in diesem einen, berühmten letzten Tropfen, der das Fass zum Überlaufen gebracht hat, eine unglaubliche Energie steckt. Eine Energie, die neue Chancen eröffnet. Eine

Energie, die – friedlich und intelligent und breit und zum Gemeinwohl eingesetzt – neue Wege ebnen kann, um ein altes System darauf zu Grabe zu tragen.

Das Problem mit uns Bauern ist mitunter: Viele agieren wie Lemminge und springen anderen blindlings hinterdrein ins Verderben. Manche sind aber auch Wendehälse, vor allem, wenn sie die Chance wittern, den Platz, die Funktion eines der ihren einzunehmen, dem sie eben noch anerkennend auf die Schulter geklopft haben.

Das war bei meinem Abgang nicht anders. Dennoch hat mich der Gedanke, diese Energie zu nutzen, seither nicht losgelassen und ist jetzt – ganz ohne Zynismus gesagt: Corona sei Dank – stärker denn je entflammt. In den Folgejahren nach meinem Hinauswurf aus dem Bauernbund und dem meinerseits freiwilligen Abschied von der ÖVP habe ich nicht aufgehört, mich politisch zu engagieren, zu beobachten, aufzudecken, anzuprangern und zu sammeln. Aus einem einfachen Grund:

Es darf keine Rolle spielen, für welche Couleur man das Richtige zu tun versucht.

Mehr und mehr wurde mir klar, konnte ich belegen, wie der Hase läuft, wer mit wem wie die Fäden zieht, die Konsumenten hinters Licht führt. Und schon bald hatte ich eine immer längere Liste, welche Themen mir unter den Nägeln brannten, welchen ich mich mit aller Kraft widmen wollte:

Da wären etwa die Machenschaften der *Agrarmarkt Austria* (AMA); der Betrug mit den Gütesiegeln; die Produktionslüge bei Lebensmitteln; die Holzimporte aus dem Osten; die Falle mit der angeblichen Regionalität; das Gängelband, an dem Supermarktriesen ihre (Klein-)Produzenten führen; die ausbeuterischen Strukturen der Molkereien; die üble Rolle von Raiffeisen und die Pervertierung der vormals großen Genossenschaftsidee; der Bio-Schmäh; die Mechanisierung der Landwirtschaft um jeden Preis; das Bauernsterben; der Selbstbedienungsladen, zu dem die Kammern im Land als vorgelagerte Parteisekretariate verkommen sind. Und und und.

Ja, und auch das ist Teil meiner Geschichte, soll hier nicht verschwiegen werden, weil es endlich einer echten Fehlerkultur bedarf, einer Gesellschaft, die das Scheitern nicht per se stigmatisiert und totschweigt, sondern als Chance für Lernprozesse und Neuanfänge begreift:

Das Ende meines *Wimberghofs* – ein Projekt, das nicht am Konzept, sondern an der Gier gescheitert ist. Die schmerzhafte Konkurs-Bruchlandung, die ich just mit meinem Herzensprojekt erleben musste, einer Mischung aus Gastronomie und Hofladen, das sich nach wie vor als Gegenmodell zum System der Lebensmittelmaschinerie versteht (siehe Kapitel 12). Ein Gegenmodell, das für ehrliche, regionale, hochqualitative und trotzdem leistbare Produktion und Vermarktung von Lebensmitteln steht. Ein Projekt als nur einer von vielen möglichen Nadelstichen im Pelz der Supermarkt-Riesen mit ihrem systematischen Betrug am Konsumenten und den erpresserischen Methoden Produzenten gegenüber.

Speedys Ende

Ja, was wurde eigentlich aus Speedy? Den Bezirksjägertag hatte er gut überstanden, und am liebsten hätte ich ihn zum Dank für seine Dienste in die Freiheit entlassen. Geboren in Gefangenschaft, hätte dies jedoch sein Todesurteil bedeutet. Also blieb Speedy bei uns auf dem Hof. Jeden Abend, wenn ich aus dem Stall ins Haus kam oder von einem Auswärtstermin heimkehrte, ging ich zu seinem Käfig, den wir mitten in der Stube aufgestellt hatten, und klopfte mit den Fingern einen Rhythmus auf die Stäbe. Speedy war ein munterer, unterhaltsamer und geselliger Mitbewohner, und wir hatten noch eine gute Zeit mitsammen. So war es auch an seinem letzten Tag. Ich plauderte mit ihm, gab ihm ein großes, knackiges Salatblatt – und auf einmal machte er keinen Muckser mehr.

Ich denke oft an Speedy und an die Geringschätzung, die wir seinesgleichen entgegenbringen. Weil wir Geschöpfe wie ihn ohne nachzudenken stigmatisieren. Weil wir Ratten wie selbstverständlich damit in Verbindung bringen:

Plage, Krankheitsüberträger, Ekel, Kanal, Gestank.

Und nicht zu vergessen den Aasfresser. Immerhin stellt totes, verwesendes Fleisch die überwiegende Nahrungsquelle der Nager dar. Auch deshalb ist die Ratte ebensowenig ein Sympathieträger wie Geier, Hyäne, Schakal, Wildhund oder Rabenvogel. Möwe, Hai, Weißfisch und Krebs geht es imagemäßig nicht besser. Ganz zu schweigen von Wurm, Aasfliege und Aaskäfer.

Anstatt ihre fast schon sanitätspolizeilichen Qualitäten für den Naturhaushalt zu schätzen (ohne sie uns deshalb massenweise in Siedlungen heranzuzüchten), ersinnen wir allerlei Abwehrmethoden. Wir bilden Ungeziefer-Vernichtungsexperten aus. Wir lassen einem hochgiftigen Mittel ein noch höher giftiges folgen, wenn die Ratten anfangen, sich immun zu machen, Resistenzen zu entwickeln oder andere Strategien, wie sie ihre bis zu 60 Tiere umfassenden Großfamilien schützen können.

Was wir im Umgang mit Ratten nicht machen, ist, sie als Indikator zu sehen. Als Warnsignal für eigenes Fehlverhalten.

Im Mai 2019 tauchte eine scheinbar unbedeutende Meldung in den Medien auf. Biologen erklärten die *Bramble-Clay*-Mosaikschwanzratte für ausgestorben. Na und? Wen interessiert irgendein Mini-Geschöpf auf einer Mini-Insel vor Australien?

Die Sache ist: Die Mosaikschwanzratte gilt als erstes Säugetier überhaupt, das nachweislich den Folgen des von Menschen befeuerten Klimawandels zum Opfer gefallen ist.[11] Sie ist der Beleg, dass nichts und niemand und auch nicht das raffinierteste Ökosystem vor unseren Umtrieben sicher ist. Am allerwenigsten wir selbst.

2

Die Krake Politik

Frühe Prägung im Elternhaus

Sie packen dich bei der Eitelkeit

Geprägt hat mich sicher mein Vater. Er war selbst im Gemeinderat und sehr liberal und offen. So kam es, dass bei uns am Hof viele Besucher (oft Amtsträger) ein und aus gingen, egal welcher politischen Couleur sie angehörten. Und es wurde diskutiert und debattiert, oft hitzig, aber niemals gehässig. Mein Vater hat mich auch gelehrt, nicht nur mitzureden, sondern auch mitzumachen. Denn nur „das Maul aufzureißen“ reicht einfach nicht. Wenn man etwas erreichen will, muss man auch mitmachen.

So kam ich also in die Politik. War ich dafür geeignet und gut genug vorbereitet? Ich darf Sie beruhigen. Keinesfalls werde ich Sie nun mit Details zu meinem Werdegang bombardieren, mit Jahreszahlen und Ämter-Pyramiden fadisieren oder einer Wikipedia-Selbstbeweihräucherung.

Meine eigene Qualifikation für die Politik sehe ich im Leben als solches, als Viehzüchter, Versicherungsmakler, Viehtransport-Fahrer und vieles mehr. Über Jahrzehnte hinweg sammelte ich Erfahrungen zuhauf, die mir nur der harte, lehrreiche Alltag des echten Erwerbslebens schenkt, „draußen“ bei den Menschen.

Anstatt in der Folge Ämter aufzuzählen, möchte ich am eigenen Beispiel skizzieren, wie die Krake Politik funktioniert. Wie sie ihre wendigen Tentakel auswirft. Wie sie Menschen, die so vernarrt sind zu glauben, sie könnten eine eigene, nicht partei-konforme Meinung vertreten UND zugleich etwas bewegen, einfängt und am Schopf der Eitelkeit packt. Wie sie sich mit rigoroser Unbeirrbarkeit die feurigen Energien solcher Menschen zunutze macht, um sie in die eigenen Kanäle mit den eigenen Zielen umzulenken. Und: Wie dieselbe Krake mit derselben rigorosen Unbeirrbarkeit jene in den Würgegriff nimmt und im Verein mit ihren mächtigen Verbündeten aus Wirtschaft und Medien verschlingt, verdaut und fortspuckt, die gegen das System aufbegehren.

Wie kam es also, dass ich als Bauer aus Aurach am Hongar eines Tages als Abgeordneter im Nationalrat saß, ohne die klassische Berufskarriere in einer Partei-Kaderschmiede zu durchlaufen? Fürs Erste, den Einstieg auf unterster Ebene, genügen vier Worte, die du im Wirtshaus oder anderswo laut aussprichst:

Ich ... will ... etwas ... ändern.

Schon bist du dabei. Schon wirft das parteipolitische Funktionärswesen das Netz aus. Geprägt vom Elternhaus, lief es bei mir so: Landjugend-Obmann, Gemeinderat, Mitglied des Gemeindevorstands. Und so weiter. Da bist du rasch bei Bezirkskonferenzen dabei, und mein Bezirk, Vöcklabruck, zählt zu den guten, weil großen mit seinen 52 Gemeinden.

Dort fällst du erstmals auf. Mit Redebeiträgen, die nicht das übliche Blabla aus der Retorte liefern. Mit Wortmeldungen. Ideen. Und auf einmal bist du Obmann der Bezirksbauernkammer. Allein schon, weil du dich von den anderen abhebst, weil du eine Meinung hast und dazu stehst.

Plötzlich darfst du nach Linz, in die große Landeshauptstadt, bist bei Versammlungen und Festivitäten geladen, knüpfst erste Kontakte zur „hohen Politik". Deren Granden haben im besten Fall von dir gehört, weit entfernt, und wenn ja, hast du für sie nun auch ein Gesicht.

Du selbst bist da in deinem Auftreten nach wie vor rein sachlich orientiert. Du redest, diskutierst dir den Mund um der Sache willen fusselig und nicht für den Versorgungsposten. Ja, du strampelst immer noch im – zugegeben ein wenig naiven – Glauben, etwas zum Besseren wenden zu können, selbst wenn es nicht Parteilinie ist.

Jetzt treten die Schulterklopfer und Energieräuber auf den Plan, raunen dir lobende Worte ins Ohr wie: „Das hast heute wieder super gesagt." Oder: „Solche Leute braucht das Land." Oder auch: „So einer wie du muss runter nach Wien." Wie ernsthaft es um die Schmeicheleien bestellt ist, steht auf einem anderen Blatt Papier.

Der innerparteiliche Kannibalismus

Nennt jedoch jemand das Kind beim Namen und lässt einen ruppigen Spruch vom Stapel, sind die aus Prinzip Argwöhnischen nicht weit. Das sind jene Parteisoldaten, die wie Sandkistenkinder ihre kleine, bröselige Burg in Gefahr sehen, zur nächsthöheren Instanz laufen und petzen.

Auch ich hatte meine nächsthöheren Instanzen, die aufgefordert waren, sie mögen mich ab und an zurechtstutzen. Einer war der Landtagsabgeordnete Josef Baldinger-Humer. Doch anstatt mir die Abreibung vor aller Augen zu verpassen, wurde er zu meinem Förderer, führte mich an die Grenzen des innerparteilich Machbaren. Sich zu weit aus dem Fenster lehnen, konnte aber auch er sich in seiner Position nicht leisten, zumal er sich dem allgegenwärtigen Einfluss der schwarzgelben Giebelkreuzler von Raiffeisen (Kapitel 3) nicht zu entziehen vermochte. Hatte ich wieder mal das Maul zu weit aufgerissen, nahm er mich beiseite und sagte:

„Na, Leo, wie wär's? Komm zu mir nach Rutzenham!"

Brachte er seine Bauernstube ins Spiel, wo er viele private Sprechtage abhielt, wusste ich, was es geschlagen hatte: dass ich das Gummiband aufs Äußerste gespannt hatte. Abreibung erhielt ich indes keine, nicht ein einziges Mal. Vielmehr motivierte er mich, meinen Weg fortzusetzen, bloß mit dem nötigen Feingefühl für die Handbremse, damit es nicht zu vermeidbaren Dramen kam.

Bei Drama und Politik fällt mir, Tierfreund durch und durch, die Gottesanbeterin ein. Bekanntlich beißen die Weibchen den Männchen nach dem Sexualakt gerne mal den Kopf ab und verschlingen den Partner in einem Anflug von Kannibalismus mit Butz und Stingl. Was die Fangschrecke nahe an die Politik heranrückt, ist ihre Fähigkeit der Tarnung. Sie nimmt das Aussehen eines Astes oder Zweiges an – einer vermeintlich harmlosen Gestalt jedenfalls, in der sie endlos lange in Unbeweglichkeit verharrt. Erkennt ein potenzielles Opfer (bis zur Größe eines Kolibris!) die Gefahr, ist es meist zu spät.

Die Gottesanbeterinnen der Politik heißen Parteifreunde.

Und so komme ich zu einem weiteren großen Mentor, Landesrat Leopold Hofinger, der seine gelegentliche Kritik an meinem ungestümen Vorpreschen niemals prinzipiell einschränkend verstand, sondern fördernd.

„Treffen wir uns auf ein Seidel bei der Paula! Wir kriegen das schon hin", pflegte er zu sagen. Ich müsse nur die Gebietsabgrenzung im Auge behalten, sprich: haltmachen, wo es zu stark an die Interessen anderer rührt. Anderer der eigenen Partei wohlgemerkt, weil ein Naturgesetz des parteipolitischen Kannibalismus besagt:

Die dich kaputtmachen, sind nicht die anderen Parteien. Nicht die anderen Gremien. Es sind stets die eigenen.

Oder wie Bayerns ehemaliger Ministerpräsident Franz-Josef Strauß zu steigern wusste: Feind, Todfeind, Parteifreund. Wie auch immer. Damals jedenfalls bemühte ich mich noch mit Feuereifer, soweit mein Naturell des Maulaufreißens es zuließ und solange ich noch in den Spiegel schauen konnte – und lief mir weiter brav die Hacken ab.

Für die Partei.

Meine Zeit als Bezirksschulrat

Billiges Theater „zum Wohl der Kinder"

Für den vielen Fleiß im Dienste der Partei wirst du belohnt. Da ein Amt, dort eines. Da ein Gremium, dort eines. Da ein kleiner Aufsichtsratsposten. Dort ein etwas bedeutenderer. Zahl und Wertigkeit der Funktionen steigen stetig, der Stolz ihrer Träger steigt mit. Das reinste Ämterkarussell, das sich zu drehen beginnt. Doch der Unterschied zu Fahrgeschäften auf Jahrmärkten ist, dass hier mehr Leute auf- als abspringen. So voll kann dieses Boot gar nicht sein, dass sich nicht noch ein freies Plätzchen auftut. Zum Dank für die Parteitreue.

Und so kam es, dass ich mich plötzlich im Bezirksschulrat (!) von Vöcklabruck wiederfand. Als mir als frisch gebackener Abgesandter der erste Auftritt unmittelbar bevorstand, trug ich (einmal mehr naiv) dieses (einmal mehr trügerische) Gefühl im Herzen, tatsächlich etwas zum Wohle anderer bewegen zu dürfen. Ich hoffte, in der seit Jahrzehnten nicht enden wollenden Diskussion um ein besseres, effizienteres Bildungssystem ein Scheibchen zum Guten beitragen zu dürfen. Schließlich war ich damals bereits vierfacher Vater und allein darum angetan vom Gedanken, die Welt der Kinder, wenn auch in bescheidenem Ausmaß, mitzugestalten.

Mitmachen, um mitreden zu können, wie mein Vater mich gelehrt hatte. Zum Wohle nachfolgender Generationen.

Gewiss, von der beruflichen Qualifikation her war ich nicht der Berufenste unter den Berufenen. Ein Vollzeitbauer seit er 17 ist als Bildungsbeauftragter? Nun ja. Doch genau darin, in meiner fachlichen Nicht-Kompetenz, befand ich mich in bester Gesellschaft, wie ein Blick auf das Wesen der Institution Bezirksschulrat zeigt:

Als Bundesbehörde gab es den Bezirksschulrat in allen knapp 100 politischen Bezirken Österreichs, ausgenommen Wien und ein paar Statutarstädte, wo der Stadtschulrat dessen Aufgaben übernahm. Bezirksschulräte sind erst seit ein paar Jahren Geschichte, die Agenden gingen gleichsam in Außenstellen der Landesschulräte auf, die wiederum 2019 in Bildungsdirektionen umbenannt wurden – am System dahinter hat sich aber nicht viel geändert.

Voller Elan für die neue Aufgabe machte ich mich schlau. Was sind die brennenden Themen eines Bezirksschulrates? Was kannst du selbst beisteuern, damit es sich in den Klassenzimmern in deinem Bezirk als Verbesserung niederschlägt? Dort, wo die Menschen dich kennen, Menschen, denen du als Politiker im Wort bist und am Sonntag beim Frühschoppen im Wirtshaus erhobenen Hauptes entgegentreten willst? Und: Wer sind neben dir die Mitglieder?[12]

Vorsitzender war der Bezirkshauptmann (in den Landeshauptstädten der Bürgermeister). Für die Pflichtschulen im Bezirk war der Bezirksschulrat Schulbehörde in erster Instanz, und die Schulaufsicht vor Ort wurde durch die Bezirksschulinspektoren wahrgenommen. Alles in allem keine ganz unbedeutende Sache und jede Menge Verantwortung, die so ein Vorsitzender hatte.

Was der Vorsitzende auch hatte, war ein *Kollegium*: die Experten. Kraft der Statuten waren das Elternvertreter, Lehrergewerkschafter, dazu (nicht stimmberechtigt, aber beratend) Vertreter der Kirchen und manch anderer Interessensgemeinschaften.

In den Statuten stand sinngemäß aber auch dies:

Die stimmberechtigten Mitglieder des Kollegiums im Bezirksschulrat sind nach dem Verhältnis der im Landtag vertretenen Parteien zu bestellen. Je nach Machtverhältnis der jüngsten Landtagswahl.

Die vielen Themen, um die es gehen könnte …

Es geht also um Proporz in seiner übelsten Form. Um welches Schmierentheater es sich bei der Institution Bezirksschulrat tatsächlich handelte, war mir da allerdings noch nicht bewusst. Vielmehr ging ich möglichst neutral an die Sache heran. Warum sollten diese Menschen – Partei hin, Partei her – nicht ausschließlich zum Wohle unserer Kinder agieren? Immerhin sind ja (auch) Eltern und Lehrerinnen und Lehrer dabei? Immerhin heißt es doch, wenn die Welt der Politik noch irgendwo in Ordnung ist, dann auf den unteren Ebenen. Immerhin steht in den Statuten, dass die Mitglieder in ihrer Stimmabgabe weisungsfrei sind.

Du musst den Leuten die Chance geben, über den Anschein hinauszuwachsen, sagte ich mir darum und dachte an die vielen Themen, denen ein Bezirksschulrat sich widmen konnte. Waren Spracherwerb, Förderklassen, Lehrbehelfe, Frontalunterricht und dergleichen mehr Angelegenheiten, die an höherer Stelle verhandelt wurden, gab es auch auf unterer Ebene viel Wichtiges im Schulalltag zu regeln: angefangen von der Unterrichtsmethodik über die Zahl der Unterrichtsstunden, Betreuungszeiten, schulautonome Tage, flexible Klassenorganisation bis hin zu Personalauswahl, Fortbildung und derlei mehr. Ein ganzes Bündel von Möglichkeiten direkter Einflussnahme und Verbesserungen lag auf dem Tisch.

Im Folgenden möchte ich Ihnen das Gedächtnisprotokoll meiner ersten (und zugleich typischen) Sitzung einer ganzen Reihe typischer Sitzungen des Bezirksschulrates wiedergeben, in die ich als Delegierter der Österreichischen Volkspartei mehrmals pro Jahr entsandt wurde.

Motiviert bis in die Haarspitzen, habe ich meinen Platz im Sitzungszimmer eingenommen, und schon eröffnet der Vorsitzende mit den Worten:

„Dringlichstes Thema auf der Agenda für heute ist die Gemeinde A, wo der Kollege X sich in den wohlverdienten Ruhestand verabschiedet. Sie wissen ja, geschätzte Kolleginnen und Kollegen … neben ein paar anderen Gemeinden, wo dieselbe Thematik ansteht, die Sache aber ohnedies gut läuft, ist auch in A die Direktorenstelle neu zu besetzen."

Direktorenstelle? Ohnedies gut läuft?

„Verdammt, ja", murmelt ein anderer ein bisschen zu laut, „in A, da gibt es ja diese eine alte SPÖlerin, die ist hoch erfahren … und kompetent … und beliebt obendrein ... die ist so verdammt gut positioniert … die kriegt den Job fix."

Verdammt gut positioniert? Den Job fix?

„Na, na, Kollege", mosert der Vorsitzende.

Genau. So schnell schießen die Preußen (oder Roten) auch wieder nicht. So schnell erhält eine alte Sozialistin nicht einfach den Job, nur weil sie die mit Abstand besten Qualifikationen aufweist. So schnell geben wir, die von der anderen Fraktion, den Kollegen Y, einen jungen Schwarzen, nicht auf, bloß weil er nicht ausreichend qualifiziert ist.

Also bringen der Vorsitzende oder ein Gleichgesinnter, ein Parteifreund, dieses Zauberwort aufs Tapet:

Objektivierungspunkte.

„Welche Objektivierungspunkte hat der Kollege Y aufzuweisen?"

Schweigen.

Die vier Stufen zum Chefsessel

Das als hochtransparent beschriebene Verfahren zur Bestellung einer neuen Leitung in einer Pflichtschule sah vier Teile vor.

Teil 1 beleuchtet die Berufsbiografie. Da geht es um Berufserfahrung und berufsrelevante Fortbildungen (Achtung: Stichwort Objektivierungspunkte, dazu gleich mehr). Zusatzpunkte gibt es z. B. auch für Engagement im Gemeindeleben etc. Gemessen an der möglichen Gesamtpunktezahl wiegt dieser Teil (wie auch Teil 3) überproportional viel.

Teil 2 ist ein Test zum Schul- und Dienstrecht, das Auswendiglernen und Runterbeten von Daten und Fakten.

Teil 3 führt zum Psychologen. Bewerber und Bewerberinnen müssen das Assessment Center des Landesschulrates durchlaufen, ein im Proporz besetztes Gremium. Mit von der Partie auch die politisch eingefärbten Bezirks- und Landesschulinspektoren. Die Leitung des Verfahrens obliegt der Schulpsychologie, die wiederum dem Landesschulrat untersteht.

Teil 4 sieht Mitbestimmung vor Ort, an der Schule, vor. Eltern und Lehrkräfte dürfen Vorschläge machen, die Objektivierungspunkte aus Teil 1 spielen ebenfalls herein.

Womit wir zurück in meiner Sitzung wären. Die läuft so weiter:

„Welche Objektivierungspunkte hat der Kollege Y aufzuweisen?" hat die zuletzt in den Raum geworfene Frage gelautet.

Nach betretenem Schweigen zur Qualifikation des Kollegen Y in A gegenüber der hoch favorisierten Kollegin X sprüht das Gremium plötzlich nur so vor Kreativität. Zumindest jene Mitglieder mit der richtigen Parteinähe werden aktiv.

„Wir schicken den Kollegen Y auf Fortbildung!"

„Hervorragende Idee. Welche Kurse würden sich anbieten?"

Bei der nächsten Sitzung herrscht Zufriedenheit, denn aus A kommt die frohe Botschaft: „Letzthin war ja noch die Kollegin vorne. Na, Sie wissen schon. Nun sieht es wie folgt aus: Kollege Y hat den Erste-Hilfe-Kurs nachgeholt, den Schülerlotsenkurs ebenfalls. Somit hat der Kollege Y bei den Objektivierungspunkten stark aufgeholt und liegt nun sogar um einen Zähler vorne."

Zufriedenes Raunen bei der Mehrheit, der Rest schweigt.

Vorsitzender: „Ich würde vorschlagen, wir schreiten zur Abstimmung."

Warum, können Sie nun zu Recht einwenden, springen die Vertreter der anderen Fraktionen nicht empört auf, verlassen die Sitzung, blockieren die Abstimmung, gehen nötigenfalls an die Öffentlichkeit?

Weil solche Beschlüsse trotz alledem oft genug einstimmig (!) erfolgen. Eine Hand wäscht die andere. Jene, die diesmal nicht zum Zug kommen mit ihrem Kandidaten, machen sich an anderer Stelle Hoffnung. Außerdem wissen sie, dass sie zwar eine Diskussion vom Zaun brechen können, am Ende jedoch unterliegen, sobald es heißt:

„Ich würde vorschlagen, wir schreiten zur Abstimmung."

Darum, liebe Leserinnen und Leser, habe ich dieses Beispiel gewählt. Weil es (wie bei der Ratte Speedy in Sachen Tierschutz) so symptomatisch ist. Für das große Ganze. Für das System. Weil dieses System sich querbeet durch alle politischen Entscheidungsebenen zieht, von der Regierungspolitik bis hinab zur Landjugend. Weil das Mantra herrscht:

Brüderlichkeit. Im Geiste der wechselseitigen Begünstigung.

In meiner Sprache: Einmal der Gigl, einmal der Gogl. Und so ist auch das Ende der Direktoren-Bestellungsgeschichte rasch erzählt: Der Dreiervorschlag des Kollegiums im Bezirksschulrat erging an den Landesschulrat, um „nach objektiver Bewertung" durchgenickt zu werden. Kollege Y hatte den Job. Womit die regionalen Themen *Fortbildung* und *Personalentwicklung* (siehe oben) letztlich ja doch im Bezirksschulrat behandelt wurden. Nur anders.

Gespräche über Essenzielles, ganz ohne Postenschacher, habe ich in keiner einzigen Sitzung miterlebt. Ebensowenig wurde ernsthaft über echte Sachthemen diskutiert, auch nicht über echte Qualifikationen, die Gremiumsmitglieder (also auch ich) mit eingeschlossen.

Rechnungshof empfiehlt die Abschaffung

Nun ist es ja nicht so, dass überall gemauschelt und weggesehen wird. Der Rechnungshof (RH) etwa stellte die Praxis der Schulleitervergabe mehr als einmal an den Pranger. So in einem Bericht aus dem Jahr 2015, worin die Zustände in Tirol und Oberösterreich vergleichend unter die Lupe genommen und eine generelle „Reform der Landesschulräte" fürs ganze Land empfohlen wurde.

Solch eine Reform bestünde am besten darin, so der Rechnungshof, die neun Landesschulräte (jetzt neun Bildungsdirektionen) überhaupt abzuschaffen und durch einen zentralen Bundesbeamten zu ersetzen. Neben zum Teil unverschämt hohen Repräsentationskosten (Funktionsgebühr, Dienstwagen u. v. m.) und einem „potenziellen Interessens- bzw. Treuekonflikt zum Bildungsministerium" bezog sich die Kritik aber vor allem darauf, was wir soeben gehört haben: auf den Mangel an Transparenz im *Objektivierungsverfahren*, wenn es um die „Ermittlung der drei bestgereihten Kandidaten für schulische Leitungsfunktionen" geht. So heißt es in dem Bericht wortwörtlich:

„Die fraktionelle Besetzung der Bewertungsteams der Assessment-Center und des Kontrollrats, einem Kontrollgremium, untergrub die intendierte Objektivität durch den Anschein des Proporzes."[13]

Unverständliches Amtsdeutsch, das auf systemische Intransparenz und einen dicht verwobenen Parteifilz nebst Freunderlwirtschaft verweist und in meiner einfachen Welt so ausgedrückt wird: Hier wird gepackelt. Und wie!

Übrigens: Befragt nach dem Warum, den Gründen für die unheimliche Erfolgsserie ÖVP-naher Kandidaten (weil Mitglieder im Christlichen Lehrerverein CLV) bei der Direktorenbestellung in meinem Heimatland Oberösterreich, sagte der damalige Generalsekretär des CLV und gegenwärtige[14] Bundesvorsitzende der Gewerkschaft für Pflichtschullehrerinnen und -lehrer, Paul Kimberger, gegenüber den *Oberösterreichischen Nachrichten*:

„Weil wir unsere Kandidaten bestens schulen und perfekt auf das Auswahlverfahren vorbereiten."[15]

Perfekt vorbereiten, das trifft es wohl am besten. Das funktioniert in jedem Bundesland je nach vorherrschenden politischen Mehrheiten. Und so kommen die zum Zug, stets zum Wohle unserer Kinder, die nicht am besten qualifiziert, sondern für den Test am besten präpariert sind: einmal der Gigl, einmal der Gogl.

Die Macht der Bünde – und warum eigenes Denken unerwünscht ist

Daumen hoch im Mittelgang

Eines schönen Januartages anno 1997 war ich Bundesrat. Dorthin segelte ich per Mandat auf den Schwingen des mächtigen Bauernbundes. Aber ich wurde das nicht einfach so, weil es dem Prinzip einer logischen Abfolge von Reihung und Aufstieg entsprochen hätte. Wie wichtig und mächtig von den sechs ÖVP-Bünden insbesondere die drei traditionellen sind – ÖAAB, Bauernbund und Wirtschaftsbund –, wird gerne kleingeredet. Bündische Spielereien, meinte etwa Günther Stummvoll einmal, würden außer den Medien niemanden interessieren. Und Jakob Auer, bis 2017 Bauernbundchef, behauptete: „Wer aus welcher Teilorganisation kommt, ist nicht entscheidend."[16]

Das Gegenteil ist wahr. Ohne Bünde geht gar nix.

Diese Bünde sind es auch, die sich die Zahl der Nationalratsmandate untereinander ausmachen. Wobei es „ausmachen" nicht trifft. Da werden Grabenkämpfe ausgefochten. So ist etwa der Wirtschaftsbund – von den Mitgliedern zahlenmäßig der kleinste unter den Großen – im Parlament am stärksten vertreten. Der Bauernbund wiederum hat innerhalb der Partei enorm viel zu sagen. Selbst wenn die bäuerliche Bevölkerung inzwischen auf vier Prozent geschrumpft ist, achtet die ÖVP auf maximalen Einfluss, vor allem bei Ministerposten. Das Risiko, „thematisch am größten Teil der Bevölkerung vorbei zu produzieren", wie *Die Presse* einmal schrieb, nimmt die Partei bei so viel internem Machtgeplänkel in Kauf.

Ferner gibt es die ÖVP-Frauen, die Junge ÖVP und die Senioren. Die Bünde haben in der Tat eine enorme, vorauseilende Bedeutung für das planmäßige Vorankommen mancher Mitglieder. Bemerkenswert ist in diesem Zusammenhang auch, dass z. B. die Stellvertretende Landeshauptfrau, Christine Haberlander, vorsorglich dem Seniorenbund beitrat. Im Alter von 37 (!) Jahren.[17]

Mehrfachmitgliedschaften bei den sechs Bünden sind jederzeit möglich und werden gerne gepflogen. Jeder kann theoretisch (und praktisch) in jedem Bund tätig sein. Das verbindet. Denn ein Landwirt zum Beispiel, so die Argumentation, der in der Vermarktung tätig ist (Hofladen etc.), ist ja ebenso Unternehmer. Folglich ist er auch beim Wirtschaftsbund gern gesehen.

„Lass dich doch von dem nicht vera...!"

In meinem Fall wurde die brave Arbeit für Partei und Bauernbund belohnt, indem einem meiner Förderer, Landesrat Hofinger, eines Tages der Kragen platzte. Dem war ein ständiges Hin und Her vonseiten des damaligen Landeshauptmannes Sepp Ratzenböck vorausgegangen. Der streute mir immer wieder Rosen, sagte mir „das nächste frei werdende Mandat" im Nationalrat zu – und vergab es dann doch jedes Mal anderweitig. Da ein Kollege, der nur noch ein paar Monate bis zur Pension benötigte, dann wieder passte es bündisch nicht. Fünf oder sechs Mal ging das so, und Gründe für eine Absage waren stets rasch bei der Hand.

Eines Tages pfiffen es sogar schon die Spatzen von den Dächern, dass ich an die Reihe kommen sollte, und so stand in der Zeitung: „Leo Steinbichler folgt auf ..." Noch am selben Tag verlautete die Partei, dass noch lange nicht stimmen müsse, was irgendein Journalist schreibe.

So war es auch. Ich wurde nicht Nationalrat, und genau deshalb platzte Hofinger der Kragen: „Lass dich von dem Ratzenböck nicht verarschen", rief er ins Telefon. „Du tust so viel für die Partei. Ich räum dir einen Platz frei." Hofinger hielt Wort und brachte mich anstelle eines anderen Kandidaten in den Bundesrat. Auf einem Mandat des Bauernbundes.

Sachzwingzwang

Ich erzähle Ihnen das keineswegs aus gekränkter Eitelkeit, zumal ich Jahre später ja im Nationalrat saß, allerdings dann für Frank Stronach. Ich erzähle es Ihnen, um die strukturelle, ideologische Angepasstheit in der Politik zu veranschaulichen. Wer wie beim Bundesheer brav im Gleichschritt marschiert und nur den Mund aufreißt, um loszubrüllen, wenn die Truppe es tut, macht nicht viel falsch und wird irgendwann belohnt. Allein schon fürs Aussitzen.

In Institutionen wie Bundes- oder Nationalrat herrscht darum seit jeher das eherne Daumenprinzip: Sollte die zu vertretende Meinung zu einem Thema nicht ohnedies vorab in der Klubsitzung verordnet worden sein, streckt der Klubobmann weithin sichtbar für all jene, die es bis dahin nicht begriffen und verinnerlicht haben, den Daumen in den Mittelgang.

Daumen hoch: Bei dieser Thematik stehen WIR. Da sind WIR dafür. Daumen runter: WIR sind dagegen. Und aus! Hände falten, Goschen halten!

Was bei den Sozialisten einst „Rot bis in den Tod" hieß, nennt sich hier Sachzwingzwang, besungen mitunter von der bayerischen Kultband *Biermösl Blosn*. Wer indes eigenständig denkt, wer eigene Themen (zB. den Palmöl-Wahnsinn, s. Kapitel 8) lancieren möchte, wer Zweifel am Clubzwang hegt, ist suspekt.

„Vergiss es!", hörte ich viele Male. „Finger weg! Das ist sowieso nicht mehrheitsfähig. Damit schaffst du es nicht einmal durch die interne Clubsitzung, geschweige draußen im Plenum."

Ist das die Politik, für die die Menschen an der Wahlurne ihr Kreuzchen machen? Vorauseilender Gehorsam durch kollektives Kuschen um der Parteilinie willen? Egal, wie berechtigt die Einwände sein mögen? Egal, wie dringlich eine Haltung geboten wäre, die zwar grundvernünftig ist, doch blöderweise von der offiziellen „Denke" abweicht?

Wer es obendrein wagt, aufzubegehren, und – schlimmer noch – Missstände im eigenen Stall anprangert, mausert sich zur Persona non grata. Spätestens jetzt ist es mit höheren Weihen vorbei.

Gerade in den Parteien mit Regierungsfunktion führt am Clubzwang kein Weg vorbei. Dort geht es längst nicht mehr darum, vernünftige Sachpolitik für die Menschen zu machen. Dort dreht sich alles nur um den internen Konsens. Was ist Regierungsprogramm? Was ist Partnerschaft? Was ist durchsetzbar? (Wobei es hier primär um die Durchsetzbarkeit an sich geht, nicht um die Sache.)

Allmählich begann es in mir zu rumoren, und ich sagte mir: Das hältst du auf Dauer nicht aus.

Vom Hemdsärmeltyp zum selbst inszenierten Heiland

Ich erinnere mich noch gut an Zeiten, in denen dieses Land auch von Politikern geführt wurde, die ohne Wahlkampfgetöse unters Volk gingen. Einfach so. Um Gespräche zu führen. Um das Ohr an die Stimme der Menschen zu legen. Ohne Körbchen mit Werbegeschenken am Arm. Politiker von Format. Leute mit Handschlagqualität, Sachverstand, Erfahrung im echten Leben, einer Portion Hirn und dem Herzen auf dem (unpolitisch) rechten Fleck. Volkspolitiker, die ihre Berufung lebten und nicht bloß bühnenreif mimten.

Zu solchen Menschen habe ich als Junger aufgesehen. An solchen Menschen habe ich mich über alle Fraktionsschützengräben hinweg orientiert, als ich mir die ersten Sporen verdiente und meine Politikerkarriere Fahrt aufnahm. Und so stellte ich mir – ungeachtet des Amtes, das ich gerade bekleidete – immer dann, wenn ich als Politiker in meiner Heimatregion unter Menschen ging, vorab diese Fragen:

- Was habe ich zu vertreten?
- Welche Erwartungshaltung haben die Menschen?
- Wo drückt sie der Schuh?
- Wer setzt auf mich?
- Wer vertraut mir warum?
- Wem möchte ich am Sonntag reinen Herzens offen in die Augen schauen können – beim Bauernfest, beim Kirtag, im Wirtshaus?

Heutzutage sehen Spitzenpolitiker, abgeschottet von Bodyguards und Funktionären, niemandem mehr in die Augen, von Gesprächen mit kritischen Pressevertretern, die es zum Glück auch noch gibt, mal abgesehen. Spindoktoren, NLP-Kursen und anderen Werkzeugen sei Dank, sind sie dann jedoch perfekt vorbereitet, und so perlt alles Ungemach an ihnen ab wie Schmutz an einer Teflon-Beschichtung, insbesondere jener Schmutz, der unbequeme Wahrheit heißt. Längst haben sie sich von der ursprünglichen Bedeutung des Wortes Minister, dem Dienen, in lichte Höhen fortgeschraubt, inszenieren sich bisweilen wie Halbgötter oder Heilande und schweben eine Handbreit über jenem Boden, der sich Lebenswirklichkeit nennt.

Die Lebenswirklichkeit von Millionen von Menschen.

Worte meines Vaters, die mich bis heute begleiten

„Das wirklich Tödliche …"

Doch es dreht sich ja nicht alles um Halbgötter und Heiligenkult. Das wäre auch zu viel der Ehre. Andere werden kommen. Als Nachgeburten eines Zeitgeistphänomens. Aber was dann? Wie begegnen wir als Gesellschaft der in Mode gekommenen Abgehobenheit und Selbsterhöhung? Was hat das jetzt schon mit uns gemacht? Was mit unserem Verständnis für und von Politik? Was mit unserer Bereitschaft, dagegen anzugehen?

Damals, als mein Groll über das System, seine Mechanismen kaum noch zu bremsen, mein offener Bruch mit der Volkspartei insgeheim beschlossen war, hatte die Selbstherrlichkeit unserer politischen Führung bei Weitem nicht das Ausmaß von heute erreicht. Vieles, von dem ich Ihnen berichten möchte, hat sich aber auch erst nachher zugetragen, als ich selbst im Nationalrat saß oder noch später.

Damals jedenfalls war mein Unmut über die Zustände, über all die bloßem Machterhalt dienenden Seilschaften, über Clubzwang und Abhängigkeiten und über die menschenfeindliche Politik auf ein Maß angewachsen, dass mir zunehmend alles egal war. Auch waren jene Stimmen immer lauter geworden, allen voran im Bauernbund, die mein eher freizügiges, nicht-parteisoldatisches Treiben mit Argwohn beäugten und nach geeigneten Waffen suchten. Manche sahen in mir auch eine unmittelbare Gefahr für sich selbst.

Mein Vorteil: Finanziell war ich nicht auf das Salär als Bundes- oder Nationalrat angewiesen. Weder musste noch wollte ich davon leben. Ich hatte angefangen, mir neben der Landwirtschaft ein weiteres Standbein zu schaffen – als Versicherungsmakler mit einer eigenen kleinen Agentur.

Und weil Kuschen um der Karriere willen noch nie zu meinen Tugenden zählte, fing ich an, den Mund immer öfter immer weiter aufzureißen. Es gab ja auch viel zu beanstanden, zuallererst intern. Also dachte ich von nun an laut und öffentlich nach. Vor allem darüber, was ich von der doppelzüngigen, einzig dem Lobbyismus dienenden und gegen das Wohl der Menschen ausgerichteten Agrarpolitik meiner Partei hielt.

Die giftige Mixtur aus Politik und Wirtschaft

Ich erlebte das Klima als zunehmend vergiftet, ein Eindruck, der sich später, da ich mir auch in Wien als Palmöl-Leo und Bauernrebell einen Namen gemacht hatte, noch verstärken sollte. Und so kam mir, als sich abermals eine radikale Bruchlinie meines Lebens aufzutun begann, immer öfter ein anderer Satz meines Vaters in den Sinn, den er mir gepredigt hatte:

„Das Schädlichste, was es in diesem Land gibt, ist nicht die Politik. Das wirklich Tödliche ist die Parteipolitik.“

Aus heutiger Sicht muss ich dem noch etwas hinzufügen. Nicht immer macht allein die Dosis das Gift. Manchmal ist es die Mixtur selbst: die Mixtur aus Politik und Wirtschaft, die engmaschigen Verflechtungen der Kapitäne beidseits. In einem Land wie Österreich kann man da an dem Big Player schlechthin unmöglich vorbei.

3

Ein System mit Raiffinesse

Was die Pervertierung einer großen Idee für uns alle bedeutet

„Raiffeisen würde im Grab rotieren“

Ich möchte diesen Teil mit ein paar schlichten Ja/Nein-Fragen eröffnen, mit der Bitte, sie spontan, einem Impuls des Herzens folgend, zu beantworten. Als wäre es eine Art Barometer für soziales/humanistisches Gedankengut.

Fragen, die so beginnen: „Ist es sinnvoll und ehrenhaft …“

- … solidarisch zu handeln?
- … Menschen zu fördern?
- … jenen, die es nötig haben, wirtschaftlich auf die Beine zu helfen?
- … Hilfe zur Selbsthilfe zu leisten?
- … Menschen, die man gleichberechtigte Freunde nennt, auch gleichberechtigt mitreden und mitbestimmen zu lassen?

Haben Sie es auf ein einziges Nein gebracht? Wohl kaum. Es sind ja auch hehre Anliegen. Für sie alle und noch mehr steht der Name Raiffeisen, und wer auf der Homepage den Button „Unsere Philosophie“ anklickt, bekommt ein Zitat des Gründervaters zu lesen:

„Was dem einzelnen nicht möglich ist, das vermögen viele.“[18]

F. W. Raiffeisen

Warum schreibe ich dann ein eigenes Kapitel, das auf das Gegenteil von euphorischem Lob abzielt? Dass Banken bzw. ihre Manager generell im Verdacht stehen, Schlitzohren zu sein, wissen wir. Es wäre naiv, anzunehmen, dass der Grundgedanke von einst (dazu gleich mehr) heute noch schlagend sein kann, dass Raiffeisen im Jahr 2023 nicht wie alle Großen den ungeschriebenen Gesetzen der Zeit folgt und darauf bedacht ist, seinen Profit zu maximieren. Natürlich tun sie es, und sie machen ihre Sache aus unternehmerischer Sicht verdammt gut.

Die fünfte Macht im Staat

Raiffeisen ist jedoch viel mehr als nur eine Bank. Raiffeisen ist ein international agierender Großkonzern. Raiffeisen steht für ein ganz Österreich durchdringendes System, das hoch raffiniert im Tarnkleid der heilen Welt daherkommt. Ein System mit Raiffinesse, wie ich es darum im Titel genannt habe. Raiffeisen ist neben Exekutive, Legislative, Judikative und Medien die fünfte Macht im Staat – allerdings mit der Besonderheit, bei den anderen vieren teils kräftig mitzumischen und so deren gesetzlich gebotene und unverzichtbare Eigenständigkeit und Unabhängigkeit, diese Säulen einer demokratischen Gesellschaft, massiv zu untergraben und damit zu gefährden.

Es mag uns nicht immer bewusst sein, doch Raiffeisen hat (auch ohne dass wir ein Girokonto oder einen Kredit dort laufen haben) unmittelbare und enorme Auswirkungen auf uns alle. Tag für Tag: bei der Produktion unserer Lebensmittel draußen auf den Feldern und in den Ställen, bei jedem Einkauf im Supermarkt, bei vielen Regierungsentscheidungen, ob auf Bundesebene oder in den Ländern, bei dem, was wir in Zeitungen zu lesen oder vielmehr nicht zu lesen bekommen. Denn:

- Raiffeisen hat die Monopolmacht über ganze Branchen
- Raiffeisen bestimmt darum die Preise vieler Lebensmittel nach Belieben
- Raiffeisen beschneidet die mögliche Vielfalt von Produkten
- Raiffeisen beherrscht Medien, macht somit Meinung
- Raiffeisen macht Politik auf höchster Ebene

Kurzum: Raiffeisen ist zu einem Moloch gewachsen, der sich verselbstständigt hat und jeder Kontrolle entzieht, zu einer tausendarmigen Krake, deren Einfluss hochgradig demokratiegefährdend ist, sodass wir nicht umhinkönnen, uns diese Frage zu stellen:

Darf ein einzelner Konzern in einem Staat derartige Macht ausüben?

Darum habe ich so viel zusammengetragen. Darum darf es zu keiner Zeit – nicht für uns Konsumenten, nicht für uns mündige Bürger – egal sein, ob auf einer Packung Mehl, Zucker oder Babynahrung, einer Flasche Milch, Fruchtsaft oder Sonnenblumenöl Produzenten von A bis Z draufstehen und am Ende doch Raiffeisen drin ist.

„Raiffeisen würde im Grab rotieren", stand in einem der seltenen kritischen Zeitungsberichte[19] zu lesen, der sich zum 200. Geburtstag von Friedrich Wilhelm Raiffeisen mit dem Verrat seines Prinzips „Hilfe zur Selbsthilfe" beschäftigte.

Mich erinnert die Pervertierung des Urgedankens, das, wofür Raiffeisen heute steht, an modernes Raubrittertum. Das altbekannte Prinzip der Wegelagerei, bloß in der Version 4.0 und um viele Potenzen perfider und effizienter.

Ein grandioser Gedanke und seine Anfänge

Folgen Sie mir, liebe Leserinnen und Leser, auf eine Zeitreise. Zurück in die Mitte des 19. Jahrhunderts, jene Epoche, als die jahrhundertelange Leibeigenschaft des Bauernstandes ein Ende gefunden hatte und die *Industrielle Revolution* in vollem Gange war.

Die damals rapide zunehmende Massenproduktion traf zuallererst das kleine Handwerk. Mehr und mehr versorgten oft fern gelegene Fabriken die Menschen mit Waren, das Überangebot an Tischlern, Schuhmachern, Schneidern drückte die Preise, der Niedergang traditioneller Handwerkerstrukturen setzte ein.[20]

Auch die bäuerliche Bevölkerung war mit voller Härte von den Umwälzungen betroffen. Zwar waren die Zwangsdienstbarkeiten den hohen Herrschaften gegenüber weggefallen, zugleich hatten viele Bauernfamilien oft große Teile ihres Landes abtreten müssen.

Viele hatten an der neu gewonnenen „Freiheit" wenig Freude, gerieten in finanzielle Bedrängnis, wurden von skrupellosen Geldverleihern abhängig, die ihnen Wucherzinsen weit jenseits der 20 Prozent abpressten. Der Verlust von Vieh sowie Missernten verschärften die dramatische Lage, und jene, die sich in Heimarbeit ein Zubrot verdient hatten, waren gegenüber der maschinellen Massenproduktion nicht länger konkurrenzfähig.

Dazu kam die prekäre Wohnsituation in den rasant wachsenden Städten, ebenso prekäre Arbeitsbedingungen für Männer und Frauen, Kinderarbeit, Trunksucht infolge des Elends, aber auch, weil die Arbeiter in den Fabriken zur „Motivationssteigerung" vom Alkohol abhängig gemacht wurden. All das ließ die Verelendung vor allem der unteren Bevölkerungsschichten voranschreiten.

England und Frankreich gingen noch vor 1850 eigene Wege. Dort formten sich – neben neu gegründeten Parteien und Zusammenschlüssen der Arbeiterschaft zu Gewerkschaften – erste moderne Organisationen zur Selbsthilfe, damals revolutionäre Ideen in Sachen Konsum, Bau, Einkauf und Absatz. Diese Modelle etablierten sich in den ersten Genossenschaften und erfuhren großen Zulauf.

Bald schwappten die Ideen auf Mitteleuropa über, regten kritische Geister an. Zwei Namen sind vor allen anderen zu nennen: Hermann Schulze-Delitzsch und – durch dessen Überlegungen und Initiativen inspiriert – Friedrich Wilhelm Raiffeisen.

Raiffeisen entstammte ärmlichen Verhältnissen. Doch er erfuhr eine von göttlichem Glauben und Nächstenliebe geprägte Erziehung und Ausbildung, diente sich hoch, machte eine Karriere im preußischen Militär. Als er aufgrund eines Augenleidens fast zur Gänze erblindete, sattelte er auf Verwaltungsbeamten um. Und obwohl er auch privat eine Reihe schwerer Schicksalsschläge (Tod mehrerer Kinder etc.) zu verkraften hatte, biss und kämpfte er sich durch. Ja, er schaffte es bis zum Bürgermeister des mehr als 30 Ortschaften umfassenden Amtsbezirkes Flammersfeld im heutigen Rheinland-Pfalz.

Dann kam die Katastrophenernte von 1846, gefolgt von einem Winter mit verheerenden Hungersnöten. Erstmals kam Raiffeisen mit den Ideen von Genossenschaften in Berührung, und so bildete er – gemeinsam mit wohlhabenden Bürgern – eine Armenkommission, den Weyerbuscher Brodverein. Anfänglich wurden bloß Lebensmittel aus staatlichen Magazinen verteilt, bald jedoch weitete sich das Tätigungsfeld aus, und die Mitglieder organisierten den gemeinschaftlichen Bezug von Saatgut, die Errichtung eines Gemeindebackofens und einiges mehr.

Ähnliche Vereine in der Umgebung folgten. Doch was ebenso folgte, war diese Erkenntnis des protestantischen Sozialreformers Friedrich Wilhelm Raiffeisen:

Almosen helfen den Menschen auf Dauer nicht. Damit machst du sie nur auf andere Weise abhängig. Wenn schon Hilfe, dann Hilfe zur Selbsthilfe.

Das Vier-Säulen-Modell

Ähnliches hatte auch der Landsmann Raiffeisens und zweite Gründungsvater der heimischen Genossenschaften, Hermann Schulze-Delitzsch, erkannt. Er wusste um die Not der kleinen Gewerbetreibenden, wusste, dass sie weder von privaten Bankiers noch den staatlich geförderten Pfandhäusern und Leihkassen viel zu erwarten hatten und notgedrungen Wucherern in die Hände fielen. So wird Schulze-Delitzsch mit diesen Worten zitiert:

„Die drückenden Zeitverhältnisse, welche den Mangel an Kredit und das Verschwinden des baren Geldes in immer stärkeren Maße um sich greifen lassen, treffen den Arbeiter, den unbemittelten Gewerbetreibenden am härtesten, der auch früher schon Vorschüsse, die er zum Betriebe brauchte, sehr schwer und meist nur gegen wucherische Zinsen erhalten konnte." [21]

Also trat der *Delitzsche* Vorschuss-Verein zusammen, weitere unter seiner Ägide folgten – die Keimzelle der heutigen Volksbanken und Geburtsstunde des Typs der Kreditgenossenschaft. Die Grundidee: Mitgliedern wird im Fall des Falles aus ihren eingezahlten Beiträgen Kredit gewährt – zu humanen Konditionen.

Anfänglich hatte aber auch Schulze-Delitzsch allzu sehr auf das Prinzip Mildtätigkeit gesetzt und Schiffbruch erlitten. Zum einen, weil der Vorschussverein sich aus Spenden oder zinsfreien Darlehen wohlhabender Bürger finanzierte, es noch keine gemeinsame Haftung der Mitglieder gab und häufig Kreditausfälle zu beklagen waren. Der Verwaltungsaufwand war zu hoch, überdies konnten nur wenige der vielen Ansuchen bewilligt werden, sodass das Interesse daran sank.

Dann aber stellte er das Konzept mit Freunden auf neue Beine. Mit den Maximen Selbsthilfe und Selbstverantwortung. Vier Säulen trugen das Modell:

1. Kapital durch Mitgliedsbeiträge
2. Darlehen gegen landesübliche Zinsen
3. Solidarische Haftung der Mitglieder
4. Hereinnahme von Publikumseinlagen (gegen höhere Zinsen, als sie etwa die örtliche Sparkasse bot – wobei man wissen muss, dass zu jener Zeit auf den noch unterentwickelten kleinstädtischen Kapitalmärkten 14 Prozent Zinsen pro Jahr als niedrig galten)

Schulze-Delitzsch schuf ein Modell, welches er mit Einkaufsgenossenschaften bei Schuhmachern und Tischlern gut erprobt hatte, und hielt seine Erfahrungen in einem Buch fest, dem *Assoziationsbuch für deutsche Handwerker und Arbeiter*. Darin beschwor er alle Nachahmer (zu denen später auch Raiffeisen zählen sollte), dass Vorschussvereine …

„… keine Almosenanstalten sein können, dass sie vielmehr auf Rückzahlung und Verzinsung ihrer Vorschüsse rechnen müssen. (…) Nicht Arme zu unterstützen, sondern der völligen Verarmung vorzubeugen, ist der Zweck dieser Vereine.“

Mit Staatshilfe zum neuen Platzhirschen

Als Friedrich Wilhelm Raiffeisen mit seinen eigenen Ideen – erweitert um die Ansätze seines Kollegen – in Österreich ankam, existierten da bereits an die tausend Genossenschaften, die dem Prinzip Schulze-Delitzsch' folgten.

Geschickt verstand Raiffeisen es, Lobbyarbeit zu betreiben, die Medien für seine Ideen zu gewinnen, die sich in mancherlei von jenen seines Vordenkers und zugleich Konkurrenten unterschieden. So etwa war Schulze-Delitzsch für die Auszahlung von Dividenden, Raiffeisen allerdings strikt dagegen.

Wie geschickt Raiffeisen seine Kontakte nutzte, ist in einer Arbeit aus dem Jahr 2018 unter dem Titel *Raiffeisen-Kontakte im alten Österreich*[22] dokumentiert. Da finden sich Abgeordnete, ein Regierungsrat, ein Zeitungsherausgeber und andere Honoratioren, allen voran aber ein gewisser Gustav Marchet, Professor für Verwaltungs- und Agrarrecht, Beirat im k. u. k. Ackerbauministerium – und ab 1906 in der Regierung Beck auch *Minister für Kultus und Unterricht.*

Als Marchet noch als junger Professor Raiffeisen in Deutschland aufsuchte, um seine Ideen zu studieren, zeigte der Sozialreformer sich gleichermaßen geschmeichelt wie tief beeindruckt vom Besuch aus Wien. Eine lebenslange Freundschaft erwuchs, und zugleich wuchs Marchets Einfluss bei Hof. Er war es auch, der bereits beim *Agrarcongress in Wien* (1873) eine Lanze für Raiffeisen brach und bald darauf das Ministerium für die Idee einer Raiffeisen-Darlehenskasse gewann.

Friedrich Wilhelm Raiffeisen hatte also die perfekte Lobby, um sich zum neuen Platzhirschen zu mausern. Marchet und all die anderen öffneten ihm die Türen, ebneten den Boden in die Entscheidungsgremien rund um Kaiser Franz Joseph I.

Und so kommen letztlich auch die Farben Schwarz und Gelb im Raiffeisen-Giebelkreuz nicht von ungefähr: Es sind die Farben der Habsburger. Nicht umsonst nennt sich eine heutige Bürgerbewegung, die laut Eigendefinition „zukunftsorientiert, überkonfessionell und übernational“ auftritt und mit ziemlich bescheidener Außenwirkung von einer parlamentarischen Monarchie träumt, so:

Schwarz-Gelbe Allianz.[23]

Der Agrarcongress in Wien anno 1873: Diese erste Staatshilfe für Raiffeisen liegt demnach ein Weilchen zurück. Unweigerlich werden da Erinnerungen an diese andere große Staatshilfe aus jüngster Vergangenheit wach: die Finanzkrise von 2008/09, als auch Raiffeisen erst eifrig im internationalen Reigen mittanzte, sich wie viele die Finger im Sumpf der Spekulationsgier schmutzig machte und hinterher um Hilfe schrie und sich an den staatlichen Futtertrog hockte.

Von rund zwei Milliarden Euro[24] Finanzhilfe war anfangs die Rede. Am Ende war es die Raiffeisen Bank International (RBI), die vom gesamten Steuerzahlerkuchen (5,6 Milliarden Euro) mit 1,75 Milliarden das fetteste Stück geborgten Geldes abbekam.[25]

Steckt darin etwa auch der Gedanke *Hilfe zur Selbsthilfe*?

Als 94 Bauern sich kurz vor Weihnachten 1886 in den Speisesaal eines Wirtshauses in Pöchlarn (NÖ) quetschten und mit je fünf Gulden Geschäftsanteile unter dem Musketier-Motto „Einer für alle, alle für einen" erwarben, war der Grundstein der ersten Raiffeisenkasse im heutigen Österreich gelegt. Der erste Faden eines bald endlos dichten Netzes.

Genug der Historie, weil sich hier nun diese aktuellen Fragen aufdrängen:

Was ist aus der Idee geworden? Wie sieht es heute aus mit den viel beschworenen Tugenden der Idee von Friedrich Wilhelm Raiffeisen, die uns neben dem Bankenwesen auch die Lagerhäuser beschert hat? Wie verhält es sich mit dem Gedanken der Solidarität tatsächlich, wenn wir auf das System Genossenschaft und Raiffeisen blicken?

Wie Raiffeisen an die Höfe der Bauern kam

Das Wunschdenken von Solidarität

Wiewohl längst ins Gegenteil gekehrt (dazu gleich mehr), muss der Urgedanke der sozialen Idee unausgesetzt herhalten. Heute noch begegnen Anwärter auf eine Mitgliedschaft in der schwarz-gelben „Hilfe-zur-Selbsthilfe"-Familie diesen wohlklingenden Sätzen:

DIE IDEE RAIFFEISEN-GENOSSENSCHAFT
„Inmitten der großen Herausforderungen des 21. Jahrhunderts hat sich ihr Wirtschaftsmodell auf Basis von Selbstverwaltung, Solidarität, Subsidiarität und Nachhaltigkeit bewährt und als Anker der Stabilität erwiesen.
Auch für die rund 1.450 Raiffeisen-Genossenschaften in Österreich sind diese Grundwerte genossenschaftlichen Wirtschaftens nicht bloß Theorie – vielmehr werden sie tagtäglich in der Praxis gelebt!" [26]

Wie ist das jenen zu erklären, die unter dem Deckmantel der Solidarität, der Hilfe zur Selbsthilfe, Haus und Hof an „ihre Hausbank" verloren haben, immer noch zuhauf verlieren, weil die *tagtäglich gelebte Praxis* eine andere ist?

Unter all den Namen der Gefährder des Bauerntums sticht Raiffeisen leuchtend hervor. Weil sich da gleichsam der Bock selbst zum Gärtner macht. Oder der Henker zum Seelsorger. Geraten Häuslbauer, Kleingewerbetreibende in finanzielle Nöte, klingt das Ende vom Lied, nachdem welche Bank auch immer der Kundschaft zuvor meist einen Kredit nach dem anderen aufgeschwatzt hat, überall ähnlich: Wohnung, Haus, Firma sind weg. Bei Raiffeisen – exemplarisch festgemacht am Niedergang eines Landwirts – läuft es oft so:

Eines Tages im Oktober läutet beim Bauern Franz das Telefon.

„Griaß di, Franz. Da ist dei Hausbank. Magst ned amoil vorbeischauen bei uns?"

„Gibt's Faschingskrapfen?", fragt der Bauer Franz.

„Auch. Aber erst in drei Wochen. Na ja … es wäre eher wegen … wegen deines Kontostandes."

„Ja?"

„Schau ihn dir … ach, schau doch einfach amoil vorbei, Franz. Sei so guad."
Bauer Franz ist so gut. Schließlich plagt ihn ja auch das Gewissen. Das Milchgeld reicht hinten und vorne nicht. Die Futtermittel von Monsanto sind schon wieder teurer geworden. Dazu die Energiekosten. Die Leasingrate für den riesengroßen neuen Traktor, den er gebraucht hat (der Nachbar hat auch einen neuen, nicht ganz so großen), nagt kräftig am Budgetkuchen. Der Erzeugerpreis für Mais ist im Keller. Und so weiter. Also fährt er zu seiner Hausbank mit dem diffusen Gefühl, ihm könnte Ungemach drohen.

Das Gegenteil ist der Fall. Der Bankmitarbeiter kommt gleich zur Sache.

„Also, ehrlich gesagt, Franz … ich würde dir dringend abraten, das Girokonto weiterhin so zu überziehen. Unter Freunden. Weißt eh, da zahlst die allerhöchsten Zinsen. Wir möchten dir helfen."

Stimmt, denkt Bauer Franz. Aber was soll er machen? Kredit hat er schon einen laufen, mit Pfand aufs Haus.

„Willst nicht einen Kredit aufnehmen?", fragt der Freund in der Bank.

Bauer Franz sieht ihn aus großen Augen an, denkt neben dem Minus auch an den renovierungsbedürftigen Laufstall, an die Melkanlage der Marke Steinzeit. „Na ja … wenn'st mi so fragst. 50.000 könnt' ich schon gut brauchen."

„Und … wie schaut's bei dir eigentlich mit dem Jagern aus? Hast ned wieder Lust auf a eigenes Revier? So wie dei Vota. Weißt eh, dei Vota und mei Vota …"

Ja, an die goldenen Zeiten der Familie, als der Vater zur Jagd im Eigenrevier ging, kann Bauer Franz sich dunkel erinnern.

„Magst ned vielleicht 100.000 nehmen?"

Man wird rasch handelseins. 120.000 sollen es sein.

Eine Zeit lang läuft alles gut. Außer die Geschäfte von Bauer Franz. Dass er nicht genug fürs Überleben zu erwirtschaften imstande ist, ist bedauerlich. Aber dafür kann niemand etwas außer ihm. Nun ja, der globale Markt vielleicht. Aber der ist eben … sehr global. Die Hausbank jedenfalls kann nichts für die Misere.

Das sehe ich entschieden anders. Genau durch dieses systematische Abhängig-Machen kommen die Hausbanken zu den Wohnungen und Häusern, zu den Höfen und Gründen. Weil sie nicht nur den Kontostand von Bauer Franz in- und auswendig kennen, sie kennen auch die Milchmengen, die er Tag für Tag an die Molkerei abliefert. Desgleichen weiß die Bank um die

Tonnagen des Getreides, das er einfährt. Und erst recht kennt sie Lage und Wert seiner Gründe.

„Ein bisserl nachhelfen …"

Ludwig Scharinger, 2019 verstorbener Ex-Generaldirektor der Raiffeisenbank Oberösterreich und über Jahrzehnte maßgeblicher Strippenzieher der heimischen Politik, sagte zu mir in dem Zusammenhang einmal:

„Weißt du, Leo, hie und da müssen wir den Bauern eben ein bisserl nachhelfen."

Diese kleine Kreditvergabe-Geschichte ist beispielhaft für Zigtausende Fälle. Folglich geht es so weiter: Als das Minus auf dem Konto des Bauern Franz auf über 200.000 Euro explodiert, sagt der Freund von der Hausbank: „Franz, wir haben wieder die Lösung für dein Problem. Wir würden ohnehin einen Gewerbegrund brauchen. Du hast da ja so einen herrlichen Flecken … win-win sozusagen, meinst nicht auch?"

„Ja", meint der Bauer Franz. Er hat auch gar nichts anderes mehr zu meinen und stellt sich womöglich die Frage, ob er nicht auch selbst eine Mitschuld daran trägt und bedachter agieren hätte müssen. Angefangen bei der Wahl der Hausbank, wodurch auch er das System letztlich stützt.

Das stimmt natürlich. Andererseits agieren alle Banken ähnlich. Raiffeisen nimmt aber eine Sonderstellung ein: Als Bank – und per Definition eine Genossenschaft – sind die Giebelkreuzler einen Förderauftrag eingegangen, doch stattdessen graben sie ihren Mitgliedern das Wasser ab. Sei es, weil sie dank ihrer Marktmachtstellung nicht nur die Preise im Supermarkt, sondern auch die Erzeugerpreise entscheidend mitbestimmen (dazu später mehr) und Bauern an den Rand des Ruins drücken. Sei es aber auch mit einer Vielzahl von Geschäftsmodellen jenseits der Ursprungsidee Genossenschaft – für die Bauern gleichsam als Konkurrenten im eigenen Stall.

Zwei möchte ich kurz beleuchten.

Wenn ein Hauch von Mafia durchs Land weht

Und ist der Handel noch so klein …

Meine Großmutter war eine gleichermaßen gescheite wie einfache Frau, die Lebensweisheiten der Marke *Der Mensch denkt, und Gott lenkt* stets bei der Hand hatte. Von ihr bekam ich auch diesen weit verbreiteten Spruch mit auf den Weg, ohne ihn deshalb zur eigenen Maxime zu machen:

„Und ist der Handel noch so klein,
so trägt er mehr als Arbeit ein."

Sie sprach immer wieder davon, dass zum Erfolg im Geschäftsleben gehöre, nichts auszulassen, was Geld einbringe. Doch sie sagte es stets mit einem verschmitzten Lächeln und diesem Unterton, der den Zweifel und die Notwendigkeit des Hinterfragens mit einschloss. Weil Dinge nicht um jeden Preis geschehen dürfen. Damit sind wir bei den Raiffeisen-Lagerhäusern angelangt, auch „Grüne Riesen" genannt.

Die erste Lagerhaus-Genossenschaft[27] des Landes öffnete 12 Jahre nach der ersten Raiffeisen-Sparkasse ihre Pforten, ebenfalls in Pöchlarn. Die einst salbungsvollen Worte des Pfarrers anlässlich der Einweihung hören sich aus heutiger Sicht wie düstere Moll-Klänge an:

„So ist ein großes Werk zum Wohle der Bauern geschaffen worden. Durch einträchtiges Zusammenwirken derselben wird es einen Aufschwung nehmen, der für die Landwirtschaft den Keim für eine bessere Zukunft legt. An euch Bauern ist es jetzt, das begonnene Werk zu fördern und an eurem eigenen Nutzen zu arbeiten."

Was ist nicht alles seither geschehen! Aus ländlichen Regionen sind die Lagerhäuser nicht wegzudenken, vom Ursprungszweck Landwirtschaft indes ist nicht viel übrig. Das Geschäftsfeld „Agrar" ist nur noch eines von vielen, die da wären: Technik, Baustoffe, Haus & Garten, Energie, Dienstleistungen & Service. Ob Blumen, Kleidung, Poolchemie, Eisenwaren, Haushalt … alles da. Ja, sogar Autos (neu oder gebraucht) sind im Lagerhaus erhältlich, Finanzierung inklusive. Und selbstredend der passende Service – vom Reifenwechsel über Reparaturen bis hin zur jährlichen Überprüfung.

Der Landwirt und sein Maschinenring

Ganz ähnlich läuft es beim Maschinenring, einer Einrichtung, die Stadtbewohnern eher wenig bekannt sein dürfte. Ursprungsidee war die gleiche wie jene von Raiffeisen und der Lagerhäuser: Hilfe zur Selbsthilfe, eingeschränkt auf: *Bauern für Bauern.*

Landwirte helfen einander, indem sie etwa die Kosten für die Anschaffung teurer Gerätschaften teilen und sie, zeitlich gestaffelt, gemeinsam nutzen. Oder auch: Schafft der Huber-Bauer einen Traktor an, kann er ihn im Winter für die Schneeräumung in der Umgebung einsetzen und wirtschaftlich klug agieren. Ein grundvernünftiger Ansatz, der in den 1960er-Jahren aufkam.

Nicht nur die Philosophie, auch die Struktur des Maschinenrings verweist exakt auf jene von Raiffeisen: einzelne, regional verwurzelte autonome Standorte unter einer landesweiten Dachorganisation. Offiziell beteiligt ist Raiffeisen nicht, doch es gibt eine „strategische Partnerschaft", wie es auf der Homepage[28] des Maschinenrings unter dem Titel heißt:

„Uns verbindet die gelebte Nähe zum Kunden."

Wie die Lagerhäuser ist auch der Maschinenring längst in Richtung Cashcow davongaloppiert. Abermals muss man festhalten: Maximalen Gewinn machen zu wollen, darf man niemandem per se vorhalten. Das Problem liegt einmal mehr im Missbrauch und in der Pervertierung der Genossenschaftsidee auf dem Rücken der Mitglieder.

Offiziell gibt man sich als größter Arbeitgeber weit und breit für Bauern, die den Nebenerwerb gut gebrauchen können, und pflegt das Bild des *Profis vom Land*, der seine „Dienstleistungen, die aus den agrarischen Wurzeln entstandenen sind!, sinnvoll einsetzt, um seine „freien Zeitreserven gewinnbringend" zu nutzen. So steht es auf der Homepage des Maschinenrings.[29]

Das Angebot ist enorm und hat mit ureigenen bäuerlichen Tätigkeiten oft wenig zu tun: Ob Reinigung von Badezimmern, Betreuung von Müllplätzen und Heizanlangen, Arbeit für Betonfirmen, ein Job als Bierfahrer, das Säubern von Stiftskirchen vom Holzwurm, die Errichtung von Zäunen für riesige Wohnanlagen oder das Anlegen von Schaudachgärten – diese und eine Vielzahl anderer Dienstleistungen sind im Portfolio der Ringe zu finden.

Wo bleiben die Proteste der Standesvertretungen?

Vordergründig erscheint all das, zumindest für den Konsumenten, ausnahmslos positiv, findet er doch vieles unter einem Dach und erhält obendrein Dienstleistungen unterschiedlichster Sparten zum Vorzugspreis. Zugleich jedoch stellt diese immer noch radikalere Abkehr vom Ursprungsgedanken eine latente Gefahr dar, und das schon lange nicht nur für die Bauern.

Betroffene – um noch kurz beim System Maschinenring zu bleiben – sprechen von Personalleasing in übelster Ausgestaltung. Manche Maschinenringe würden überhaupt nur noch vom Verborgen von Arbeitskraft[30] leben, Geschäftsführer einzelner Ringe sich die lukrativsten Aufträge für die eigene Firma unter den Nagel reißen, andere direkt am Umsatz mitnaschen. Dienstleistungen weit unter marktüblichen Preisen seien die Regel. Es finde ein Bauerndumping statt mit der Konsequenz, dass Gewerbetreibende zuhauf Aufträge an den Service eines Maschinenrings verlieren.

Mittlerweile haben Ringe auch ihre eigenen Traktoren angeschafft, um sie auf Betonflächen aufzustellen mit einem Schild in der Windschutzscheibe: Traktor sucht Fahrer! Ein Beispiel, das zeigt, wie sich die Grundidee umkehrt: Ein Maschinenring macht Landwirten durch massives Unterbieten erst den Job der Schneeräumung abspenstig, um ihnen die Arbeit hinterher wieder – zum Dumpinglohn – anzubieten. Dazu kommen Sechzehn-Stunden-Tage, systematisches Mundtotmachen, Einschüchterungsversuche gegen Aufmüpfige etc.

Wie weit sich – siehe Raiffeisen – auch hier der Grundgedanke ins Negative verkehrt hat, ist daran abzulesen: Als ein örtlicher Ring in Deutschland, wo das System ebenfalls grassiert, den Ur-Vater der Idee anlässlich des 50-Jahr-Jubiläums einladen wollte, sagte der mit dieser Begründung ab:

„Der Maschinenring ist zu dem geworden, was ich niemals wollte!“

So erwachsen – ob durch Raiffeisen direkt, über die Lagerhäuser oder den Maschinenring – da wie dort unter dem Deckmantel des Genossenschaftsgedankens, der „Hilfe zur Selbsthilfe“, übermächtige Konkurrenten, an denen sich neben den Bauern auch Professionisten unterschiedlichster Gewerbe zunehmend die Zähne ausbeißen.

Proteste seitens der Standesvertretungen gibt es keine. Ob Bauernbund, Landwirtschaftskammer oder Wirtschaftskammer – überall herrscht Schweigen im Walde, was angesichts der Durchwirkung dieser Institutionen mit Raiffeisen-nahem Personal bis auf höchste Ebene nicht wundert.

Als Engelbert Dollfuß vom Höhepunkt der Macht seiner in diktatorischer Manier geführten Kanzlerschaft (1932–1934) noch weit entfernt war und in den 1920er-Jahren nur ein „kleiner Sekretär“ der neu gegründeten Landwirtschaftskammer Niederösterreich war, schlug er die möglichst enge Kooperation von Landwirtschaftskammer, Bauernbund und Raiffeisen vor.

Es war dies die Geburtsstunde einer Dreifaltigkeit der besonderen Art. Eine Trinität, die beim Bauernbund selbst unter dem Titel „Ein Weg voller Meilensteine“[31] firmiert, im christlich-sozialen Kontext aber ganz und gar nicht heilig ist.

Aus heutiger Sicht lässt sich sagen:

Gemessen an der Allmacht des Imperiums Raiffeisen, am Einfluss späterer Generalanwälte, war Dollfuß fast schon ein politisches Leichtgewicht. Wie gewaltig diese Dreifaltigkeit in ihrer heutigen Dimension, wie verflochten und einhellig sie im gemeinsamen Kurs ist, zeigt sich mitunter daran, dass angesichts solcher oben beschriebener Praktiken auf dem Rücken von Bauern und Gewerbetreibenden Folgendes geschieht: nichts.

Man schweigt. Man nickt ab. Man kassiert mit.

Markt. Macht. Meinung.

Wer oder was zählt zum Imperium? Wie weit reichen die Tentakel der Krake? Sind Raiffeisen und Allmacht Synonyme? Oder spinne ich mir da etwas zusammen? Was bedeutet das für uns Konsumenten?

Seien Sie versichert, liebe Leserinnen und Leser: Selbst mir, der ich mich eingehend mit der Materie beschäftigt habe, bleibt immer wieder der Mund offen, wo überall A oder B oder C draufsteht – und bloß Raiffeisen drin ist.

Neben der marktbeherrschenden Geldsäule, die Raiffeisen mit seinen Tausenden Banken/Bankfilialen unerreicht darstellt, und den erwähnten Lagerhäusern möchte ich Ihnen – ohne Anspruch auf Vollständigkeit – die wichtigsten Bereiche und Namen nennen, die zumeist auch für eine Monopolstellung stehen.

Beginnen wir damit:

- Rund 130 Molkereigenossenschaften
- Beteiligungen im Versicherungswesen (z. B. die Uniqa-Versicherung u. a.)
- Beteiligungen an der Strabag, Österreichs größtem Baukonzern

Das ist aber erst der Anfang. Schon beim Blick auf die Beteiligungen allein der Raiffeisenlandesbank in Oberösterreich[32] kann einem schwindelig werden. Und dann erst die RWA – das steht für *Raiffeisen Ware Austria AG*. Sie verwaltet nicht nur die Gesamtheit der Raiffeisen-Lagerhäuser, sondern hält jede Menge Beteiligungen[33] an Firmen (oder besitzt sie gleich zur Gänze). Hier ein kleiner Auszug:

- **Agro Innovation Lab:** eine Innovationsplattform, die sich mit Digitalisierung und herkömmlicher Landwirtschaft etc. beschäftigt
- **Austria Juice:** Herstellung von Furchtsaftkonzentraten, Getränkegrundstoffen, Fruchtweinen, Direktsäften, Aromen und Fruchtsüßen zwecks Weiterverarbeitung in der Getränke- und Lebensmittelindustrie
- **Bautechnik:** Hier werden die Bauherren der Lagerhäuser in Sachen Planung, Beratung und Umsetzung unterstützt.

• **Biohelp:** Hier dreht sich alles um „biologische Lösungen im Agrarbereich" – vom Dünge-, Pflanzenstärkungs- und Pflanzenschutzmittel bis hin zur Registrierung neuer Produkte, sei es Obstbau, Weinbau, Ackerbau usw. Und auch für Golf (nicht das Auto, der Rasensport).
• **Danufert:** Jetzt sind wir am Donauhafen Krems gelandet, wo die Firma für Umschlag und Verpackung wovon immer zuständig ist – vom Düngemittel über Pellets bis hin zu Produkten des Winterdienstes.
• **Danugrain:** Wir bleiben im Donauhafen, wenden uns Lagerung und Umschlag agrarischer Massengüter zu – Futtermittel, Ölsaaten, Getreide, alles im großen Stil.
• **Danuoil:** Immer noch am selben Standort ... nun aber, um Diesel und Heizöl umzuschlagen
• **Garant Qualitätsfutter:** Produzent von Mischfutter für Nutztiere, Pferde, Wild und Fisch mit drei Standorten im Land und – wenig überraschend – Branchenführer
• **Genol:** ein gemeinsam mit der OMV geführtes Energieunternehmen, das mehr als 500 Tankstellen mit Sprit beliefert. Auch feste Brennstoffe (Pellets, Briketts) finden sich im Angebot, ebenso Schmierstoffe u. v. m.
• **LTC:** ein Unternehmen für Landtechnik, das so ziemlich alles vertreibt – vom Traktor bis zum Funknetzwerk für automatische Lenksysteme
• **LLT:** ein Spezialist in Sachen Gefahrenguttransport
• **LWM Austria GmbH:** Hinter diesem Kürzel versteckt sich ein Joint Venture mit Lamb Western Meijer, einem der weltgrößten Unternehmen, das sich auf tiefgefrorene Kartoffelprodukte spezialisiert hat.
• **SZG:** Das steht für Saatzucht Gleisdorf. Hier dreht sich alles um die Pflanzenzüchtung – vom Mais über Soja- und Ackerbohne bis zum Ölkürbis, Kooperation mit Züchtungsexperten in aller Welt inklusive.

Dies ist, wie gesagt, nur ein Segment der RWA und auch nur der Beteiligungen im Inland. Hinzu kommen unzählige Beteiligungen in Ost- und Südosteuropa, etwa in Tschechien, Kroatien, Ungarn, Rumänien, Slowenien, Serbien und der Slowakei. Mit dem Urgedanken Raiffeisens, der von „regional und überschaubar" sprach, ist es demnach nicht mehr allzu weit her.

Die Vormachtstellung im Einkaufswagerl

Nun sind wir dort angelangt, was uns tagtäglich beschäftigt, was Leib und Seele zusammenhält, uns aber auch (Stichwort: Inflation) zunehmend

Kopfzerbrechen bereitet angesichts der galoppierenden Preise: bei Speis und Trank.

Hier taucht – als 100-prozentige Tochter von Raiffeisen – dieser Name auf: *Vivatis Holding AG*[34]. Dahinter verstecken sich so prominente Markennamen wie *Maresi, Die leichte Muh, Himmeltau, Toni Kaiser, Inzersdorfer, Knabbernossi, Bauernland, Omis schnelle Küche, Senna, Siggi, Wojnar's* und viele andere.

Der heimische Riese in Sachen Fertigmenüs, *Gourmet*, der neben Lebensmitteleinzel- und -großhandel unzählige Schulen, Kindergärten, Firmen, Heime und Spitäler usw. beliefert, gehört ebenso zu *Vivatis* – und somit zu den Giebelkreuzlern.

Auch *Efko* mit seinen Essiggurkerln und jeder Menge Gemüsekonserven ist Teil des Imperiums. Desgleichen der Mühlenmulti LLI. Hinter diesem Kürzel steht die *Leipnik-Lundenburger Invest Beteiligungs AG* – mit Ex-Vizekanzler Josef Pröll als Generaldirektor. Auch die LLI hält jede Menge „strategische Beteiligungen". Hierzu zählt etwa die *Good Mills Group.* Wer *Fini's Feinstes* kauft, kauft Good Mills und somit Raiffeisen. Wer das vermeiden möchte und beim Mehl lieber auf *Farina, Küchenperle* oder *Eselmehl* ausweicht, kauft ... Good Mills. Also Raiffeisen.

Die Palette der Hersteller von A–Z, wo R draufsteht, ist so groß, dass Sie zwar mit einem kunterbunt gefüllten Einkaufswagen unterschiedlichster Hersteller zur Kassa gehen, den Supermarkt jedoch mit einem sehr hohen Prozentsatz Raiffeisen verlassen.

Dasselbe gilt, wenn Sie mit Kollegen im Büro am Automaten stehen und – ohne dass Sie es wissen – aufgebrühte Kaffeebohnen aus Uganda trinken. Auch hier hat der schwarz-gelbe Riese über LLI die Nase ganz weit vorne.

Ständig kommen neue Beteiligungen in aller Welt hinzu, weit über 1.000 sind es inzwischen. Betriebe in Gastronomie und Hotellerie (mit so klingenden Namen wie *Café Schwarzenberg* oder *Rathauskeller* in Wien und jahrelang auch der Nobel-Caterer Do & Co.[35] etc.) zählen ebenso dazu wie das Wassertaxi auf der Donau zwischen Wien und Bratislava. Ja, der *Twin City Liner* auch.

Schließlich mischt Raiffeisen auch bei der *AGRANA Beteiligungs-AG* kräftig mit, ein Nahrungsmittel- und Industriegüterkonzern, ohne den in Sachen Zucker hierzulande gar nichts geht – ob für Endverbraucher, Gastronomie oder Industrie. Kurzum: Die Riesenkrake Raiffeisen wächst und wächst, und ihr Appetit ist nach wie vor unermesslich.

Was nun noch fehlt, ist jene Unternehmensschiene, die das Gesamtpaket erst abrundet. Jenes Stück gelebter Unternehmensphilosophie, die so eindrücklich wie nachhaltig dafür sorgt, dass unangenehm kritische Stimmen kleingehalten werden.

Das (Giebel-)kreuz mit den Medien

Befragt nach seinen Wünschen und Hoffnungen für die Medienlandschaft 2021, sagte einer der mächtigsten Manager Österreichs, Erwin Hameseder – Obmann der Raiffeisen-Holding NÖ-Wien und nebenher Aufsichtsratsvorsitzender in einer Vielzahl von Unternehmen, so auch bei *Kurier* und *Mediaprint*[36] – dieses:

„Seriöse Medien sind das reflektierende Korrektiv in der Gesellschaft. Sie müssen hinterfragen, Zusammenhänge herstellen und damit eine tragfähige Basis liefern, damit sich die Menschen eine fundierte Meinung zu oftmals komplexen Themen bilden können."[37]

Schöne Worte, die den Medien als vierte tragende Säule der Demokratie neben Gesetzgebung, Exekutive und Rechtsprechung das Wort reden. Dort allerdings, wo dieser eingeforderte kritische Journalismus samt Erleuchtung komplexer Zusammenhänge am schwarz-gelben Riesen anzuecken droht, herrschen andere Gesetze. Dort ist schnell Schluss mit lustig. Das Kürzel hinter dieser auch medialen Vormachtstellung Raiffeisens lautet *MEDICUR* – jene Raiffeisen-eigene Holding, die die Medienbeteiligungen managt. Die Mutter aller Schlachten sozusagen in Sachen Message Control.

Bekanntlich sind Printmedien, insbesondere die massentauglichen, bis zu 70 Prozent und mehr von Werbeeinnahmen abhängig, wollen sie keine roten Zahlen schreiben, und man muss kein Hellseher sein, um zu erraten, wer einer der allergrößten Inserenten im Land ist.

Aber die Inserate allein machen es nicht aus. Wer obendrein kräftige Anteile an Medienhäusern hält, geht auf Nummer sicher. So übt Raiffeisen, indirekt oder direkt über Österreichs mächtigsten Zeitungs- und Zeitschriftenverlag *Mediaprint*, beträchtlichen Einfluss auf die Tageszeitungen *Krone* und *Kurier* aus wie auch auf die Nachrichtenmagazine *profil, Trend* oder *News.* Ähnliches gilt für die *Niederösterreichischen Nachrichten* (NÖN) und die *Burgenländische Volkszeitung* (BVZ), die unter der Flagge des Niederösterreichischen Pressehauses (NP) segeln und für Raiffeisen stets ein „verlässlicher und kompetenter Partner im Bereich der Medienwirtschaft" sind, wie es auf der Homepage[38] heißt. Hinzu kommen Beteiligungen an Privatradio oder Privatfernsehen (z. B. SAT 1).

Aber auch unterhalb der medial einsehbaren Oberfläche – im Bereich Technologie für Fernsehen, Radio etc. – zieht Raiffeisen über die *ORS Group* kräftig die Fäden. Ebenso hält der Riese einen 40-Prozent-Anteil an den technischen Sendeanlagen des *ORF.*

Wer nun auf eine breitenwirksame Berichterstattung hofft, die sich – wie von Herrn Hameseder „gewünscht und erhofft" – kritischer Themen annimmt und dem Volk komplexe Themen einfach aufbereitet, zugleich jedoch die Kreise der Giebelkreuzler empfindsam stört (Stichwort: Lebensmittelsicherheit, Herkunftsbezeichnung, Preisgestaltung, Monopolstellung u. v. m.), befindet sich logischerweise wo?

Auf dem falschen Dampfer.

So wundert es auch nicht, dass eine Studie des *European University Institute* zur europäischen Medienvielfalt[39] in Sachen Medienkonzentration und Einfluss durch die Politik zu dem Ergebnis kommt, Österreich sei – mehr als viele andere Länder Europas – definitiv bedroht.

Dass es anders gehen kann/gehen *könnte*, zeigt das Beispiel der *Neuen Zürcher Zeitung* (NZZ). Sie existiert seit 1780, gilt als eines der deutschsprachigen Leitmedien und wird über eine eigens gegründete Aktiengesellschaft herausgegeben. Das Besondere: Keiner der 1400 Aktionäre besitzt mehr als 1 (!) Prozent der Zeitung.[40] Das bedeutet: Keiner ist auch nur annähernd in der Lage, die Berichterstattung nach österreichischem Vorbild mit einem raschen Griff zum Telefonhörer in diese oder jene Richtung zu lenken.

Aufdeckerbuch medial totgeschwiegen

Hierzulande gehen die Uhren anders, wird jedwedes Störfeuer gegen den Riesen im Keim erstickt. Für gewöhnlich fährt Raiffeisen die Taktik, Kritiker totzuschweigen und den Menschen von der heilen Welt zu erzählen, die Raiffeisen bastelt.

Indes, wer einen tieferen Blick riskiert, zu graben anfängt, aufbegehrt und anfängt, unbequem zu werden, tut das in der Regel nicht lange. Selbst wenn es sich dabei „nur" um Autoren des Obdachlosen-Blattes *Augustin* handelt. Lutz Holzinger[41], Germanist und Journalist, und Clemens Staudinger, PR-Profi und ebenfalls Journalist, wollten es wissen und trugen in akribischer Arbeit Informationen zusammen, zeigten die Verflechtungen des Wirtschaftsriesen Raiffeisen mit der Politik in einer Serie von Artikeln auf und fassten ihre Erkenntnisse zwischen zwei Buchdeckeln unter diesem Titel zusammen:- *Schwarzbuch Raiffeisen*

Was geschah?

Das Buch kam im Frühling 2013 auf den Markt und die einflussreichsten Medien schwiegen sehr breitenwirksam. Dennoch entwickelte sich die Geschichte spannender als manch Kriminalroman. Ein so engagierter wie blauäugiger Redakteur des Wochenmagazins *News* – ausgerechnet! – führte ein Interview mit den Autoren. Zwar brachte er es nicht in der Printversion unter, doch stellte er es ins Online-Portal. Von dort verschwand der Beitrag Stunden später wieder.

Der Standard und *Die Presse* berichteten über das rätselhafte Auf- und Abtauchen des Berichtes, nachdem ein eher unbekannter Medienblog[42] darauf aufmerksam gemacht hatte. Titel der Story: *News beugt sich dem Machtfaktor Raiffeisen.* Der damalige Herausgeber und Geschäftsführer bei *News*, Axel Bogocz, meinte jedoch, der Artikel habe „unseren journalistischen Standards nicht genügt".

Eineinhalb Jahre später wechselte Bogocz als Geschäftsführer zur *Mediaprint.* Und der erwähnte Erwin Hameseder, der einst gegenüber dem Magazin *Datum* einräumte, er würde nach Erscheinen mancher Artikel hin und wieder in der Früh zum Telefonhörer greifen und in der Chefredaktion anrufen, meinte im selben Beitrag:

„Ein direktes Eingreifen bei den Redakteuren gibt es bei mir nicht ... Ich spreche mit den Führungspersonen, also Herausgebern und Chefredakteuren. Die gehen dann damit um."

Mitsprache an der Basis?

Wesentlich basisdemokratischer scheint es auf den ersten Blick innerhalb des Konzerns zuzugehen. Schließlich heftet Raiffeisen sich auf die Fahnen, die Urprinzipien des Gründers zu leben. Und die sehen eine aktive Rolle ihrer Mitglieder vor.

In Wahrheit besteht dieses Mitspracherecht bloß auf der untersten Hierarchie-Ebene. Und auch da ähnelt die Entscheidungsgewalt des Einzelnen eher dem, was wir als „demokratischen Zentralismus" im ehemaligen Ostblock kennen. Jene Systeme, in denen die Parteidelegierten als höchstes Gremium zwar abstimmen dürfen … allerdings nur darüber, was der enge elitäre Kreis der Parteiführung zuvor für abstimmungswürdig befunden hat. Weiter oben indes, auf Landes- und Bundesebene und darüber hinaus, dort, wo es zur Sache, ums Big Business geht, ist das Interesse an der Volksmeinung enden wollend.

In einer wissenschaftlichen Arbeit der Johannes-Kepler-Universität Linz – Titel: *Genossenschaftliche Prinzipien und deren Umsetzung in der Realität heutiger Raiffeisenbanken*[43] – heißt es ernüchternd:

„… ist bei den Raiffeisen-Kreditgenossenschaften … bezüglich Demokratie und Partizipation ein unbefriedigender Ist-Zustand gegeben. Soweit bei den Mitgliedern überhaupt klare Vorstellungen über das Wesen einer Genossenschaft und Ambitionen zur aktiven Teilnahme vorhanden sind, dürften deren Ansprüche auf Mitbestimmung am Genossenschaftsgeschehen und die intentionalen, theoretischen Möglichkeiten hierzu etwas auseinanderlaufen.

In Sachen „aktiver Beteiligung der Mitglieder“ stelle sich überdies die Frage …

„… inwieweit sich Geschäftsleitungen und Funktionäre darum bemühen, beziehungsweise, ob sie überhaupt Interesse daran haben“.

Weil es sich nämlich um ein „reines Akklamationsmodell“ handle anstelle …

„… die Fähigkeit der Mitglieder zu verbessern, diverse Informationen und Präsentationen besser beurteilen zu können oder den Eindruck zu vermitteln, dass Artikulation und Teilnahme der Mitglieder Wirkung zeigen und etwas bewegen“.

Akklamationsmodell. Die schöne akademische Umschreibung für Beifallklatschen ohne Widerrede. Frei nach der alten ÖVP-Doktrin: Hände falten, Goschen halten.

Pauschalierungen und das gezielte „Dummhalten“

Lese ich so etwas, muss ich an die *BauernZeitung* denken. Die wird meinem Stand gerne als eine moderne Version der Bibel verkauft. Wer sich die Mühe macht und ins Impressum[44] des Blattes blickt, stößt als „direkt oder indirekt am Medieninhaber beteiligte Personen" auf jede Menge Persönlichkeiten, die allesamt im Dunstkreis der angesprochenen Dreifaltigkeit ihre Kreise ziehen:

Bauernbund.

Landwirtschaftskammer.

Raiffeisen.

Was hier betrieben wird, ist meines Erachtens gezielte Desinformation im Tarnkleid eines Klatschblattes. Wer – wie viele Bauern, man will sich ja nicht nur aus einer Quelle, sondern breiter informieren – zusätzlich die *Kirchenzeitung* und das *Volksblatt* unterm Herrgottswinkel liegen hat, wird ebenfalls aus ein und derselben Richtung bedient. Und wer nun meint, sich nicht länger einschlägig und fernab vom Einfluss der Giebelkreuzler zu informieren, indem er beispielsweise beim *Verband der Agrarjournalisten und -publizisten in Österreich* anklopft, der werfe einen Blick auf die Adresse, wo dessen Präsidium residiert:

Raiffeisen-Platz 1 in 1020 Wien.

Wobei ich zur Ehrenrettung vieler Bauern sagen muss, dass es ihnen wie den meisten anderen Menschen ergeht. Der Druck wächst, die Zeit wird knapper, das Geflecht der Zusammenhänge undurchschaubarer, der Blick hinter die Kulissen schwieriger. Zumal die Arbeit vieler Landwirte knochenhart ist, und ich kann aus eigener Erfahrung sagen: Abends todmüde aus dem Stall, vom Feld, aus dem Wald heimzukehren und dann mehr als die Titelseite oder Überschriften der Storys welcher Medien immer in den Kopf zu kriegen, ist kein Leichtes. Da verschwimmt der Blick aufs Wesentliche nur allzu leicht.

Darum bin ich überzeugt, dass das Modell der bäuerlichen Pauschalierung heute mehr denn je nur einen Zweck erfüllt: verhindern, dass die Leute das Rechnen lernen. Bekanntlich basiert das Prinzip der Pauschalierung darauf, dass es weder Gewinn- noch Verlustrechnung gibt. Der Bauer zahlt seine Abgaben vom Einheitswert – ungeachtet dessen, wie hoch der erwirtschaftete Ertrag ist.

Größte Profiteure dieses Systems sind Betriebe ohne Tierhaltung, weil ihre Arbeitsbelastung wesentlich geringer ist, unter ihnen nicht zuletzt jene „Managerbauern", die ihre fixen Topjobs und große Betriebe wie nebenher laufen haben. Somit wäre das Fairste und Transparenteste, die Pauschalierung generell abzuschaffen. Dann herrschte endlich Kostenwahrheit, man wüsste, wer aus bäuerlicher Arbeit etwas verdient und wer nicht, wer in welchem Ausmaß steuerpflichtig ist und wer nicht.

Dass der Einheitswert für bäuerliche Anwesen zuletzt mit maßgeblicher Unterstützung der Dreifaltigkeit kräftig erhöht wurde, ist auch kein Zufall. Die Lobbyarbeit von Kammerfunktionären hat sich bezahlt gemacht. Schließlich steigt mit dem Einheitswert der Kammerbeitrag. Desgleichen der Beitrag zur Sozialversicherung. Das spült zusätzlich Geld in die Staatskassen.

Und das, obwohl die Preise für bäuerliche Erzeugnisse zuletzt immer nur gefallen sind (die Folgen der Preisexplosionen durch Corona und Ukraine-Krieg mal außer Acht gelassen). Bestes Beispiel: der Mais. 2012 bekam ein Landwirt für eine Tonne frisch vom Feld 220 Euro, kurz vor Beginn der Pandemie, der Entwicklung auf dem Weltmarkt geschuldet, knapp über 100 Euro.

Auf der einen Seite der ruinöse Preiskampf, auf der anderen immer wieder Funktionäre, die ihrer Klientel in den Rücken fallen. Früher gingen die Bauern noch auf die Barrikaden, zettelten Aufstände und Kriege an. Heute werfen sie frustriert das Handtuch.

Die Kaderschmieden

All das nimmt in den Schulungen der Funktionäre seinen Anfang. Bereits dort, in den politisch indoktrinierten Kaderschmieden, wird eine Art *Gesamt-sorglos-Paket* präsentiert und zweierlei gelehrt:

1. Bauern sollen leasen und andere Abhängigkeiten eingehen (auch wenn sie sich das längst nicht mehr leisten können).
2. Es ist alles sehr kompliziert (frei nach Fred Sinowatz) – und die immer neuen wirtschaftlichen Entwicklungen belegen das.

Dazu (ein letztes Mal) zum System Lagerhaus: Dort verhält es sich, wie es den Funktionären auf bunten Folien dargelegt wird, inzwischen so:

Der vormals rein *grüne Keil* beim Lagerhaus (der Anteil strikt bäuerlicher Güter, vom Traktor über das Saatgut bis zum Düngemittel) wird von Jahr zu Jahr kleiner. Heutzutage macht der Keil bloß ein knappes Drittel aus. Der Rest sind jene gewinnträchtigen (und andere Branchen konkurrierenden) Sparten, von denen wir gehört haben: Treibstoffe, Werkstätten, Baustoffe, Garten, Poolzubehör, Autos, Greißlerwaren etc.

Natürlich gibt es auch kritische Geister. Doch wer es in einer Generalversammlung wagt, diese Abkehr vom Eigentlichen anzusprechen, bekommt zu hören, was den Selbstwert des Bauernstandes und die Lust am Weitermachen nicht zwingend hebt:

„Lieber Freund, sieh her! Ihr Bauern seid nur noch ein Drittel vom Kuchen. Das Hauptgeschäft liegt woanders. Mit euch ist kein Geld zu verdienen. Ihr seid nicht länger wesentlich."

Aber geht es nicht genau darum? Um das Wesentliche? Um den Blick hinter die Kulissen? Genau darum, liebe Leserinnen und Leser, erzähle ich Ihnen das Wesentliche zu Raiffeisen. Es geht längst nicht mehr nur um uns Bauern, sondern um uns alle. Um uns Konsumenten.

Keiner durchwirkt dieses Land, das System, in dem wir leben, so sehr wie der schwarz-gelbe Riese. Nichts und niemand kann an ihm vorbei, folglich auch nicht die Geschichte, die ich Ihnen erzähle und die von A wie Agrarvormacht bis Z wie Zuckermonopol reicht. Dies gilt gleichermaßen für das kommende Kapitel – M wie Milch. Raiffeisen ist auch hier – ob himmelschreiend laut oder still im Verborgenen – allgegenwärtig.

Der berühmte rote Faden.

4

Die dünne Suppe, die einmal Milch geheißen hat

Der Wundertrank – und was daraus wird

Das Pfui-Wort

Gerne stelle ich diese Frage Wildfremden auf der Straße und blicke zumeist in fragende Augen. Manchmal setze ich noch eins drauf und füge an:

„Und warum ist die Milch weiß und nicht lila wie das glückliche Bio-Almgetier in der Milka-Werbung im Fernsehen? Oder tiefgrün wie das saftige, mit bunten Blumen und Kräutern durchmischte Weidegras, an dem sich so ein kreuzfideles Rindvieh als eingefleischter Vegetarier von früh bis spät labt?“

Selten ist die Antwort mehr als ein Schulterzucken. Erstaunliches bekomme ich indes zu hören, möchte ich wissen:

- Geben Kühe ein Leben lang Milch?
- Wenn ja/nein, warum/warum nicht?
- Wie lange leben Kühe in der Regel?
- Wie lange könnten sie leben (dürfen)?

Die meisten Befragten haben keinen blassen Schimmer. Ja, vielmehr verhält es sich bei der Milch wie beim Strom: Hauptsache verfügbar. Der eine aus der Steckdose, die andere aus dem Kühlregal – und am besten in möglichst vielen Sorten, in einer an Absurdität kaum zu überbietenden „Vielfalt“, die uns – der Werbeschmähwirtschaft sei Dank – im Glauben einer echten Wahlmöglichkeit belässt und obendrein unterbewusst solche Werte und (Un-)Tugenden mit ins Einkaufswagerl legt:

Umwelt, Tierwohl, Gesundheit, Lifestyle, Geiz-ist-geil etc.

Die Diskrepanz zwischen Theorie und Praxis

Früher, vor 50, 60 Jahren, durfte eine Kuh ein aus heutiger Sicht utopisch biblisches, in Wahrheit jedoch natürliches Alter von bis zu 25 Jahren erreichen. Ein quasi Methusalem-Paarhufer mit zehn Kilo Milch täglich (ein Liter entspricht 1,03 Kilogramm, der in der Milchwirtschaft gebräuchlichen Einheit) und einem Kalb jährlich – aber nur, wenn der Zuchtstier gut bei Kräften und den Bauersleuten das Glück hold war. So war es damals, und es war gut.

Heute gibt die Kuh das (mindestens) Dreifache der einstigen Milchmenge, über 8.000 Kilo pro Jahr. Bei Hochleistungs-/Turbokühen –was für schreckliche Bezeichnungen –sind es an die 12.000 (!) und mehr. Heute wird die Kuh nur Wochen nach dem Abkalben künstlich aufs Neue besamt, damit der Milchfluss nicht über eine zu lange unproduktive Zeit hinweg versiegt (maximal 60 Tage im Jahr). Ja, und heute lebt eine Kuh im Schnitt nicht einmal fünf Jahre – auch in Österreich –, ehe sie den Weg zum Schlachthof antritt.[45] Für jeden Bauern, der seine Tiere liebt, ein dramatischer Moment, doch das vorherrschende System lässt ihm so gut wie keine Wahl. Auch nicht im Bio-Segment (vgl. Kapitel 7).

Das Mysterium eines täglichen Wunders

So ist es also heute, und es ist nicht gut. Von dem täglichen Wunder, das sich da in Magen und Euter von Frau Kuh abspielt, weiß der moderne Konsument nichts. Soll er auch nicht, geht es nach den Hauptprofiteuren der Wertschöpfungskette Milch. Die Umwandlung der Nahrung in Milch ist hochkomplex: Die Nährstoffe aus dem Futter wandern vom Blut ins Euter. In vielen chemischen Prozessen werden die Nahrungsbestandteile neu zusammengesetzt, z. B. wird Blutzucker in Milchzucker verwandelt. Es spielt keine Rolle, welche Farbe die aufgenommene Nahrung hat. Erst die Milchbildungszellen im Euter machen die Milch weiß. Das Drüsengewebe durchfließen 400 Liter Blut, damit ein Liter Milch entsteht. Unglaublich, oder?

Die Beziehung des Bauern zu seinen Kühen ist wichtig und geht immer mehr verloren angesichts der durchindustrialisierten Maschinerie Milchgewinnung. Der Trennungsschmerz, den Mutterkuh und Kalb erleiden, weil sie einander nach der Geburt zumeist nie wieder sehen, ist gerade beim ersten Mal enorm, und oft ist das Gebrüll der Mutterkuh kilometerweit zu hören.

Was der von der Marketingmaschinerie informierte Konsument weiß, ist: Dieses weiße Etwas namens Milch, das er in seiner Urform so gut wie nie zu sehen, zu riechen, geschweige denn zu kosten bekommt, steht bloß für den

Anfang von etwas viel Größerem, viel Besserem, das erst der Mensch daraus macht. So jedenfalls wird es uns weisgemacht, und es schmerzt mich, dass auch immer mehr junge Menschen meiner eigenen Zunft – kaum haben sie die Fachschulen und Universitäten verlassen – mit dieser indoktrinierten Formel auf die agrarische Welt losgelassen werden und es uns Alten zu Hause auf dem Hof um die Ohren reiben:

MILCH = ROHSTOFF

Folglich sind wir Bauern Rohstoff-Produzenten. Der Duden, die deutsche Sprachbibel, beschreibt Rohstoff so:

Für eine industrielle Be-, Verarbeitung geeigneter oder bestimmter Stoff, den die Natur liefert.

Auf Wikipedia ist ferner zu lesen, diese *unbearbeiteten Grundstoffe* würden industriell verarbeitet oder sofort verbraucht. Nun ja, von *sofort verbraucht* kann bei der Massenware Milch keine Rede sein (abgesehen von dem Wenigen, was ab Hof weggeht – und das nur unter größten bürokratischen Hürden und Aufwendungen, siehe Kapitel 12).

Es muss leider gesagt werden: Dass im Sprachgebrauch Milch und Rohstoff quasi als Synonyme verwendet werden, ist Beleg dafür, wie wenig Wertschätzung wir diesem wundervollen Grundnahrungsmittel inzwischen entgegenbringen. Beim Säugetier Mensch wird der Wert von Muttermilch heutzutage als maximal eingestuft. Und beim (ebenfalls hoch entwickelten) Säugetier Kuh? Hier sprechen wir von Rohstoff, einem „Pfui-Wort“, das für Gier steht, von den Molkereien über die Handelskonzerne bis hin zu den Börsen, wo zweierlei getrieben wird: übler Schacher auf dem Rücken des Bauernstandes, dem ersten und schwächsten Glied in der Kette. Dazu wird systematischer Betrug am Konsumenten betrieben, der obendrein oft genug Tierleid hervorruft.

Rohstoffe werden bekanntlich auch in Primärrohstoffe und Sekundärrohstoffe eingeteilt. Primär für unbearbeitet, sekundär für jene, die ursprünglich aus natürlichen Quellen stammen und durch Wiederverwertung gewonnen werden, also Recycling. Auch anorganische und organische Rohstoffe werden unterschieden, bei den organischen (tierisch, pflanzlich) werden die Mikroorganismen stets eingerechnet.

Man könnte einwerfen, dass das nichts als Wortklauberei sei. Immerhin fällt die Milch bei den Rohstoffen unter Kategorie 1.

Primär? Leider nein. Weil das, was Werbung und Handelsketten uns mit ihren ausgebufften Marketing-Gurus als Milch andrehen – diese dünne weißliche Suppe – hat den Namen Milch nicht verdient.

Zur Veranschaulichung ein paar Bilder, die uns das Wort Milch in den Kopf zaubert – und was tatsächlich im Kühlschrank landet.

Bei Milch denken wir …

… (Achtung, Klischee!) an die rotbackige Sennerin mit Melkschemel, die an den Zitzen der Kuh Zenzi zupft, ein Liedchen pfeift und den Eimer füllt; an die Blumenwiese, über die Mama Kuh und Kalb mit aufgestelltem Schweif dahingaloppieren; an den muskelbepackten Landwirt, der abends frisch mit der Sense geschnittenes Futter in der Schubkarre in den Stall radelt und mit der Heugabel einstreut; an einen im Morgennebel dampfenden Misthaufen; an kleine, feine, bäuerliche Betriebe, die mit jedem Ziegel das Wort Ursprünglichkeit buchstabieren; anMenschen, denen die Gnade, Milch und Fleisch zum Wohl der Gesellschaft veredeln zu dürfen, als pures Glück ins Gesicht gemalt ist.

Indes, die Alltagswahrheit hinter dem Wort Milch ist zumeist diese:

Hunderte, ja bisweilen Tausende Tiere auf engstem Raum in automatisierten Fabrikhallen wie etwa in den Niederlanden, in Deutschland, in Frankreich. Ende 2021 wurde der Plan für Europas größte Milchfabrik in Nordspanien ruchbar – mit Stallungen für 23.500 (!) Milchkühe auf 120 Hektar, was einem Viertel des Wiener Praters entspricht, und einem jährlichen CO_2-Ausstoß von 574.000 Tonnen (=122.000 Autos)[46] ein von Computern gesteuertes Dasein in künstlich beleuchteten Ställen mit Maschinenräumen aus Stahl und Chrom nebst ferngesteuerten Melkstraßen, die an Raumschiff Enterprise erinnern; hochgezüchtete Turbokühe, die bis zu 50 (!) Liter pro Tag geben müssen, auf den ersten Blick aus nichts denn Haut und Knochen und einem einzigen Rieseneuter zu bestehen scheinen und an unzähligen Krankheiten laborieren – von Stoffwechsel- und Zyklusstörungen bis hin zu Euter- und Klauenleiden und Lahmheit; dazu der latente beißende Geruch von Desinfektionsmitteln. Zur Ehrenrettung Österreichs muss gesagt werden: So schlimm ist es bei uns (noch) nicht. Doch der Trend geht in diese Richtung, Stichwort: Zuwachs der Massentierhaltung (dazu Näheres in Kapitel 7).

Dennoch schafft es die Natur unter diesen widrigen, ja teils grauenvollen Umständen, im Kraftwerk Kuh das Elixier Milch zu generieren. Ein Produkt, wie es perfekter nicht sein könnte, reich an Inhaltsstoffen und optimiert an die Bedürfnisse seiner Empfänger – seien es jene des Menschen oder jene des Tieres.

Kaum aus der Kuh, nimmt die Milch aber einen Weg, der für sie eine Reihe zerstörerischer Prozesse bereithält, die Mutter Natur nicht vorgesehen hat. Anfangs geht es noch harmlos zu, denn da wird sie bloß …

- … eiskalt gekühlt (mit dem Effekt einer ersten, wiewohl noch geringfügigen Schädigung der Eiweiße) …
- … mit Highspeed in Tankwagen gepumpt (wo sie vollautomatisch gewogen und auf Fett-, Keimgehalt etc. abgeklopft wird, ehe die Vermengung mit der übrigen Milch erfolgt) …
- … und in die Molkerei gebracht.

So richtig los geht es mit der Zerstörung erst jetzt. Was eben noch homogene Einheit war, wird in sämtliche Bestandteile zerlegt, was sich in der beschönigten Version so liest: Der Rohstoff wird zentrifugiert, gereinigt, nach Abtrennung von Rahm auf die gewünschte Fettstufe eingestellt, wärmebehandelt, pasteurisiert oder sterilisiert und zum Abschluss homogenisiert. *Homo-ge-ni-siert.* Das klingt fast so, als würde die Milch in ihren homogenen Urzustand zurückversetzt.

Der Preis der Haltbarkeit

Die Wahrheit ist: Um den Preis einer schier beliebigen Haltbarkeit und eines maximalen Profits wird das vormalige Naturprodukt ins Kleinstmögliche zerlegt und neu zusammengebaut. Als würde jemand ein Kunstwerk aus Legosteinen nicht bloß in alle Einzelteile zerlegen, sondern diese mit Maschinengewalt noch kleinteiliger machen. Bei der Milch heißt es: Wasser raus, Wasser rein, Fett raus, Fett rein, Eiweiß raus, Eiweiß rein, Inhaltsstoffe raus, Inhaltsstoffe rein, Rahm raus, Rahm rein. Wobei ein Teil des Rahms abgeschöpft bleibt – für Butter, Schlagobers und so weiter.

Auf der Strecke bleiben jede Menge Vitamine als bloß einer von vielen Kollateralschäden, denn: Die sogenannte Wärmebehandlung und der extrem hohe mechanische Druck, dem die Milch ausgesetzt wird, wenn sie aus Hochdruckdüsen zwischen Metallplatten mit Minimalabständen hindurchfegt und durch Abfüllstraßen gejagt wird, ist ein einziger Prozess der Vernichtung.

Vernichtet wird die molekulare Struktur. Eiweiße werden denaturiert. Die

Enzyme sind beim Teufel. Desgleichen jene Mikroorganismen, die im Urprodukt dafür sorgen, dass die Milch sauer wird, so sie zu lange mit Licht und Luft in Kontakt kommt (was die Natur ja nicht vorgesehen hat), zugleich aber ein quicklebendiges, ausgewogenes Klima gewähren, das mitunter das Immunsystem des Empfängers stärkt, ja, auch sie sind alle … passé.

Kurzum: Die Temperaturschocks durch Erhitzen auf 72 bis 135 Grad und darüber hinaus (je nachdem, was aus der Milch in puncto Haltbarkeit noch werden soll; dazu gleich mehr) vernichten so ziemlich alles. Nur nicht diverse Rückstände, die zuvor bereits in den Kreislauf gelangt sind und auf die wir gerne verzichten könnten.

Crack für die Kuh

Die Antibiotika aus den Tierfabriken, wo das organisierte Tierleid zu Hause ist, sind da nur das eine. Preiswerte Fertigfuttermischungen als Leistungsturbo – zusätzlich zu oder anstelle von Gras und Heu verabreicht – das andere. Importe dieser Futtermischungen aus Ländern der Dritten Welt, wo bei uns längst verbotene Pestizide zur Insekten- und Unkrautvernichtung beim Anbau von Soja nach wie vor großzügig in Verwendung stehen, haben sich bewährt. Desgleichen Jod, das neben der Desinfektion von Räumen und Maschinen zur Behandlung von Kühen dient, die im Hochleistungskampf an Euterentzündungen leiden.

Monsanto, der berüchtigte Gentechnikkonzern und seit 2018 zum deutschen Chemieriesen Bayer gehörig, ging bereits vor Jahrzehnten eigene, kreative Wege und veränderte das Nahrungsmittel Milch durch ein genmanipuliertes Wachstumshormon für Rinder. Mit dem Effekt, dass dieses rBGH (*recombinant Bovine Groth Hormone*) die Tiere aufputscht, zu um 30 Prozent höherer Leistung antreibt und hinterher auslaugt – ähnlich der Menschendroge Crack, die aus Kokainsalz und Natron synthetisch hergestellt wird.

Nun sind die USA weit weg, könnten Sie sagen, doch die Methode hat Schule gemacht und die Kraftfuttermischungen und Unkrautvernichter trudeln aus aller Welt bei uns ein. In den USA jedenfalls ging die Geschichte so weiter, dass – trotz Warnungen von Ärzten, die ähnliche Hinweise wie auf Zigarettenpackungen verlangten – die US-Lebensmittelaufsichtsbehörde FDA genmanipulierte Milch für unbedenklich erklärte. Damit nicht genug, wurden die Bedenken gegen zu viele Antibiotika in Milch (und Fleisch) elegant vom Tisch gewischt: Jene Chefwissenschaftlerin, die zuvor noch für Monsanto arbeitete, wurde zur Direktorin der neu geschaffenen staatlichen Stelle für die Sicherheit menschlicher Ernährung gemacht. Bald darauf schnellte der zulässige Grenzwert für Antibiotika in der Milch um das Hundertfache (!) nach oben.

„Übergangslösung“ mit Dauercharakter

Solche Entwicklungen werfen jede Menge Fragen auf, doch über allen – um noch einmal auf die Aufspaltung und Umwandlung der Milch in den Molkereien zu sprechen zu kommen – steht für mich diese: Wozu all das, wenn nicht zum alleinigen Zweck der Geschäftemacherei?

Dazu ein kurzer Blick in die Vergangenheit.

1937 – vor mehr als 85 Jahren und zu einer Zeit, als die Gesundheits- und Hygienestandards wie auch -zustände gänzlich andere waren– verkündete der Chef des Bakteriologischen Institutes der *Preußischen Versuchs- und Forschungsanstalt* beim 11. Weltmilchkongress in Berlin Folgendes:

„Angesichts der Tuberkuloseerkrankungen bei Kühen ergibt sich die Notwendigkeit einer Pasteurisierung, bis die Verhältnisse am Orte der Milcherzeugung den hygienischen Belangen entsprechen. Dann soll eine Rohmilchversorgung eintreten.“[47]

Auf diese Rohmilchversorgung warten die Menschen heute noch. Zwar haben sich die *hygienischen Belange* seither auf ein Niveau gesteigert, von dem man damals nicht zu träumen wagte, so blitzblank und klinisch sauber ist es heute in den Ställen und Melkanlagen. Zwar sind die tiermedizinischen Überprüfungen häufig und streng wie nie, doch bekommen wir anstelle echter Milch die Industriesuppe serviert (die Bio-Supermarktmilch ist da keine Ausnahme). Schließlich herrscht EU-weit Pasteurisierungs-Zwang. Hiervon ausgenommen ist allein die Ab-Hof-Milch.[48]

Immerhin, ein erster Schritt, oder?

Ja, wären da nicht die kaum überschaubaren schikanösen und für viele Milchbauern nicht leistbaren Auflagen der *Rohmilchverordnung*,[49] unter denen sie abgegeben werden darf, ein Gesetz, das auch, nein, überwiegend dem Zweck dient, das Aufkommen von Eigenvermarktung kleinzuhalten. Angefangen von den hygienischen Anforderungen am Hof selbst (wie auch Schutzhütten auf Almen etc.) bis hin zu den zahllosen bakteriologischen Checks. Für Schulen und Kindergärten herrscht ohnedies ein generelles Abgabeverbot, für „Einrichtungen der Gemeinschaftsversorgung“ die Einschränkung, dass die

Milch der Herstellung von Speisen und Getränken dienen *muss*, die erhitzt werden (also eine Art Spät-Pasteurisierung). Obendrein darf die echte Milch bei Abgabe längstens vom Vortag sein.

Industriell bereits pasteurisierte Frischmilch hält gekühlt maximal fünf bis sechs Tage. Was sonst so unter dem Namen Milch als weißliches Industriegespenst durchs Land geistert und die Regale in immer größerem Ausmaß erobert, ist hingegen oft wochenlang in Umlauf.

Diese ESL-(*Extended Shelf Life*)-Milch wird mittels Dampfinjektion für drei Sekunden auf mehr als 120 Grad erhitzt und hinterher homogenisiert. Und dann wäre da noch jenes reine Industrieürodukt, das neben dem ganzen Baukasten-Brimborium obendrein ultrahoch (mindestens 135 Grad) erhitzt wird und ungekühlt monatelang überdauert, ein reines Industrieprodukt, das wir als klassische Haltbarmilch kennen.

Zumeist steht jedoch „frische Vollmilch“ oder „Vollmilch – länger frisch“ auf den Päckchen oder Flaschen. Ist das ernst gemeint? Was hat das noch mit dem ursprünglichen Lebensmittel aus dem Kuheuter zu tun?

Aber das ist längst nicht alles, denn neuerdings steht diese Frage im Raum:

Löst Industriemilch Allergien aus?

Genau darauf deutet vieles hin (nur hört man es nicht gerne). So erbrachten jüngst Forschungen[50] eines Wissenschaftlerteams aus Deutschland, den Niederlanden und der Schweiz starke Indizien, behandelte Kuhmilch würde um ein Vielfaches heftigere Allergiebeschwerden auslösen als Rohmilch. Zwar kam es bei auf 80 Grad erhitzter und wieder abgekühlter Milch direkt vom Bauernhof ebenfalls zu Reaktionen, aber: Bei Kindern war die Menge erhitzter Rohmilch, die sie gerade noch gut vertrugen, gegenüber Industriemilch sechsmal höher. Conclusio der Forscher: Bestimmte Eiweißstoffe (sogenannte Molkenproteine) werden massiv allergener, sobald sie erhitzt und verändert werden.

Dies wird mitunter darauf zurückgeführt, dass jene Fetttröpfchen, die sich bei der Rohmilch an der Oberfläche als butterige Klumpen ansammeln (was natürlich lästig ist in einer Welt der Perfektion), durch die enorme Druckeinwirkung im Homogenisierungsprozess zu kleinsten Partikeln zerstieben.

Mit welchem Effekt?

Die Milchfettteilchen sind nun so klein, dass sie die Darmwand passieren und in die Blutbahn gelangen, um dort zum Allergie-Auslöser zu werden.

Laut Forschern[51] sorgt die Industriemilch auch für ein weit erhöhtes Risiko für Bluthochdruck durch verstopfte Arterien.

Indes, die Weltgesundheitsorganisation (WHO) rät weiterhin vom Verzehr von Rohmilch ab, denn es könnten sich ja (natürliche) böse Keime eingeschlichen haben. Sie baut lieber auf erst angedachte, in Entwicklung befindliche Verarbeitungsprozesse, die Milch gänzlich keimfrei machen sollen, ohne Allergien zu begünstigen – und Politik und Industrie nehmen es dankend an.

So bleibt alles, wie es ist. Und der Rubel rollt.

Kämpfer wider das System

Die Milchpiraten

Die gute Nachricht: Kritische Geister, die gegen Auswüchse der Geschäftemacherei und problematische Verstrickungen von Molkereien und Handel aufstehen, gibt es auch bei uns. Menschen, die erkannt haben, welche Gefahren, welch unnötige Tierquälerei mitunter konzentrierte Marktmacht birgt. Nicht nur in elitären Zirkeln werden theoretische Konstrukte und Möglichkeiten dagegen ersonnen, ohne an die Praxis zu denken. Nein, auch hier „unten" in meinem Bauernstand, bei den Hemdsärmeligen, sind diese Querdenker und Aufmüpfigen zu Hause.

Aber um welchen Preis?

Dazu möchte ich von einer Initiative erzählen, die ich seinerzeit mitbegründen durfte. Der Begriff *IG Milch* wird Ihnen womöglich nicht viel sagen, doch bei dem Produkt dieser Interessensgemeinschaft, das als „A faire Milch" mit knallroten Kühen auf rot-weiß-roten Päckchen jahrelang in den Kühlregalen zu finden war, klingelt es vielleicht.

Nicht nur ich habe mich seit jeher gefragt: Brauchen wir gut zwei Dutzend Vollmilchmarken in einem Land von der Größe Österreichs? Brauchen wir weiß Gott wie viele Butter- und Joghurtsorten, zumal ungewiss ist, ob nicht da wie dort dasselbe drinnen ist – und nicht bloß das qualitativ Gleiche? Durch welche Kanäle Milchflüsse von A nach B gelenkt werden oder doch nicht, ist selbst für mich als Insider nicht nachvollziehbar. Doch es spielt auch keine Rolle. Am Ende steht sowieso fast immer Raiffeisen drauf. Mehr als 90 (!) Prozent der sogenannten Frischmilch in Österreich (nebst Zusatzprodukten) läuft über die Giebelkreuzler. Allein an die 130 Molkereien arbeiten dem Imperium zu, vom Top-Player *Berglandmilch* abwärts.

Wer sich erinnern kann an jene Tage, als die gekühlten metallenen Milchkannen der Bauern feinsäuberlich nummeriert an der Straße auf erhöhten Holzbänken lagerten, bis der eine Lastwagen kam, der sämtliche Milch aus der Umgebung auf die Ladefläche hievte, sieht sich längst mit dieser Situation konfrontiert: Die Kühlwägen der diversen Molkereien kurven zuhauf kreuz und quer durch die Bauerndörfer und nehmen mal da, mal dort etwas mit. Und mit den Lieferungen an die Supermärkte verhält es sich nicht viel anders. Zehn Milchsorten für einen einzigen Markt sind keine Seltenheit. In Summe kommen wir so in Österreich auf die abstruse Zahl von fast zwei Dutzend Vollmilchsorten. Es stimmt schon, das würde ja wiederum für eine tatsächliche „Vielfalt" sprechen, ist zugleich aber hochgradig absurd und mehr Marketingschmäh als Wahlmöglichkeit. Die wirklich dringliche Frage damals wie heute ist aber ohnedies eine andere:

Warum fängt tatsächliche Wertschöpfung bei Milch erst an, wo Molkereien und Handel übernehmen?

Ein fairer Preis ...

... für ein erstklassiges Produkt. Das war damals wie heute Urbedürfnis der Landwirte. Damals war 2004 und die Not der Bauern groß, denn die Erzeugerpreise für Milch rasselten von einer Kelleretage in die nächste. Dazu muss man wissen, dass die Preise immer schon nicht nur von den Molkereien vorgegeben, sondern erst bis zu sechs (!) Wochen im Nachhinein mitgeteilt werden. Der Bauer produziert, liefert (auf eigenes Risiko) und darf warten, was man ihm auf Basis schwer nachvollziehbarer Daten zugesteht. Man kann den Brocken schlucken ... oder nicht, dann allerdings mit gravierenden Folgen.

Ich hatte damals in Vöcklabruck eine Demonstration organisiert, die sich gegen die Allmacht der Handelsriesen richtete. An die tausend Bauern nahmen an dem Protestzug quer durch alle politischen Lager teil, mit mir (damals noch als Kammer- und Bauernbundobmann) an der Spitze, und so kam es unter anderem zu durchaus pfiffigem Aktionismus, wie ich ihn heute vonseiten der Konsumenten, aber auch uns Bauern oft vermisse.

Was wir bei der Demo taten?

Ein Teilnehmer nach dem anderen marschierte zum BILLA, nahe dessen Parkplatz wir uns versammelt hatten, und kaufte einen Liter Milch. Bezahlt wurde jeweils mit einem 100-Euro-Schein. Beim fünften oder sechsten Bauern war Schluss mit dem Wechselgeld, die Kassa blockiert, die Warteschlange lang, der Unmut der Kunden wachsend und der Marktleiter derart empört, dass er mit der Polizei drohte und uns, wie er sagte, *behördlich entfernen lassen* wollte, obwohl wir zahlende Kunden waren.

Das Entscheidende geschah allerdings hinterher. Plötzlich stellte sich mir jemand als Ewald Grünzweil vor, an der Seite seine Frau Natascha. Er habe im Radio von der Demo gehört und sei sofort aus dem Mühlviertel hierher gefahren.

„Ich bin beeindruckt", sagte er, „so was wollte ich immer schon mal machen."

Ein Wort ergab das andere, und so standen wir beide wenig später, umringt von Hunderten Bauersleuten, auf einem historischen Traktor nebst Güllefass-Anhänger und gaben uns die Hand drauf, „so was zu machen". So was und noch mehr.

Die Geburtsstunde der IG Milch.

Gegen Halsabschneider-Methoden

Der Kerngedanke der IG Milch: Landwirte schließen sich zusammen, gehen eigene Wege fernab der Molkereigenossenschaften, um die Vermarktung der wertvollen Lebensmittel vom Bauernhof selbst in die Hand zu nehmen mit dem Effekt, Milch nicht länger zu Dumpingpreisen unter den Erzeugerkosten herstellen zu müssen. Größtmögliche Milchmengen unter der Flagge der IG Milch bündeln, um den Molkereien gegenüber stark aufzutreten – so lautete das erklärte Ziel.

Aus den ersten paar Dutzend Willigen wurden rasch Hunderte. Wir tourten durchs Land, hielten Vorträge in Bauernwirtshäusern vor einem stetig wachsenden Publikum (oft waren es Hunderte), sammelten Mitglieder-Beiträge, gewannen eine Privatmolkerei für uns (die mit Raiffeisen nichts am Hut hatte), wählten einen ersten Obmann (Grünzweil), schworen die Menschen darauf ein, dass man außer zu jammern sehr wohl etwas Sinnvolles tun kann, und gewannen einen Milchwirtschaftsbetrieb um den anderen für uns. Bald waren es mehr als 1.000 Betriebe.

2006 fingen wir an, unsere Idee direkt zu den Menschen zu bringen, nachdem SPAR sich bereit erklärt hatte, das Projekt „A faire Milch“ zu unterstützen. Der Handelsriese hatte ja nichts zu verlieren, im Gegenteil: Die Margen des Konzerns waren um nichts geringer, der Image-Gewinn indes (Stichwort: Stärkung der Identität durch ein heimisches Produkt, Hilfe für die Bauern etc.) beträchtlich.

Markenzeichen war die rot-weiß-rote Kuh *Faironika*. Fröhlich-bunte Aufsteller vor Supermärkten, an der Autobahn entlang und bei teilnehmenden Bauernhöfen wiesen darauf hin, dass von nun an – erstmals – eine Milch in den Handel kam, die Bauern ein würdiges Auskommen mit einem kleinen Gewinn garantierte. Es sollte endlich Schluss sein mit dem täglichen Defizit, das der Erzeuger nur dann wenigstens in Richtung „Kostendeckung“ ausgleichen konnte, arbeitete er zu einem Stundenlohn von drei Euro und weniger.

Diese Chance auf ein würdiges Auskommen hatte zwei Väter: Zum einen den etwas erhöhten Preis im Kühlregal, der es ermöglichte, teilnehmenden Betrieben 10 Cent pro Kilogramm Milch extra zu bezahlen. Als Fairnessbeitrag. Und zum anderen kehrte die IG Milch das System der Molkereigenossenschaften um. Dieses basierte damals wie heute auf Staffelpreisen. *Anfuhrbonus* nennt sich das im Jargon, und er steht exemplarisch für den Verrat an der Genossenschaftsidee und das eigenwillige Verständnis von Solidarität, das der marktbeherrschende Gigant Raiffeisen an den Tag legt. Motto: Je größer dein Betrieb ist, desto mehr Geld kriegst du für die gleiche Ware, mit dem Argument, der Tankwagen müsse bei Lieferanten mit größeren Mengen weniger oft stehen bleiben, bis er voll ist, was der Molkerei Geld spare und folglich belohnt werde – ein System, das mittlerweile auch bei Rindfleisch um sich greift.

„A faire Milch“ ging den umgekehrten Weg: Jene (eher kleineren) Bauernhöfe, die nicht mehr als die Jahres-Durchschnittsmenge (50.000 Kilo) lieferten, bekamen ein höheres Milchgeld. Erst ab dem 50.001sten Kilogramm Milch fiel der 10-Cent-Bonus weg.

Fulminant war der Start der IG Milch auch insofern, als wir noch im selben Jahr, als „A faire Milch“ auf den Markt kam, den Marketing-Staatspreis erhielten (Jury-Begründung: „Die Kampagne greift in die aktuelle Debatte um

Nachhaltigkeit und Fairness ein."[52]) und in den besten Tagen mehr als eine Million Liter pro Woche verkauften. Ein unglaublicher Wert für ein Start-up, der eindrücklich belegte:

Ja, die Menschen im Land wollen diese Art von Fairness. Sie wollen, dass sich etwas ändert am System.

Dunkle Wolken am Milchhimmel

Dann ging es aber auch schon los. Anfangs mit internen politischen Unruhen und auch nur verbal, doch von Mal zu Mal aggressiver und mit dem Tenor, ob wir vorhätten, eine eigene Bauernpartei zu gründen. Erste hochoffizielle Befragungen, die eher Verhören glichen, folgten. Vorstandssitzungen (Kammer, Bauernbund) wurden einberufen, um mich zur Rede zu stellen, der Ton wurde schärfer und schärfer. Die Mitgliederzahl unserer auch *Milchrebellen* oder *Milchpiraten* genannten Vereinigung wuchs unterdessen weiter (gut 6.000 sollten es werden) – und mit ihr die Nervosität der Herrschaften in den Konzern-Chefetagen und Parteigremien. Die Anspannung war so knisternd wie greifbar.

Die Erzeugerpreise für die Bauern in ganz Europa indes sanken in noch tiefere Sphären. Es kam zu Streiks (hierzulande wie auch in Frankreich, Deutschland und anderen EU-Ländern), Milch wurde anstatt sie zu liefern aus Protest an die Kälber verfüttert, zu Butter verarbeitet oder weggeschüttet, was nicht bloß Wasser auf die Mühlen bauernkritisch eingestellter Teile der Bevölkerung war, sondern vor allem auf jene ihrer härtesten Gegner: die Konzernbosse und Molkerei-Vertreter, die weiterhin fest an den Preisdaumenschrauben drehten und jede noch so geringfügige Anpassung der Erzeugerpreise ablehnten. Auf einmal war wieder von Milch als *Lebensmittel* die Rede, und man richtete uns Bauern unsere vermeintliche Blödheit über die Medien aus – weil es doch ein unverzeihlicher Frevel sei, mit diesem wertvollen Gut so achtlos umzugehen.

Was aber ist mit dem Frevel, der unserer Milch Tag für Tag angetan wird? Ganz ohne Hilfeschrei-Aktionismus?

Auch die Molkereien hatten inzwischen angefangen, Stimmung gegen die *IG Milch* zu machen. Wir Bauern würden uns damit nur selbst schaden, hieß es anfangs. Später legten sie schärfer nach. Es kam zu Einschüchterungsversuchen. Landwirte, die Werbetafeln für „A faire Milch" aufstellten, wurden unter fadenscheinigen Begründungen angezeigt. Eine andere Taktik war, Abgesandte von Molkereien fast beiläufig sagen zu lassen: „Lieber Huber-Bauer, nur zu deiner Info: Ich bin mir nicht sicher, ob der Lkw der Molkerei noch zufahren kann … wenn da so eine Werbekuh herumsteht." Oder man sprach den drohenden Abnahmeboykott gleich direkt und unverblümt aus.

Auch die *Vereinigung Österreichischer Milchverarbeiter* (VÖM) machte keinen Hehl daraus, was man von den Milchpiraten hielt. Offiziell sind Molkereien und die VÖM insofern strikt getrennt, als die VÖM sich als bloße „Drehscheibe zwischen molkereiwirtschaftlichen Interessen und Verwaltung, Politik und Wissenschaft …" (Eigendefinition[53]) versteht, die ihren Mitgliedern Entwicklungen in Europa näherbringt – sei es in puncto Agrar-, Wirtschafts- und Umweltpolitik und dergleichen mehr. Das Mandat gilt für alle Molkereien im Land, folglich hätte man sich auch für die Anliegen der *IG Milch* ins Zeug werfen müssen.

Verdächtig ähnliche Preise

Die gelebte Wahrheit war und ist eine andere. Man kennt einander, Absprachen sind an der Tagesordnung, und wenn die Bosse von Handel und Molkereien aufeinandertreffen, um Milch-Krisengipfel abzuhalten oder die Preise von morgen „auszuschnapsen", durchweht der morastige Mief von Kartellwesen das Land. Tatsächlich weichen die Erzeugerpreise der vielen (und fast alle zu Raiffeisen gehörigen) Molkereien im Land in verdächtiger Weise nur marginal voneinander ab.

Nicht umsonst hat sich die Bundeswettbewerbsbehörde für die Umtriebe in der Milchbranche interessiert und wegen Preisabsprachen ermittelt. Doch auch hier gilt wie überall, wo höhere Interessen walten: Solange kein Insider ausschert und reinen Tisch macht oder sich in Überheblichkeit blöd verhält und Verfängliches schriftlich hinterlässt (ein Schelm, wer jetzt an Thomas Schmid, „Sebastian Kurz & Co." denkt), ist der Nachweis von Absprache kaum zu führen. Und es hat einen guten Grund, warum weder Molkereien noch Handel ihre Spannen im Milchbusiness offenlegen. Bis heute gibt es nur Schätzungen von außen.

Unbestritten ist: Rund ein Drittel des Milchpreises geht an die Bauern (mit dem meisten Aufwand für Futter, Maschinen, Strom, Diesel, Stall, Tierarzt etc.), den Rest streifen Molkereien und Handel ein. Das Nachrichtenmagazin *profil* berichtete davon, der große verbleibende Kuchen würde ca. im Verhältnis 2:1 zugunsten der Supermärkte verteilt (geschätzt). [54]

Der Preis der gesellschaftlichen Verantwortung

Ein Drittel?!, könnten Sie nun rufen. Jeder Unternehmer würde sich doch alle zehn Finger abschlecken angesichts so eines Anteils, der für gewöhnlich – seien es Schuhe, Bekleidung, Bücher oder was immer – zehn, bestenfalls 15 Prozent beträgt. Stimmt. Und doch ist das Geld, das Milchbauern für ihre Ware erhalten, in Wahrheit zu wenig. Nicht nur, dass die meisten mittlerweile weit unter den Gestehungskosten produzieren (müssen), arbeiten sie an 365 Tagen im Jahr, während andere ihre freien Wochenenden genießen und auf Urlaub fahren. Damit nicht genug, sollten auch die Zusatzleistungen der Landwirte nicht vergessen werden. Sie betreiben stete Landschaftspflege (was dem Tourismus enorm zugutekommt), sind mit ihrer Arbeit somit identitätsstiftend – und vor allem Garant einer landesweiten Grundversorgung der Bevölkerung. Somit stellt sich die Frage:

Wer bezahlt all das?

Es ist klar, dass Molkereien und Handelskonzerne als Privatbetriebe kein Interesse daran haben, das ist die bittere Pille, doch nachvollziehbar. Dann aber müsste der Staat im Sinne einer „Versorgungspflicht" wie im öffentlichen Verkehr, Gesundheits- oder Bildungswesen in die Bresche springen. Schließlich will auch das ganze Land von den Vorzügen der bäuerlichen Arbeit profitieren.

Ein Drittel erscheint also nur auf den ersten Blick viel, und an dem generellen Missverhältnis hat sich auch nichts geändert, seit der Erzeugerpreis für Milch im Sommer 2022 angehoben wurde. Schließlich sind – Stichwort Energiepreiskrise – die Kosten an allen Ecken und Enden geradezu explodiert. Und so sehr man uns weismachen will, wie wenig Ahnung wir *Bauernschädel von Markt und Wirtschaft haben(O-Ton eines im Kammernsystem hörig gemachten Funktionärs)*, davon, welche Unsummen Verarbeiter und Handel in Marketing, Vertrieb usw. reinstecken müssten, die eine Aufteilung nach dem erwähnten Schlüssel rechtfertigten, so sehr muss ich abermals an die Worte meiner Großmutter denken:

Und ist der Handel noch so klein,
so trägt er mehr als Arbeit ein.

Übrigens, interessant in puncto Unabhängigkeit und Unparteilichkeit – beheimatet ist der Molkereivertreter VÖM an altbekannter Adresse: Friedrich-Wilhelm-Raiffeisenplatz 1 in Wien. Geschäftsführer ist ein gewisser Johann Költringer – zugleich hochrangiger Raiffeisen-Funktionär (u. a. stv. Vorstandsvorsitzender der „Raiffeisen Nachhaltigkeits-Initiative" der Raiffeisen Bank International AG).

Exempel an den Abtrünnigen

Nun aber zu dieser Frage: Wie ging es weiter mit den Piraten?

Anfangs lief es, wie gesagt, sensationell. SPAR hatte zugesagt, die Rebellenmilch in allen Filialen zu vertreiben. Auch in Deutschland kam es zu einer IG-Gründung. Wir waren bei den Nachbarn im Norden auf Tour, hielten Vorträge mit gebrandeten T-Shirts, sprachen von Chancen und Erfahrungen, und bald war der „Ableger" größer als das Original und nannte sich (nicht sehr glücklich gewählt) BDM für *Bundesverband Deutscher Milchviehhalter* – eine durch den *Bund Deutscher Mädchen* (ebenfalls BDM) historisch doch eher belastete Abkürzung. Sei's drum. Auch die Holländer, Italiener, Schweizer und Dänen sprangen auf den Zug auf, es geriet etwas in Bewegung, und nicht zuletzt dank unseres Erfolges fiel die Gründung des *European Milk Board* (EMB), eines europaweiten Dachverbandes, in genau diese Zeit. Das war schon etwas Großartiges.

In meinem Heimatbundesland Oberösterreich hatte ich dafür bald mein erstes Auftrittsverbot, erwirkt durch einen Landesrat, der uns den Besuch einer Landwirtschaftsschule untersagte mit dem Verweis, es handle sich um eine politische Veranstaltung. So brisant war die Sache inzwischen. Dann kamen erste interne Querelen auf. Die ursprüngliche Prämisse, Milch unter der Flagge der IG bloß zu bündeln, um als Gegengewicht zu allen Raiffeisen-Molkereien eine starke Verhandlungsposition zu haben, wurde verwässert. Plötzlich wollten einige Mitglieder die Milch auch handeln. Wer jedoch in den Handel geht, mit den Riesen in den Ring steigt und womöglich Börsenluft schnuppern will, macht sich erpressbar – und geht unter.

Hinzu kam, dass SPAR sein Netz mit der Zeit weitmaschiger auslegte, sprich: Immer weniger Standorte boten „A faire Milch" an[55] – ohne offizielle Angabe von Gründen. Doch die Betroffenen wussten auch so, was es geschlagen hatte, kannten das ungeschriebene Gesetz von eherner Gültigkeit:

Die Bauern kämpfen für einen fairen Milchpreis, die Molkereien dagegen.

Als die Stimmen jener, die handeln wollten, überhandnahmen und die Streitereien ein selbstzerstörerisches Niveau erreichten, an dem politische Kleinparteien für gewöhnlich zerbersten, stieg ich aus. Die Absatzmengen – nicht zuletzt durch den systematischen Rückzug von SPAR – wurden immer geringer, sanken auf zuletzt 10.000 Kilo pro Woche, und als im August 2020 das Projekt zu Grabe getragen werden musste und das letzte rot-weiß-rote Päckchen mit *Faironika* über die Ladentheke ging, wurde offenkundig, wie es vielen meiner ehemaligen Mitstreiter ergangen war.

Den allermeisten war schon vor dem offiziellen Ende der Rebellenmilch nichts übrig geblieben, als zu ihren Stamm-Molkereien zurückzukehren, nicht zuletzt, weil es auch die Milchkontingente nicht länger gab (dazu gleich mehr). Nun ja, sagen wir lieber so: Sie versuchten eine Rückkehr. Ewald Grünzweil drückte es in einem Zeitungsinterview[56] so aus:

„Es wurden Absprachen unter den Molkereien getätigt, keine wechselwilligen Betriebe aufzunehmen. Das war für Bauern, die ihren Abnehmer wechseln wollten, praktisch eine gezielte Existenzvernichtung, denn jeder Bauer ist von der Milchabholung abhängig.“

Betriebe, an denen das Exempel statuiert werden sollte, wurden willkürlich ausgewählt. Erst als die rasante Zunahme von Fällen unter der Decke ruchbar wurde und der politische Druck wuchs (wer will schon, dass so etwas in der breiten Öffentlichkeit diskutiert wird), wurde vielen doch noch die Gnade einer neuerlichen Aufnahme in den Mutterschoß von Raiffeisen zuteil – aber nicht ohne gehörig zu bluten. Zehn Cent Abschlag pro Kilo waren Standard, bisweilen mehr, sodass die Bauern nicht einmal mehr die Hälfte der Produktionskosten abdecken konnten. Auch bei Ab-Hof-Vertriebsgenehmigungen durch die Molkereien herrschte das Prinzip Willkür. Manchen wurde es als „Privileg“ per Handschlag eingeräumt, dann wieder entzogen mit dem Argument, die vereinbarten Liefermengen würden nicht erreicht. Anderen wurde die Möglichkeit zur Selbstvermarktung überhaupt verwehrt. Bio-Bauern, die zu einer Molkerei zurück wollten, durften oft zwar wieder liefern, ihre Milch aber nicht länger als biologisch klassifizieren, sodass sie trotz erhöhten Aufwandes bloß den deutlich niedrigeren Preis für konventionelle Milch erhielten, oder darunter, mit zusätzlichem Strafabschlag.

Doch auch ohne wiederkehrende Rebellen zeigt sich das allmächtige Molkereien-System in Österreich Tag für Tag: So ist es etwa Usus, hohe Pönalen über Betriebe mit Lieferschwankungen zu verhängen, und sei es, dass nur an einem einzigen (!) Tag im Monat weniger geliefert werden kann. Andere erhalten heute noch – quasi als Dauersanktion – nur noch Ein-Jahres-Verträge und müssen stets um die Verlängerung bangen.

Das Bedauern über das Scheitern von „A faire Milch“ war vielerorts groß, ausgesprochen klein indes bei der ÖVP-Bauernvertretung. So sagte etwa Leopold Gruber-Doberer, Geschäftsführer der niederösterreichischen Milchgenossenschaft (MGN), im *Kurier*:

„Sie haben einen Versuch gestartet und nun einsehen müssen, dass es so nicht geht.“[57]

Überhaupt sei der Preis ein hoher gewesen, hieß es, weil die IG Milch einen Keil in die Bauernschaft getrieben habe. Zur Info: Die MGN vermarktet ihre gesamte Milch an die NÖM AG – und die gehört … Raiffeisen.

Ich lasse dazu noch einmal meinen Ex-Gründer-Kollegen und Bio-Landwirt Grünzweil zu Wort kommen, der Allmacht und Systematik so umschrieb:

„Sie wollen dir und allen anderen zeigen: Wenn du die Goschen aufmachst, wirst du ruiniert.“[58]

Von Beratern und dem Schacher mit Kontingenten

Der Feind im eigenen Stall

Das eine oder andere „Schmankerl“ zum Thema Milch bin ich Ihnen noch schuldig. So habe ich bereits kurz das Ende der Milchkontingente bzw. der -quote erwähnt, das gleichsam als zusätzlicher Brandbeschleuniger zum Niedergang der IG Milch beigetragen hat. Quote ist ja ein zwiespältiger Begriff, bei dem manch einer rasch an Planwirtschaft denkt. Doch so einfach ist die Sache nicht.

Ins Leben gerufen wurde die EU-weite Milchquote 1984 (in Österreich schon früher). Damit sollte jene Überproduktion gestoppt werden, die zuvor durch garantierte Mindestpreise angeheizt worden war. Als man Jahre vorab das Ende der Quote per 1. April 2015 verkündete, wurde die Quote nochmals kräftig nach oben korrigiert, und zugleich ermunterten Agrarpolitiker und Funktionäre die Bauern zur Expansion. Sie schwärmten von den Vorzügen des dann freien Weltmarktes, vom Allheilmittel einer 20-20-60-Losung – 20 Prozent mehr Milch, 20 Prozent höherer Erzeugerpreis, 60 Prozent Exportanteil – und brachten viele Landwirte dazu, mit Krediten kräftig auszubauen.[59]

Die Strategie ging nicht auf, wie sich nach Abschaffung der Quote erwies. Die Preise, nicht zuletzt durch die Lage auf dem Weltmarkt, blieben gleich oder rauschten noch tiefer in den Keller. Alleinige Profiteure waren – wie so oft – die Großen, und die Spiralbewegung des Sterbens kleinerer Bauern nahm zusätzlich an Fahrt auf. Dazu nur dieser Zahlenvergleich: Ende 2008 gab es in Österreich 44.000 milcherzeugende Betriebe, Ende 2021 waren es keine 24.000[60], und ohne Ausgleichszahlungen würden auch davon nicht mehr viele existieren (welch verheerende Folgen dieses Sterben darüber hinaus für das ganze Land hat, erzähle ich Ihnen in Kapitel 9).

Die vormaligen Anheizer jedenfalls putzen sich angesichts solcher Entwicklungen wie gewohnt ab. So fabulierte etwa Josef Siffert, als „Leiter der Stabstelle Kommunikation" bis 2021 ein Urgestein der Landwirtschaftskammer, der Zeitung *Die Presse* gegenüber:

„Wir haben uns dabei auf eine Prognose der EU berufen, die meinte, dass der Milchmarkt wachsen wird. Damit haben sie sich aber leider geirrt."

Jetzt war es auf einmal wieder die böse EU. Wobei an dieser Stelle auch die Tipps der Kommission in Brüssel nicht unerwähnt bleiben dürfen. Man müsse sich an den Markt anpassen, was *laut Experten auch gelingen dürfte.* Und das sich immer bestens informiert gebende Wirtschaftsforschungsinstitut (Wifo) meinte nach Ende der Quote so lapidar wie prophetisch: Die Bauern werden das durchtauchen, ein großflächiges Sterben von Milchbauern wird es nicht geben.

Eine Beinahe-Halbierung in 13 Jahren bei weiterhin rasantem Verlauf ist demzufolge nicht großflächig.

Miese Deals mit Produktionsrechten

Ebenso wenig vorenthalten möchte ich Ihnen, welch Schindluder zu

Hochzeiten mit der Milchquote getrieben wurde. Da werden Erinnerungen an das globale Hin-und-Her-Geschiebe mit Umweltzertifikaten wach, nur schlimmer.

Im Prinzip funktionierte die Quote so: Jeder Mitgliedstaat erhielt eine feste Menge zugewiesen. Bei Überschreitungen waren Strafen an die EU fällig, wobei nicht der Steuerzahler auf der Pönale sitzen blieb, sondern die Bauern. Je nach Grad der Überlieferung wurden bis zu 29 Cent Pönale pro Kilo Milch[61] veranschlagt. Für den Staat mehr oder weniger ein Nullsummenspiel, für die zuvor zur höheren Produktion animierten Landwirte ein Schlag in die Magengrube.

Innerhalb Österreichs herrschte reger Handel mit diesen Quoten, um nicht zu sagen ein erschreckender Schacher. Jeder Milchbetrieb hatte, je nach Viehbestand, sein staatlich zugeteiltes Kontingent, für das er bezahlen musste. Dafür hielt er jedoch ein verbrieftes Produktionsrecht in Händen, und solange er nicht darüber hinaus produzierte, musste er keine Strafe zahlen. Zwar gab es keine Abnahmepflicht für Molkereien, doch die rissen sich ohnedies um die Milch der Bauern ihrer Region, waren bestrebt, das Abwandern eines Lieferanten zu einem Mitbewerber zu verhindern. Und so waren Szenen wie die nun exemplarisch beschriebene an der Tagesordnung, wenn ein Bauer zum anderen kam und meinte:

„Du, Franz, der Roman hört auf und gibt sein Kontingent her. Was soll ich tun? Kaufen?"

„Klar", entgegnete der, „kauf es dir! Sichere dir die Zukunft. So darfst du um 60.000 Kilo mehr produzieren."

Dabei ging es oft zu wie auf dem Bazar. Die Quoten wurden versteigert, die Preise schossen in horrende Höhen, weit über Betriebswert, oft genug liefen die Deals aber auch unter der Hand. Gang und gäbe war es ebenso von staatlicher Seite (!), Betrieben mit beispielsweise 30 Prozent Jahresüberschuss die Überlieferungsmenge für das Folgejahr als zusätzliches Kontingent zu verkaufen. Dieses war dann frei handelbar. Die Folge waren enorme Investitionen vieler Bauern in diese „Zukunft", die letztlich keine war.

Eine besonders dubiose Rolle nahmen bis zum Ende der Milchquote auch die *Hofberater* ein. Ursprüngliche Aufgabe dieser nach wie vor aktiven, von den Molkereien vertraglich vorgeschriebenen Damen und Herren, ist es, Landwirtsfamilien bei Themen der Kuhhaltung und Hygiene zu beraten, Proben zu entnehmen, Stallungen zu überprüfen, die Behebung von Mängeln durchzusetzen und derlei mehr. Als absolute Insider auf den Höfen wissen sie stets als Erste, wenn ein Betrieb Kühe hergibt, hergeben muss, oder überhaupt das Handtuch wirft.

Was taten sie mit der Information, damals, als es die Milchkontingente noch gab?

Sie spielten klassische Branchenpost und liefen zum Nächsten, gaben Tipps, wie allfällig frei werdende Kontingente am besten zu kriegen waren. Man kam rasch ins Geschäft durch Gefälligkeiten jedweder Art und stets auf eine Weise, dass die Hofberater selbst nicht zu kurz kamen und auch nicht an Einfluss verloren. Doch damit nicht genug. Kontingente dienten auch als maßgebliches Kriterium bei der Vergabe von Krediten. „Na, Huber-Bauer", hieß es dann bei der Bank, „wie viele Lieferrechte hast du denn, damit sich dein neuer Traktor ausgeht?"

Der Willkür ausgesetzt

Mit der europaweiten Abschaffung der Quote im Jahr 2015 (ohne jedweden Schadenersatz) war aber das Ende der Fahnenstange weder erreicht, noch hat sich die Situation verbessert. Früher, zu Zeiten der Kontingente, herrschte, bei allem Missbrauch, dennoch ein Hauch von Transparenz. Eine Zahlenwahrheit insofern, als in einer Region, im Sprengel einer Molkerei, prinzipiell bekannt war, wie viel Milch produziert und verarbeitet wurde – vorausgesetzt, die Bauern tauschten sich untereinander aus.

Von ebendieser latenten Gefahr einer (in der Theorie) möglichen Kontrolle waren mit der Abschaffung der Kontingente jene mit einem Schlag befreit, die am allerwenigsten davon wissen wollten: die Molkereien. Aus einer Bauernquote war eine Molkereiquote geworden.

Heute läuft es so, dass Bauern und Molkereien zeitlich befristete Lieferverträge abschließen. Darin wird allerlei festgelegt, von Qualitätsauflagen bis hin zu Abholzeiten, nicht jedoch die zu liefernde Menge. Das kann für Molkereien schwierig werden, da milchverarbeitende Betriebe ihrerseits Verträge mit Supermärkten haben. Sie müssen ihr Joghurt, ihre Butter in bestimmten Mengen liefern können, ansonsten hagelt es Pönalen. Darum wollen sie, verständlicherweise, genau wissen, wie viel Milch sie bekommen.

Andererseits würden viele Bauern lieber mehr Milch direkt und gewinnbringend vermarkten – und nicht an Molkereien zu Dumpingpreisen, die ihre eigenen Kosten nicht decken, verkaufen. Molkereien wissen in der Regel exakt Bescheid über die Verhältnisse auf jedem einzelnen Hof, und wer weniger als bisher liefert, muss mit Problemen rechnen. Zumal es, wie erwähnt, im alleinigen Ermessen der Molkereien liegt, welchen Preis sie den Bauern zahlen, und sie auch die Qualitätsstufe der Milch (ohne Möglichkeit der Einsicht) festlegen.

Gerade jene Landwirte, die auf Ab-Hof-Verkauf setzen, berichten vermehrt von saftigen Abschlägen aus kaum nachvollziehbaren Gründen. Mal sind es angebliche Qualitätsschwankungen, dann wieder heißt es, der Milchmarkt sei überfüllt. Willkür sind hier Tür und Tor geöffnet.

Haben wir wirklich zu viel Milch im Land, wie offiziell behauptet wird? Oder nicht doch zu wenig, wie ein verräterisches Rundschreiben einer großen Molkerei an die Direktvermarkter im Jahr 2022 nahelegt? Hier ist von immer größeren Abschlägen die Rede, je mehr ein Bauer selbst auf seinem Hof verkaufen will. Haben wir tatsächlich eine (die Erzeugerpreise zusätzlich mindernde) Eigenversorgung jenseits der 150 Prozent, wie die Statistik Austria beharrlich behauptet? Oder haben wir es womöglich doch mit einer Überschusslüge zu tun?

Die Möglichkeit einer unverfälschten Einsicht in Daten und Fakten ist bei der Milch jedenfalls passé. Dasselbe gilt für Fleisch, Holz und vieles mehr. Aber das ist wieder mal eine andere Geschichte, die ich Ihnen in Kapitel 10 erzähle.

Die Geschichte mit der Sprühsahne

Unsere Molkereien lassen die heimischen Zulieferer nicht nur systematisch im Unklaren und erpressen sie, obendrein konkurrenzieren sie mit Produkten aus dem Ausland und Substituten.

Hier ein Beispiel:

Bilder sagen ja bekanntlich mehr als tausend Worte, und so habe ich bei gewissen Gelegenheiten immer etwas dabei. Einmal eine zahme Ratte, ein andermal eine kleine Sprühdose.

Konkret spreche ich von *Gmundner Milch*, der Nummer 3 unter Österreichs Molkereien und wie die Marktführer, Berglandmilch und NÖM, zu Raiffeisen gehörig. Ich habe mir erlaubt, eines Tages die Generalversammlung in der Sporthalle von Gmunden auf- bzw. heimzusuchen, wo man angetreten war, die üblichen Jubelmeldungen unters Volk zu bringen, und ergriff bei passender Gelegenheit das Wort:

„Freunde“, sagte ich in Richtung meiner Bauernkollegen, „die hier verarschen euch. So wie viele andere auch.“ Dann zog ich mein kleines Mitbringsel aus der Tasche. Eine Dose mit der Aufschrift „Sanquel Sprüh-Topping“ nebst Vermerk, der Inhalt sei ultrahocherhitzt und auf pflanzlicher Basis hergestellt. Anders gesagt: Ich hielt eine Sprühdose in Händen, in der sich ein billiger Ersatz (Palmfett) für Schlagobers befand.

Die Pikanterie: Gmundner Milch ist Generalimporteur für das minderwertige Zeug, ein nichts als picksüßer Schaum, der grauenvoll schmeckt und auf Basis von Palmöl (!) hergestellt wird (siehe Kapitel 8). Was für ein Schlag ins Gesicht heimischer Bauern!

Anfangs (das Gefühl kannte ich ja schon) hielten mich die meisten für verrückt, als ich mit meiner Sprühdose herumwedelte. Was will denn der Leo schon wieder?!? Dann aber kamen Fragen wie diese auf:

„Warum verarbeitet ihr unsere Milch und macht uns zugleich das Geschäft abspenstig mit ausländischer Ware?“

Antwort vom Podium: „Das Schlagobers ist ja nur eine kleine Nische.“

„Welches Schlagobers denn?“, rief ich, und einige (wohl eher aus Unbehagen) lachten hell auf. Diese „Nische“ füllen immerhin 700.000 Dosen pro Jahr. Das bedeutet auch: 700.000 Mal Müll und 700.000 Mal Treibgas.

Dann hieß es auf der Molkereiversammlung plötzlich: Leute, das machen wir nur, weil auf diesem Produkt die Spannen derart hoch sind, dass wir gutes Geld damit verdienen – gutes Geld, das wir brauchen, um uns euren Milchpreis leisten zu können. Das Üble daran: Die Allermeisten kauften ihnen den Schmarrn ab, insistierten nicht weiter, und mir war, als würde man den Teufel bitten, den generellen Handel mit Weihwasser zu übernehmen.

In der Online-Ausgabe der Zeitung *Die Welt* stieß ich zum Thema auf einen Artikel unter dem Titel:
„Der Mangel des Weltkriegs schuf die Sprühsahne“.[62]

Darin wird Klartext geredet, womit eine *Gmundner Milch* und all die anderen Molkereien heimischen Bauern das Wasser abgraben. So ist u. a. von einem kulinarischen Schwerverbrechen die Rede, das „in seiner Ungenießbarkeit bestenfalls noch von Kaffeegranulat oder Pasta aus dem Aufgussbecher übertroffen wird“.

Die Entstehungsgeschichte von Sprühsahne liest sich wie ein Mix aus schlechtem Kabarett und Dr. Frankenstein: Der gelernte Kleiderverkäufer Aaron S. Lapin, seines Brotberufs überdrüssig, verfiel in den 1940er-Jahren auf die Idee, den Mangel an Schlagobers durch ein Substitut auszugleichen, angereichert mit Pflanzenfett, weil er erkannte: Je fetter die Sahne, desto besser wird sie steif. Bäcker bekamen gleich eine Art Luftpumpe mitgeliefert, um das

Gemisch einigermaßen verarbeiten zu können. Der Genieblitz streifte Lapin aber nach Kriegsende, 1946. Als Spraydosen aufkamen, versetzte er sein Gemisch mit Lachgas, nannte die Kreation „Reddi wip" (was so ähnlich klingt wie *ready wipped*, also *fertig geschlagen*) – und bat Milchmänner aus St. Louis, bei den Hausfrauen ihr Glück zu versuchen.

Die Neuheit schlug ein wie eine Bombe und eroberte die Welt. Dass am Inhalt so gut wie gar nichts natürlich war und erst das Treibgas durch eine Versiebenfachung (!) des Volumens dafür sorgte, dass eine gekringelte Wurst in Weiß zum Vorschein kam, tat dem Siegeszug keinen Abbruch. So vernichtend manche Kritik damals bereits gewesen sein mochte, die flankierenden Werbespots mit langbeinigen Blondinen machten einen perfekten Job. Der Dosenschaum war sexy, und das scheint er – bei *Gmundner Milch* und Konsorten jedenfalls – unvermindert zu sein.

In anderen Worten: Der Mangel des Weltkrieges schuf einst die Sprühsahne, der Mangel an Anstand und Intelligenz schafft sie nicht wieder ab.

PS.: Abschließend zum unerschöpflichen Thema Milch noch dieser Tipp: Suchen Sie (nach Vorankündigung) einen Bauernhof auf, bringen Sie einen Liter aus dem Supermarkt und eine kleine Aufmerksamkeit mit (obwohl das nicht erwartet wird) – und bitten Sie um ein Glas frischer Milch. Dann kosten und vergleichen Sie.

Dabei muss ich warnend vorausschicken: Es kann sein, dass Ihnen die frische Kuhmilch gar nicht schmeckt, was allein daran liegt, dass die Lebensmittelindustrie unseren Geschmack über Jahrzehnte hinweg mit allerlei Zusätzen manipuliert und ihren eigenen Interessen gemäß geformt hat. Wer weiß schon, wie echte Milch schmeckt, die nicht aus dem Packerl kommt? Vielleicht erscheint sie Ihnen ja ähnlich suspekt wie manch einem eine echte Bauernbutter, allein schon wegen der Farbe?

Ich jedenfalls kann Ihnen aus Erfahrung berichten: Es ist ein einmaliger Genuss. Eine Geschmacksexplosion.

5

Europameister im Zupflastern und Erpressen

Das Versiegeln des Landes zu Lasten der Umwelt

Jede Minute eine Vier-Zimmer-Wohnung

Es gibt Disziplinen, da bringt der Titel eines Europameisters nichts als zweifelhaften Ruhm ein. Österreich trägt deren gleich mehrere.

Die Sache mit dem Zupflastern – der systematischen Bodenversiegelung und Zerstörung von Lebensraum – ist die eine Disziplin und mit einem einfachen Rechenbeispiel skizziert. Der Nachhaltigkeitsstrategie des Bundes zufolge hätte der tägliche Bodenverbrauch ab 2010 auf 2,5 Hektar reduziert werden sollen. Das von Ministerrat und Landeshauptleuten beschlossene Vorhaben ist wie so oft in der Politik das Papier nicht wert, auf dem es steht: Es wurde auf 2030 verschoben. Heute, 13 Jahre danach, ist die Situation folgende:

Tag für Tag werden rund 12 Hektar (ha) verbraucht. Sie werden entweder versiegelt (41 Prozent), weil zubetoniert bzw. wasserdicht abgedeckt, oder auf eine Weise intensiv genutzt, dass eine Bewirtschaftung nicht länger möglich ist. Das ist mehr als das Fünffache der vereinbarten Obergrenze. Diese 12 ha entsprechen 17 Fußballfeldern an Bodenfläche, die weichen muss. Pro Tag! Oder, noch näher an der Lebensrealität: 12 ha sind so viel wie 1.440 Drei- bis Vier-Zimmer-Wohnungen mit einer Grundfläche von 83 m^2. Pro Minute eine. Aufs Jahr gerechnet sind das 525.600 Wohneinheiten dieser Größe und Lebensraum für eineinhalb bis zwei Millionen Menschen.

Natürlich brauchen wir Raum für unser Zuhause. Daran führt kein Weg vorbei. Der tatsächlich realisierte Wohnbau macht aber nur einen kleinen Prozentsatz der Gesamtverbauung aus, der wahre Sündenfall ist ein anderer. Österreichs Bevölkerung wuchs von 2001 bis 2017 um rund zehn Prozent, die Neuversiegelung nahm im selben Zeitraum um 24 Prozent zu. Auch jetzt,

2023, setzt sich der Trend fort. Den Löwenanteil dieses Zupflasterns tragen Verkehrsflächen, dicht gefolgt von Bau- und Betriebsflächen – und dabei allen voran die wie Schwammerl nach einem Spätsommerregen aufschießenden Gewerbeparks, Logistikzentren sowie Bau- und Supermärkte.

Letztere – als hätten wir nicht genug davon – spielen bei Zerstörung vormals pulsierender Ortskerne und Zersiedelung eine üble Rolle, weil die Politik in puncto Raumordnung und Baugesetzen nach wie vor einen Kniefall nach dem anderen vor dem Kapital macht. Konzepte zur Förderung kleiner Geschäfte in Ortszentren existieren zwar, werden jedoch nur äußerst verhalten ermöglicht.

Beispiele von Handelsriesen, die angeblich nicht länger zeitgemäße oder zu klein gewordene Filialen schließen, um sie einen Steinwurf weiter (in ähnlicher Größe) neu und natürlich ausschließlich im Interesse der Kundschaft aus dem Boden zu stampfen, ziehen sich quer durchs Land. Vermutlich kennen auch Sie so eines. Diese Vernichtung von wertvollstem Boden erfolgt fast ausnahmslos zusätzlich, weil die alten Gebäude zwar in der Regel abgerissen werden, das versiegelte Areal indes bleibt (Markt + Lieferflächen + riesiger Kundenparkplatz). Manchmal wird das Areal neu genutzt, oft genug aber ohne erkennbaren Mehrwert. Es wird zu brachliegender Betonwüste.

Die ökologischen Folgen des Versiegelns sind desaströs. Dazu ein paar Fakten, was so ein gesunder Boden alles vermag:

- Er dient als Lebensraum.
- Er ist Schadstofffilter.
- Er fungiert als Klimaanlage.
- Er speichert Wasser.
- Er ist Kohlenstoffsenke (speichert CO_2).
- Er spendet Schatten (durch Bewuchs).
- Er liefert Nahrungs- und Futtermittel.

All das geht verloren, sobald er unter Beton begraben, erstickt und unwiederbringlich zerstört wird. Mit diesen Folgen:

- Die **Humusbildung** ist nicht mehr möglich, nichts lebt mehr an dieser Stelle.
- Die **Filterfunktion** ist zerstört, bereits vorhandene Schadstoffe bleiben in den diversen Bodenschichten zurück, die Grundwasserqualität sinkt rapide.
- Dafür steigt die **Überflutungsgefahr.** So können 10.000 Quadratmeter (1 ha) Boden rund 2.300 Kubikmeter (!) Wasser aufnehmen. Dieselbe Fläche kann versiegelt kein Wasser mehr aufnehmen!

- Schädigung der **Biodiversität**: Lebensräume von Tieren werden durchtrennt, das Wanderverhalten gestört, es kommt zum Inseldasein von Populationen bis hin zum Artensterben. Ein Drittel aller Arten (Fauna und Flora) gilt laut Roter Liste in Österreich als gefährdet, wir liegen diesbezüglich an vorletzter Stelle im EU-Vergleich, sind also eine Art Negativ-Vize-Europameister.
- Verlust der **Klimapuffer**-Funktion: Hitzeinseln entstehen, Temperaturen steigen kleinräumig stark an (Änderung des Mikroklimas). Sollte der durch Studien belegte „Hitzeinsel-Effekt" kraft Versiegelung weiter in dieser Rasanz fortschreiten, droht bis 2080 eine Verdreifachung der Hitzetoten.[63]
- Verlust als **landwirtschaftliche Fläche**

Österreich hat dieser systematische Flächenfraß den Titel eines Supermarkt-Europameisters eingebracht. 5.400 sind es in Summe, 90 Prozent davon in Händen der drei Marktriesen Rewe, SPAR und Hofer (und mit Abstrichen Lidl). So kommen auf 100.000 Einwohner hierzulande 60 Supermärkte, andere Vertriebsformen (Bäcker, Fleischhauer, Direktvermarktung etc.) spielen kaum noch eine Rolle. Kein Land weist eine annähernd hohe Dichte auf. Zum Vergleich: In Deutschland (dort beherrschen die „großen Vier" Edeka, Aldi, Rewe und die Schwarzl-Gruppe rund 85 Prozent des Handels) sind es 45 Supermärkte je 100.000 Menschen,[64] in anderen europäischen Ländern bedeutend weniger, zumeist zwischen 15 und 25 Supermärkte auf 100.000 Menschen.

Laut Wirtschaftskammer (WKÖ) sei diese enorme Dichte früher noch viel gravierender gewesen (womit ironischerweise jene Zigtausenden Greißlergeschäfte gemeint sind, die längst unter die mit Spikes bewehrten Räder der Marktführer geraten sind) und mitunter der topografischen Lage Österreichs geschuldet. Und so zeigt auch Christoph Tamandl, Branchen-Geschäftsführer der WKÖ, der *Wiener Zeitung* gegenüber Verständnis für den unermüdlichen Flächenhunger der Riesen:

„Die starke Konzentration im heimischen Lebensmittelhandel resultiert in einem sehr intensiven Wettbewerb der großen Marktteilnehmer. Um Marktanteile zu halten und zu sichern, ist es (...) wichtig, flächendeckend mit Filialen präsent zu sein und bestehende Märkte kontinuierlich auszubauen bzw. zu modernisieren – zum Vorteil der Konsumenten."

Starker Wettbewerb? Ist doch nichts Schlechtes in einer Marktwirtschaft?

Noch dazu zum Vorteil der Konsumenten? Aber: Dieser *Wettbewerb* ist nur an der Oberfläche einer und geht zu Lasten aller, bloß nicht der Handelsgiganten. Er ist Gift für die Umwelt, die Produzenten UND die Konsumenten, denen er angeblich dient. Dazu ein Blick hinter die Kulissen zu folgender Frage:

Von verbotenen Gebühren, Eigenmarken und einem neuen Gesetz

Wie böse sind Supermarktriesen wirklich?

Bestimmt ist den eifrigen Medienkonsumenten unter Ihnen der Name Karl Schirnhofer (noch) ein Begriff. Der Fleischverarbeiter hatte Anfang 2022 gewagt, was so gut wie keiner in der Branche wagt: Er erhob schwere Vorwürfe gegen Goliath Rewe. Öffentlich.

„Krieg der Worte ums Ochsenfleisch" titelte etwa *Der Standard*. Konkret ging es darum, dass Schirnhofer fast drei Jahrzehnte lang mit Bauern die Marke *Almo* (für Almochse) aufgebaut hatte, die für hohe Standards in Sachen Tierwohl und Qualität stand – das Leitprodukt des mittelständischen steirischen Unternehmers und eine Erfolgsgeschichte. Rewe – so Schirnhofer – hatte das Vorhaben, die beiden Fleischprogramme *Almo* und *Hofstätter* (eine Rewe-Eigenmarke, dazu gleich mehr) zu vereinen.

Rewe wollte die Almochsen nicht länger bei Schirnhofer verarbeitet wissen, sondern das brandneue, konzerneigene Werk in Eberstalzell (OÖ) besser auslasten. Es stand im Raum, den Handel mit den Ochsen künftig überhaupt an dem Steirer vorbeilaufen zu lassen, indem die Bauern direkt an Rewe liefern.

Das war der Punkt, der bei Schirnhofer das Fass zum Überlaufen brachte. Er wagte sich aus der Deckung und nahm in bis dahin einmaliger Manier im Zusammenhang mit Handelsriesen dieses Wort öffentlich in den Mund:

E R P R E S S U N G

Ein mediales wie rechtliches Hickhack entbrannte (vgl. *Der Standard*, 16. Februar 2022) und angesichts der Aufregung konnte selbst der Boulevard nicht die Augen davor verschließen, wiewohl sich die Artikel darüber – höflich umschrieben – irgendwo zwischen neutral und verständnisvoll (für den Unmut vonseiten Rewe nämlich) ansiedelten. Kein Wunder, zahlen doch insbesondere Supermärkte mit ihren großflächigen Inseraten die laufenden Kosten der Medien.

Die Geschichte endete wenig überraschend so: Schirnhofer ist als Lieferant raus, der neue Vertriebspartner für die Bauern mit ihren Almochsen und Kalbinnen aus Kärnten, Niederösterreich und der Steiermark heißt Rewe. Die rund 500 Landwirte selbst saßen in einer gehörigen Zwickmühle, als sie vor der Wahl standen, weiterhin mit Schirnhofer auf anderen Vertriebsschienen zu arbeiten (und womöglich auf ihrem Fleisch sitzen zu bleiben) oder doch mit wehenden Fahnen zu Rewe direkt zu wechseln. Seitens des *Almo*-Vereines hieß es im Ringen um Diplomatie, Schirnhofer habe an einer weiteren Zusammenarbeit „kein Interesse mehr“[65]. Dazu gibt es bestimmt mehr als nur eine Wahrheit.

Einige Aussagen Schirnhofers werfen ein zutiefst schlechtes Licht auf die Branche. Unter anderem schrieb er an das Rewe-Management:

„Ich bin tief bestürzt und muss Ihnen offen und ehrlich kundtun, dass ich vor Ihnen Angst habe.“[66]

Damit nicht genug. Seinen Weg an die Öffentlichkeit nannte er eine „Therapie für die Zusammenarbeit in den letzten zehn Jahren“. Die Vorgangsweise des Konzerns habe „psychologischen Schaden“ bei ihm angerichtet. Man habe ihn, aber auch die Bauern, hinters Licht geführt. Er wisse auch (apropos Licht), dass Rewe „jederzeit den Lichtschalter drücken“ könne. Und: „Dann gehen in meiner Firma die Lichter aus.“[67]

Aber, kann das sein? Ist das nicht bloß die Übertreibung eines Einzelnen, der im freien Spiel der Kräfte den Kürzeren gezogen hat? Haben Handelsriesen tatsächlich diese enorme Marktmacht, nach Belieben über das Schicksal ihrer Zulieferer zu entscheiden? Daumen rauf, Daumen runter wie einst römische Herrscher in der Arena? Treiben sie Produzenten in letztlich tödliche Abhängigkeiten? Wenn ja, wie ist das möglich? Mit welchen Methoden? Mit wessen Rückendeckung und Hilfe?

Sondergebühren ohne Ende

Dafür bezahlen zu müssen, dass die Ware überhaupt ins Sortiment aufgenommen und verkauft wird, ist für viele Unternehmer vieler Branchen harter Alltag. Im europäischen Lebensmittelhandel pendeln diese aufgezwungenen Listungsgebühren in der Regel zwischen 2.000 und 5.000 Euro pro Produkt. Einmal mehr spielen hier die Handelsriesen ihre Oligopolstellung aus, sodass es für eine Unzahl von Produkten nur eine Handvoll Abnehmer gibt. Von echtem Wettbewerb kann da keine Rede sein. Vielmehr haben die Ketten die Wahl und die Lieferanten die Qual. Ein Grund mehr, warum die immer noch stärkere Konzentration von Handelsketten so problematisch ist.

Neben einmaligen *Listungsgebühren* sind auch *Einführungsrabatte* und *Regalmieten* Usus, die rasch in den fünfstelligen Bereich gehen. Platzierung in Augen- und Griffhöhe kostet ebenfalls extra, hinzu kommen rückwirkende, an den Handel abzuführende Jahresboni auf den gesamten Umsatz oder obskure *Werbekostenzuschüsse* (100.000 Euro und mehr sind da keine Seltenheit). Ferner werden Kosten für *Lager, Renovierung* und *Verwaltung* eingehoben. *Geburtstagsrabatte* sind fällig, wenn der Handel sich selbst bejubelt, und *Hochzeitsboni*, schluckt der Riese einen kleineren Konkurrenten, der hinterher mit hauseigener Ware ausgestattet wird. Auch die Suche nach neuen Standorten lässt der Handel sich unter dem Passus *Unterstützung Marktaufbau* abgelten, und die Ausweitung bestehender Präsenz zieht den *Expansionsbonus* nach sich, um an dieser Stelle nur die wichtigsten Gebühren zu nennen.

Kurzum: Ureigene unternehmerische Risken der Handelsriesen werden in immer noch größerem Ausmaß abgewälzt. Für die Bauern heißt das: Ihr Anteil an der Wertschöpfungskette schrumpft weiter, während die Spannen der Händler immerfort wachsen. Bekam ein Landwirt gemäß EU-Daten anno 1995 für sein Agrarprodukt im Schnitt noch 31 Prozent vom Gesamtkuchen, sind es heute 21 Prozent. Der Rest bleibt in der Verarbeitung (28 Prozent) und mit 51 Prozent im Handel hängen.

Pönale für ein paar Minuten Verspätung

Desgleichen werden Lieferstrafen in horrender Höhe verhängt. Kommt der Lkw nur um Minuten zu spät, kann dies mit bis zu 100-prozentigen (!) Pönalen geahndet werden, was einem Totalausfall für den Lieferanten gleichkommt. Je nach Produkt geht es da rasch um 20.000 bis 30.000 Euro pro Anlassfall, ja, es scheint, als hätte dieses Abgreifen von Waren zum Nulltarif System. Betroffene sprechen davon aber nur off the records. Alles andere wäre wirtschaftlicher Selbstmord mit Anlauf.

Auch kurzfristige Stornierungen von Waren ohne Ersatzleistung sind gängige Praktik. Fängt ein Buch oder Hemd nicht gleich zu schimmeln an, wenn es an den Hersteller zurückgeschickt wird, sieht es bei Lebensmitteln naturgemäß anders aus. Ganze Wagenladungen gehen entgegen anderer Vereinbarung bisweilen retour zu den Lieferanten. Offiziell heißt es, solche Methoden seien bei den Kollegen in Südeuropa anzutreffen, aber nicht hier. Außerdem seien Verarbeitung und Verpackung viel komplexer als früher, bei den bequemen Schraubverschlüssen etwa handle es sich um High-Tech-Produkte, die es zu entwickeln und bezahlen gelte. Dazu komme die immer längere Haltbarkeit von Waren. All das habe seinen Preis.

Bauern, Hersteller von Lebensmitteln generell, seien *Partner auf Augenhöhe*, Marketingkosten würden selbstverständlich geteilt, wiewohl etwa SPAR-Sprecherin Nicole Berkmann schon einräumt: „Natürlich wird da gestritten, wer mehr zahlen soll."[68]. Zudem sei, nicht zuletzt wegen einer einmaligen Teuerungswelle, der Druck auf den Handel groß wie nie und es „unsere Aufgabe, hart zu verhandeln und Preise für Konsumenten niedrig zu halten".[69]

Dass dies nur bedingt stimmt (Stichwort: Preisanhebungen von 30 Prozent und mehr in Zeiten der Energiekrise) und der Handel ein kräftiges Extra-Körberlgeld jenseits jeder Verhältnismäßigkeit einfährt, sei der Ordnung halber auch erwähnt. Gerade im niederen Preissegment ist das nicht sofort spürbar, 30, 40 Cent mehr für ein Produkt sind schließlich keine Welt – und doch ein enormer prozentueller Zuwachs, hat es zuvor nur 1 Euro gekostet.

Hinzu kommt – ja, ich kann es nur so benennen – die Dreistigkeit, mit der etwa SPAR-Boss Fritz Poppmeier im Herbst 2022 an die Öffentlichkeit trat und forderte, auch sein Konzern müsse staatliche Hilfen angesichts der Energiepreise bekommen,[70] so wie Industrie und Bauern. Andernfalls wäre die Lebensmittelversorgung gefährdet. Vergessen waren, so scheint es, die fetten Profite zu Pandemiezeiten, nachdem der Lebensmittelhandel als einer der wenigen, dafür umso größeren Gewinner aus der Krise hervorgegangen war. In Deutschland lagen die Zuwächse jenseits der 15 Prozent, in Österreich nur knapp darunter. 2021 bilanzierte SPAR mit einem Gewinn von 334 Millionen Euro, Investitionen in mehr als doppelter Höhe bereits abgezogen. Den Gürtel enger zu schnallen und vom eigenen Speck zu zehren, ist nicht angenehm, doch die Wahrscheinlichkeit, dass ein Supermarkt vor nur einem der Zigtausenden anderen, tatsächlich akut bedrohten Betriebe in die Energiepreispleite schlittert, ist gering.

Preisführerschaft, Absprachen, Kartelle

Eine enorme Rolle in der Preisfindung der Konzerne spielt auch die *Preisführerschaft*. Wer zuerst erfolgreich mit einem Produzenten/Lieferanten verhandelt hat, legt gleichsam die Preislatte für den Markt. Und so kommt es, dass am Ende (am besten abzulesen mit einem Warenkorb von 12 bis 15 Produkten im untersten Preissegment) die Auswahl in allen großen Märkten mehr oder weniger gleich viel kostet.

Apropos Preis: Jetzt haben wir noch gar nicht von Preisabsprachen gesprochen, die so selbstverständlich verboten wie Usus sind. An einem Nachweis beißen sich europäische Wettbewerbsbehörden in der Regel die Zähne aus. Eine der wenigen Ausnahmen war da die Sprengung des *Wurstkartells*, das illegale Absprachen zwischen Fleischindustrie und Handel betraf, allen voran Deutschlands größter Schweineschlachtbetrieb Tönnies und 20 andere. Dafür setzte es damals, 2014, Rekordstrafen durch das Kartellamt. Von dem Gesamtbetrag von 338 Millionen Euro mussten die Verantwortlichen dank eines rechtlichen Schlupfloches aber nur einen Bruchteil zahlen.

Kurioserweise führt der Handel auch dies gerne als Argument für die eigene Preispolitik und anderes Gebaren an: die Lebensmittelindustrie (und ihre auch nicht gerade zimperlichen Methoden; dazu später mehr).

Rabattschlachten und der Trugschluss mit dem Fleischpreis

Von alledem bekommen die Konsumenten für gewöhnlich nichts mit. Was sie mitbekommen, sind die für sie inszenierten Rabattschlachten, die sie über die Jahrzehnte systematisch zum Schnäppchenjäger erzogenen haben, mit dem alleinigen Zweck, sie ins Geschäft zu locken. Abgesehen davon, dass die grassierende *Rabattitis* auch den Konsumenten zumeist nichts bringt (erschwerter Preisvergleich, „vergünstigte" Ware kostet anderswo auch nicht mehr, man kauft viel mehr als benötigt, Teile der in Großmengen gekauften Ware landen im Müll usw.), zahlen die Rechnung einmal mehr Erzeuger und Lieferanten. War es früher so, dass etwa Erdbeeren (dank gutem Wetter etc.) in größerer Menge als geplant verfügbar waren, wurde in beidseitigem Einverständnis kurzfristig mehr geliefert, dafür zu einem günstigeren Preis: eine Win-win-Situation für Handel und Lieferant sowie Konsumenten.

Die Preise für Lebensmittel liegen in Österreich um 25 Prozent über EU-Schnitt. Nur Dänemark (+ 30 Prozent) ist noch teurer. Die Statistikbehörde der Europäischen Union, Eurostat[71], hat erhoben, dass stark überhöhte Preise vor allem in Ländern mit großer Machtkonzentration in Händen weniger Konzerne die Regel sind. Besonders krass ist der Unterschied zu anderen Mitgliedstaaten übrigens bei dem, was alle brauchen:

Grundnahrungsmittel.

Fleisch rangiert in Österreich um 46 Prozent über dem europaweiten Schnitt. Für eine qualitätsbewusste Käuferschicht ist das eine auf den ersten Blick positive Nachricht, da ein höheres Preisniveau für generell höhere Qualität spricht. Doch der Schein trügt. Fleisch aus Österreich – vor allem im Billigsegment und bedingt durch die fehlende Kennzeichnung – ist im EU-Vergleich längst nur noch (besserer?) Durchschnitt, nicht mehr. Somit spricht der erhöhte Preis nicht für höheres Tierwohl, sondern allein für eine höhere Marktkonzentration als anderswo.

An diesem Preisgefüge ändern auch die Rabattschlachten nichts, so widersinnig das vielleicht klingen mag. Was die ruinösen Kilokampfpreise (Huhn, Schwein) von 3 bis 4 Euro im Regal aber sehr wohl bewirken (1 Kilo des Industrie-Chemieproduktes Ketchup kostet oft mehr, desgleichen Katzenfutter), ist eine weitere Verschärfung der Schieflage, was die Wertigkeit und Wertschätzung von Produkten angeht – mit verheerenden Folgen für Tiere, Qualität und Umwelt (dazu mehr in Kapitel 7).

Allfällige „Verluste“ durch Schleuderaktionen nehmen die Konzerne hin, denn für den Ausgleich in den Bilanzen sorgt das übrige Angebot im Segment mit entsprechend erhöhten Preisen. Das führt aber nicht zu höherer Qualität oder fairen Erzeugerpreisen, sondern lediglich zu gesteigerten Margen des Handels. So kommen beispielsweise von einem Kilo Schnitzelfleisch (Schwein) nur 15 Prozent beim Bauern an. Noch krasser ist die Diskrepanz bei Obst. Ein Kilo Äpfel (Tafelobst), das im Handel für 2,50 Euro und mehr angeboten wird, bringt dem heimischen Apfelbauern 15 bis 20 (!) Cent, und für Pressware sind es überhaupt nur 8 bis 9 Cent. Brot kostet hierzulande im Geschäft um 35 Prozent mehr als in der restlichen EU, auch Milch und Eier sind deutlich teurer. Nur Zigaretten und Alkohol sind geradezu billig, liegen teils kräftig unter dem Mittelwert.

Argumentiert wird das generell hohe Preisniveau für Lebensmittel mitunter mit den Einkommen im reichen Österreich, dem großen Bio-Anteil nebst allgemein stärkerer Nachfrage nach Qualität, der alpinen Lage (teure

Anlieferung), den höheren Personal- und Filialkosten aufgrund der vielen Supermärkte, der höheren Mehrwertsteuer. Außerdem würde der höhere Anteil an Aktionen hierzulande wie auch die Rabatte dank Kundenkarten nicht einbezogen, überhaupt seien Vergleiche absoluter Preise heikel, wie ein Wifo-Experte mit diesem Argument zu belegen glaubt:

„Wenn ein Grieche einen Kleinwagen kauft und ein Deutscher einen BMW, beides aber als Auto gewertet wird, liegen die Preise für Autos in den beiden Ländern natürlich weit auseinander.“[72]

Nun ja, ganz so simpel es nicht. Das ist nicht einmal die halbe Wahrheit, wir kommen noch darauf zu sprechen.

Doch zurück zu dem Beispiel mit den Erdbeeren: Heute läuft der Rabatthase anders. Rabattaktionen gibt es heutzutage nicht, weil mehr Ware auf dem Markt ist. Supermärkte erzwingen Preisaktionen, weil gerade Saison ist – nein, Rabatte haben immer Saison. Egal, wie gut oder schlecht die Ernte ausfällt.

Fazit: Auch bei geringerer Kapazität muss mehr Ware her, solange die Aktion läuft. Oft so kurzfristig, dass es nicht klappt und die Regale mit der vergünstigten Ware bald leer geräumt sind. Der gewünschte Effekt, Kunden ins Geschäft zu locken, ist dennoch erzielt.

Zugleich rasselt der Erzeugerpreis noch weiter nach unten, der Produzent/Lieferant erhält für weniger Ware weniger Geld. Der Schaden ist ein doppelter, das Marktgesetz, verknapptes Angebot steigere den Preis, außer Kraft gesetzt und ins Gegenteil gekehrt. Überhaupt ist die Tendenz, Ware möglichst unter dem Erzeugerpreis zu kriegen, bei den Chefeinkäufern der Riesen zum Volkssport geworden.

Der Kunde kriegt von alledem nichts mit und erliegt dem Charme der Geiz-ist-geil-Botschaft, die schließlich immer Saison hat:

Kauf zwei, zahl eins.

Billige Kopien und Jäger des Originals

Sie fehlen noch als schlagkräftiges Instrument im Kampf um Marktanteile und Gewinnmaximierung: die Eigenmarken.

War es in den Anfängen so, dass fast ausnahmslos etwa einen Hofer aufsuchte, wer knapp bei Kassa war und jeden Cent zweimal umdrehen musste (oder sich Markenware leisten konnte, doch aus genereller Spargesinnung hinging), setzte bald eine Trendumkehr ein. Nicht länger waren es bloß Diskonter, die (fast ausschließlich) auf Eigenmarken setzten. Rewe, SPAR und die anderen Großen zogen kräftig nach.

Mittlerweile brummt das Geschäft mit den Hausmarken wie nie. Der *Verein für Konsumenteninformation* (VKI) hat im Jahr 2000 am Beispiel Naturjoghurt einen Eigenmarken-Anteil von knapp einem Viertel feststellt. 2011 betrug der Anteil (nun beim Erdbeerjoghurt) bereits die Hälfte, Tendenz stark steigend. Heute beträgt der Wert in diesem Segment bald zwei Drittel. Achten Sie bei Ihrem nächsten Einkauf einmal bewusst darauf, Sie werden staunen angesichts der Übermacht von *Clever, Natur pur* und Co.

Doch nicht für alle verheißt das auch einen guten Deal. Die Produzenten der Kopien sind oft dieselben wie jene der Markenwaren (ein vergleichender Blick auf Anschrift von Warenlager, Firmensitz, Postleitzahlen, Nährwerte, Inhaltsstoffe etc. im Kleingedruckten genügt oft schon als Beleg). Auch die Produkte selbst sind bisweilen ident oder unterscheiden sich in der Rezeptur nur um Nuancen, die der Kunde nicht feststellen kann. Die Hersteller streiten das auch nicht länger kategorisch ab, und das Netz ist voll von Beispielen.

Bloß, warum machen die das? Konkurrenz aus dem eigenen Haus?

Es ist wie mit der Wahl zwischen Pest und Cholera. Die Pest für den, der nicht mitmacht und vor einbrechenden Umsatzzahlen steht, weil die Handelsriesen sich an andere Fabriken wenden und dort sehr ähnliche Produkte erhalten. Die Cholera für den, der mitmacht, seine Fertigungsstraßen so wenigstens auslastet und auf Basis einer Mischkalkulation aus billig und teuer über die Runden zu kommen hofft – allerdings mit der latenten Gefahr, die Kopie könnte das Original eines Tages völlig ersetzen.

Genau das geschieht immer öfter. Die Reihen der Markenartikel lichten sich, der Schwund samt Verlust von Vielfalt ist eklatant, während der Anteil der Eigenmarken steigt und steigt, ja, manche Warengruppen bereits ausschließlich mit ihnen bestückt sind. Einzig die absoluten Klassiker haben (noch) eine Art Überlebensgarantie, nicht ganz so bekannte „Mittelmarken" haben seit der Jahrtausendwende mehr als 40 Prozent eingebüßt.

Wie es weitergeht?

Die Erziehung der Kundschaft durch die Werbestrategen der Handelsriesen ist inzwischen so weit fortgeschritten, dass die meisten Konsumenten bestenfalls geringfügige oder gar keine Unterschiede zwischen Markenartikel und Eigenmarken auszumachen glauben. Eine Einschätzung, die in puncto Warengüte nach einer deutschlandweiten Untersuchung auch die *Stiftung Warentest* teilt, was jedoch nicht verwunderlich ist, wenn mehr oder weniger dasselbe drinnen ist. Im Bio-Segment ist es überhaupt so, dass Eigenmarken (Marktanteil knapp 50 Prozent) neuerdings in der Käufergunst besser dastehen als Markenartikel, in der Überzeugung, sie seien höherwertiger und wohlschmeckender.

Wer heute zu Eigenmarken greift, tut dies nicht allein des Preises wegen. Längst werden Kundenwünsche auf allen Preis- und Qualitätsebenen befriedigt, vom Billigstprodukt bis zur Premiumware. Ja, die antrainierte Akzeptanz reicht indessen so weit, dass im Rahmen der Studie *Meaningful Brands* dieser ernüchternde Befund zutage trat: *77 Prozent aller Marken können verschwinden – und niemanden interessiert's!*

Seitens der Handelskonzerne wird beschwichtigt, von sukzessivem Verdrängen könne keine Rede sein. Frank Hensel, erst Vorstandsvorsitzender, dann Aufsichtsrat der Rewe-Group: „Eigenmarken müssen genauso ihre Erwartungen erfüllen, sonst fliegen sie raus."[73] Sie seien auch nicht aus philosophischen Gründen eingeführt worden, sondern als Reaktion auf Kundenbedürfnisse. Dennoch würden gute Marken sich gegenüber Handelsmarken immer durchsetzen.

Die Zahlen sprechen eine andere Sprache, zumal die Vorteile der Hausmarken auf der Hand liegen. Eigene Produktgruppen werden in allen Konzernmärkten durchgelistet, die Werbung ist viel billiger. Zusätzlicher Umsatz wird erreicht, wenn die Kopie direkt neben dem Original steht. In teurer Bestlage im Regal. Zum halben Preis. Oder darunter. Neue, innovative Produkte indes haben es schwer, überhaupt einen Platz zu ergattern.

Was der Vormarsch der Eigenmarken auch belegt: Die Produzenten dahinter werden zunehmend austauschbar.

Erpressbar wegen Verderblichkeit der Ware

Gegen die Praktiken des Handels vorzugehen, etwa zivilrechtlich wegen unlauteren Wettbewerbes oder Bruchs von Vereinbarungen zu klagen, ist nur in der Theorie eine Möglichkeit. Stattdessen nehmen Erzeuger/Lieferanten Knebelverträge hin, treten die Flucht nach vorne an und setzen nur noch mehr auf Masse, investieren weiter, um irgendwo knapp über der Selbstkostendeckung zu bilanzieren. Oft genug aber nicht einmal das. Der Preisdruck wächst und wächst und geht letztlich zu Lasten von Haltungsbedingungen bei

Tieren, Qualität und Verdienst. Eigene Vertriebsschienen aufzubauen, ist äußerst aufwendig und zumeist keine realistische Option. Einmal in den Mühlen der Supermärkte, geraten vormals kerngesunde Betriebe immer tiefer in die tödliche Spirale einer wachsenden Abhängigkeit.

Viele Landwirte schmeißen in der Not alles hin, die Hofaufgaben schreiten rasant voran (siehe Kapitel 9). Wer sich dennoch durchbeißt, weitermacht und aufbegehrt, hat ebenfalls verloren in diesem Hochrisikospiel mit dem Bankrott. Und so schwebt über dem verschwiegenen Erdulden der systematischen Erpressung eine jeden Widerstand brechende Keule, die diesen Namen trägt:

AUSLISTUNG

In der freien Marktwirtschaft wird mit harten Bandagen gekämpft, und Auslistungen drohen jedem Produzenten in jeder Branche. Doch der Lebensmittelhandel ist insofern speziell, als es hierbei um die Grundversorgung der Menschen geht und gerade die Verderblichkeit vieler Waren den Grad der Erpressbarkeit noch einmal bedeutend steigert, weil über Produzenten das Damoklesschwert eines baldigen Totalverlustes schwebt.

Als Produzent/Lieferant bei Preisverhandlungen mehr als angeboten zu verlangen, heißt oft genug: Du bist raus! Geschasst mit der Erkenntnis, jederzeit ersetzbar zu sein. Auf den freien Platz im Regal warten fünf andere, nein, zehn. So berichtet ein heimischer Bio-Bauer, der direkt an einen Supermarkt liefert, er sei nach seiner höflich vorgetragenen Bitte um leichte Preisanhebung für ein Jahr aus den Regalen geflogen, habe ein Drittel des Jahresumsatzes eingebüßt und hinterher, bei gnädiger Wiederaufnahme, noch einschneidendere Zugeständnisse machen müssen. Ein anderer hat mir erzählt, ein Vertreter des Konzernes habe nicht mit dem Zaunpfahl gewinkt, sondern ihn damit gleichsam erschlagen, ihn im Wortsinne bei der Hand genommen, vor die günstigere Ware ausländischer Mitbewerber geführt und gefragt:

„Willst du immer noch einen anderen Vertrag?“

Ein Produzent aus Oberösterreich, der natürlich anonym bleiben will, berichtete in einem Zeitungsinterview von der Scheibchentaktik, mit der Produzenten Rabatte abgepresst werden. „Da sitzt du zwei, drei Managern gegenüber, die dir sagen, was Sache ist. Stellst du dich quer, weil du es finanziell nicht mehr packst, heißt es: Passt, danke, rechnen Sie mit der Auslistung.“

Selbstsicheres Auftreten ist auch bei vormaligen Kaisern der Branche längst passé, Jahresgespräche mit Konzernführungen gleichen einem Spießrutenlauf. Daran hat sich auch nichts geändert, seit bei den Konzernen eine neue, jüngere Managergeneration am Ruder ist. Ja, selbst bei den einzelnen Verbänden (wiewohl selbst keine Zulieferer) will man über die Machenschaften nur im Verborgenen sprechen und keinesfalls zitiert werden. Das Prinzip der Erpressung bleibt dasselbe, die Angst ist allgegenwärtig, genährt mitunter durch Erinnerungen an die Causa Neuburger, als der Leberkäse des traditionellen Feinkostherstellers aus dem Mühlviertel nach Streitereien mit BILLA[74] für zwei Jahre aus den Fleischtheken verschwunden war.[75]

Gibt es tatsächlich niemanden, der sich traut?

Einer der Wenigen, der den Mut aufbringt, öffentlich gegen die Konzerne anzustehen, ist Olaf Feuerborn, ein deutscher Biogemüsebauer mit ebenfalls einschlägigen Erfahrungen (schließlich sprechen wir hier von einem globalen und nicht inner-österreichischen Phänomen). Auch ihm wurden regelmäßig Ladungen (z. B. Radieschen) zurückgebracht, die er hinterher wegschmeißen musste. Schaden pro Fall: 15.000 Euro. Feuerborn hat jedoch einen entscheidenden Vorteil: Er ist nicht bloß politisch aktiv und Vorsitzender des Bauernverbandes Sachsen-Anhalt, sondern hat es geschafft, sich aus der Umklammerung der Handelsriesen zu lösen. Er liefert nur noch an verarbeitende Betriebe oder vermarktet direkt.

Das neue Gesetz und die Knebelliste

Auf EU-Ebene sind die Praktiken von Lebensmitteleinzelhandel und Industrie seit Jahren Thema, geschickter Lobbyismus hat jedoch eine verträgliche Lösung stets vereitelt.

Dann aber, vor vier Jahren, war es soweit: Brüssel brachte die UTP (*Unfair Trading Practices*)-Richtlinie 2019/633 auf den Weg, ein von allen Mitgliedsstaaten umzusetzendes Gesetz, das eine Reihe von Praktiken verbot – angefangen von verspäteten Zahlungen bis hin zu einseitigen Abänderungen von Verträgen, kurzfristigen Stornos verderblicher Erzeugnisse, Zahlungen, die nicht in Verbindung mit dem Verkauf von Agrar- und Lebensmittelprodukten stehen, und einiges mehr. Auch vom Lieferanten unverschuldete Qualitätseinbußen oder Verlust nach Übergabe durften nicht länger in Rechnung gestellt werden. Und: Der Lieferant hat von nun an (kaum zu glauben, dass es bisher nicht so war) das Recht, sämtliche Lieferkonditionen schriftlich ausgefertigt zu bekommen.

Klingt nach einem ziemlich großen Wurf.

Wer nun vermeint, der Handel habe eingelenkt, ist auf dem Holzweg. Der Kreativität sind auch hier keine Grenzen gesetzt. Ersatz-Konzepte wurden aus der Schublade geholt, die im Wesentlichen einer Umbenennung altbewährter, nun verbotener Praktiken entsprechen. Die global agierende Nothilfe- und Entwicklungshilfeorganisation *Oxfam* hat eine Knebelliste[76] solcher unausgesetzt gepflogener Methoden erstellt, zu lesen unter der Prämisse, dass Produzenten und Lieferanten nach wie vor eine Fülle von „Zusatzvereinbarungen" mit teils fantasievollen Bezeichnungen hinnehmen, aus Angst, ausgelistet zu werden.

Hier ein kleiner Auszug:

- **Abschriftenbeteiligung:** wenn Ware nicht vor Ablauf des Haltbarkeitsdatums verkauft wird, also buchhalterisch abgeschrieben werden muss
- **Ausgleichsrabatt:** wenn Abverkaufszahlen hinter der Erwartung des Handels zurückbleiben
- **Bruchpauschale:** Pauschale für Ware, die im Hoheitsgebiet des Supermarktes (!) beschädigt wird
- **Bürgschaftsgebühren:** wenn der Supermarkt seine Liquidität absichern will
- **Category Management Bonus:** für die Entwicklung von Shop-Konzepten
- **Differenzierungsbudget:** wenn Mitarbeiter des Handelsriesen sich mit dem Sortiment des Lieferanten beschäftigen (müssen)
- **Distributionsbonus:** dafür, dass die Ware überhaupt verkauft wird
- **EAN-Code-Pflege:** Prüfung des Strichcodes
- **Ertragsausgleich:** wenn Erträge aus Sicht des Handels zu gering ausfallen
- **Jahrespauschale:** eine vorab einbehaltene Gebühr für die gute Kooperation und den erfolgreichen Abverkauf
- **Kundendialograbatt:** ein besonderes Sprachzuckerl, weil es hier nicht, wie man vermuten könnte, um einen allfälligen Dialog zwischen Mitarbeitern und Kunden geht, worin Produkte angepriesen oder erklärt werden, sondern um die Treuepunkte-Aktionen
- **Lagerführungsgebühr:** selbsterklärend
- **Liefermengenausfallrabatt:** wenn der Handel sich gegen das Risiko eines Lieferausfalls absichern will
- **Marketingpauschale:** wird bei Aktionen eingehoben, an denen das Produkt des Lieferanten NICHT teilnimmt (bloß seine „Kategorie")
- **Partnerschaftsbonus:** siehe Distributionsbonus
- **Politische Partnerschaft:** Zahlungen, die der „allgemeinen Unterstützung der Bio-Branche" dienen

- **Positionsrabatt:** eine universelle Form von Rabatt, um den Preis zu drücken
- **Preiserhöhungsunterstützung:** wenn der Handel das Risiko einer Preiserhöhung nicht selbst tragen will
- **Rechnungsrabatt:** eine Summe im einstelligen Prozentbereich, die mehr oder weniger nach Belieben vom Listenpreis abgezogen wird
- **Rücknahmevereinbarung:** Restmengen müssen nach grundloser Auslistung zurückgenommen werden
- **Rückwirkende Konditionenänderungen:** jetzt verbotene, doch immer noch übliche einseitige Vertragsänderungen samt Zahlungen am Ende des Geschäftsjahres
- **Transportverpackungspauschale:** für die Entsorgung von Paletten und anderem Verpackungsmaterial

Das Geschäft mit Zusatzeinnahmen blüht wie eh und je, desgleichen das zerstörerische Preisdrücken, und so zeigt sich in der Praxis, dass die neuen Vorschriften nicht mehr sind als der Versuch, eine riesengroße Fleischwunde mit ein paar winzigen Pflasterchen zu versorgen.

Einzig Frankreich geht bisher einen Sonderweg. Dort wurde, ebenfalls 2019 und ehe Brüssel anfing Druck zu machen, ein Gesetz gegen Preisdumping erlassen. Es besagt, dass Produkte um mindestens zehn Prozent über Einkaufswert verkauft werden müssen. Nicht das Gelbe vom Ei, doch aus eigener nationaler Initiative geboren und ein Anfang, der die krassesten Auswüchse der Rabattschlachten eindämmt, allerdings mit dem für Konsumenten unangenehmen Nebeneffekt, dass sie zumeist die zehn Prozent tragen müssen, weil vieles teurer wurde.

Fragt sich bloß noch: Wie hat Österreich reagiert?

Wo Hilfe draufsteht, ist nicht immer Hilfe drin

Das Büro für Fairness

Das (offizielle) Österreich hat getan, was es bei Vorgaben der EU-Kommission gerne tut: totstellen und erst bewegen, wenn saftige Strafen aus Brüssel winken. Und so erfolgte die Umsetzung der UTP-Richtlinie gleichsam im letzten Abdruck per 1.1.2022 mit der Novelle des Nahversorgungsgesetzes.

Auf den Tag genau zwei Monate später, am 1. März, setzte eine alles in allem wenig gelungen agierende Ministerin Elisabeth Köstinger kurz vor ihrem Abtritt von der politischen Bühne eins drauf und entließ sinngemäß die Jubelmeldung in die Welt, man würde nicht nur knallharte Gesetze zum Schutz der Bauern und Lieferanten beschließen, sondern einen Schritt weiter gehen – mit einem eigens ins Leben gerufenen *Fairness-Büro*, das Betroffenen endlich zu ihrem Recht verhelfe.

Die Wahrheit ist: Eine anonyme Beschwerdestelle für unlautere Handelspraktiken (nichts anderes ist das Fairness-Büro) einzurichten, war weder Genieblitz noch Good-will-Aktion der österreichischen Politik und auch kein ehrlich gemeintes Zähnefletschen in Richtung der Handelsriesen, sondern eine die erwähnten Verbote begleitende Vorgabe aus Brüssel. Auch das fast schon in Robin-Hood-Manier tönende Poltern Köstingers via Medien in Richtung der Lebensmittelkonzerne, sie mögen endlich einen fairen Umgang mit Zulieferern pflegen, ist meines Erachtens letztlich nichts als Effekthascherei und Spiegelfechterei. Schließlich ist/war sie Teil eines Systems, das es über Jahrzehnte nicht nur verabsäumt hat, etwas dagegen zu unternehmen, sondern im Gegenteil den Konzernen in die Hände gespielt, um nicht zu sagen gemeinsame Sache gemacht hat.

Sei´s drum. Die Ministerin fand Anlass zum Jubel und streute dem Leiter des neuen Büros in einer Pressemeldung Rosen:

„... der im Rahmen eines transparenten Ausschreibungsprozesses aufgrund seiner langjährigen landwirtschaftlichen Erfahrung und Expertise im Bereich der Lebensmittelkette von einer Begutachtungskommission als in höchstem Ausmaß geeigneter Kandidat erstgereiht wurde.“[77]

Könnte das nicht auch daran liegen, dass der neue Leiter als Ex-Bauernbunddirektor, Ex-Kabinettchef bei Minister Franz Fischler und später Sektionschef im Ministerium ein treu ergebenes ÖVP-Urgestein ist? Wir wissen es nicht, so transparent im Sinne von öffentlich ist der Ausschreibungsprozess dann auch wieder nicht.

Die Homepage[78] des Fairness-Büros tritt die großmundige Behauptung der Ministerin, dass den üblen Praktiken nun ein gesetzlicher Riegel vorgeschoben sei, sie der Vergangenheit angehörten, entsprechend breit, und so habe ich mir erlaubt, dem Leiter des Fairness-Büros und seiner Arbeit nach den ersten sieben Monaten auf den Zahn zu fühlen und Ende September 22 gefragt:

- Wie viele Hinweise sind seit März bei Ihnen eingegangen?
- Wie viele ließen sich konkretisieren?
- Gibt es bereits anhängige Verfahren? Wenn ja, wie viele?
- Gibt es womöglich auch schon erste Bußgelder? Wenn ja, in welcher Höhe?

(Anm.: Das neue Gesetz sieht in Österreich bis zu 500.000 Euro pro Anlassfall vor, in Deutschland 750.000 Euro, Peanuts für die milliardenschweren Konzerne, wie Kritiker anmerken.)

Zur Antwort bekam ich diverses Blabla in Sachen Unabhängigkeit und Weisungsfreiheit und Vertraulichkeit, das nahezu wortgleich auf der Homepage zu finden ist, und darüber hinaus dies:

„*… dabei werden nicht nur die Beschwerdeführer in ihrer Sache beraten, sondern anschließend die Beschwerdefälle und auch das spezifische Branchenverhalten analysiert. Weitere Tätigkeitsbereiche sind im Moment im Aufbau. Die Vergleichbarkeit der UTPs mit anderen Mitgliedsstaaten wird in regelmäßigen Treffen evaluiert, und es zeigt sich, dass sich die derzeitige wirtschaftliche Situation in den Anfragen und im Verhalten europaweit widerspiegelt. Ausführliche Details zu laufenden Verfahren und zum Branchenverhalten einzelner LEH* (Anm.: Lebensmitteleinzelhändler) *können insbesondere aufgrund Verschwiegenheitsverpflichtung nicht genannt werden.*
Beste Grüße!“

Fairness-Büro

Zahnloses Verwalten oder bissiges Einschreiten?

Natürlich habe ich nachgehakt. Ich wollte ja nur Zahlen wissen und nicht veröffentlichen, dass namentlich der Huber-Bauer dem Supermarkt B oder H oder S ans Bein pieselt, weil das tatsächlich ein Bruch der Verschwiegenheit und vor allem existenzvernichtend wäre. Nein, bloß nackte, unverfänglich allgemeine und doch konkret erhellende Zahlen, in welchem Ausmaß das Fairness-Büro im Ministerium angefragt wird und hilft. Auch um ein Interview habe ich gebeten.

Antwort?

Schweigen.

PS.: Die Krux mit dem *unabhängigen und weisungsfreien Fairness-Büro* (aus dem ich nie wieder etwas gehört habe) und seiner Schlagkraft im Kampf gegen die Handelsriesen ist mitunter diese: Die Institution ist zahnlos wie ein Neugeborenes, hat keinerlei rechtliche Befugnis, kann bloß, was ein guter Freund oder sonst wer auch kann: beratend zur Seite stehen und eine neutrale Einschätzung des Falles geben. Weder spricht es Bußgelder aus, noch erhebt es Anklage. Stattdessen macht es, was sich in der Verwaltung seit jeher bewährt hat: vertrauliche Informationen sammeln und evaluieren.

Gewiss, auf Wunsch wird eine Art Streitschlichtung oder Mediation angeregt (nebst Hilfe bei der Kontaktaufnahme, jedoch ohne rechtliche Vertretung bei allfälligen Verfahren) oder der Weg zum Kartellamt empfohlen (falls jemand nicht weiß, was und wo das ist) – allerdings auf Kosten der Anonymität. Damit ist dann Schluss. Wer den Mund aufmacht, muss es unter eigenem Namen tun und vor den Vorhang treten.

Was dann passiert, wissen wir.

6

Der Konsument am Nasenring

Die Methoden der Lebensmittelindustrie

Tricksen bis zum bitteren Ende

Wir sehen: Das Los eines Lieferanten, der auf echte, erdige, ehrliche Arbeit setzt, könnte einfacher sein. Indes, die Methoden der verarbeitenden Betriebe wie z. B. Molkereien oder der Supermarktriesen sind das eine, die bis ins Kleinste perfektionierten, ja perfiden Herstellungsverfahren und Täuschungsmanöver am Kunden das andere.

Bilder vollautomatisierter Fertigungsstraßen sind uns aus dem Fernsehen wohlvertraut. Sie ertragen wir gerade noch, schließlich leuchtet es ein, dass die Versorgung so vieler Menschen um eine Systematisierung in der Produktion nicht umhinkommt. Wir denken nicht darüber nach, und solange alles nach gesetzlichen Standards bei Hygiene, Sicherheit etc. läuft und keine neuen Skandale in den Medien aufpoppen, sind wir – einigermaßen – beruhigt.

Mulmig zumute wird uns erstmals, sehen wir etwas genauer hin, ohne deshalb gleich an das massenhafte Leid in den Tierfabriken denken zu müssen. Schon erfahren wir von mit Früchten und Vanille bebilderten Teepackungen und Teebeuteln, die nicht einmal Spuren derselben aufweisen. Wir ahnen, es könnte wesentlich mehr Himbeer-Joghurts geben als echte Himbeeren, um sie zu befüllen. Wir denken mit Schaudern zurück, als Fertig-Lasagne anstelle von Rind, wie behauptet, bis zu 100 Prozent Fleisch ausgemusterter rumänischer Pferde[79] enthielt und auch Tiefkühlgulasch, Ravioli und Bolognese von dem Skandal betroffen waren. Heute noch empört uns, wie viele Jahre lang Kürbiskerne aus China[80] als steirische verkauft wurden, ehe diesem Täuschen aller Freunde heimischen Kernöls 2021 ein Riegel vorgeschoben wurde und wir dank Wissenschaftlern der Montan-Universität in Leoben wissen: Selbst Kernöl besitzt eine Art Fingerabdruck, der anhand von Spuren seltener Erden auf diese oder jene Herkunft verweist.

Dass der Käse auf der Pizza aus dem Labor und nicht aus dem Reifekeller stammt, haben wir schon mal gehört. *Analogkäse* nennt sich das. Seine „Reifezeit" endet nach ein paar Minuten, dann, wenn die zum unschlagbar niedrigen Preis verwendeten Zutaten in riesigen Mischtrommeln zu einer anfangs ziemlich dickflüssigen Masse „verwurstet" sind.

Die Zutaten sind diese:

- Pflanzliches Fett als Milchersatz: Zumeist ist nur ein geringer Milchanteil vorhanden, der Rest ist aus minderwertigen, gehärteten pflanzlichen Ölen (in der veganen Variante fällt die Milch gänzlich raus)
- Tierisches Eiweiß (vegan rein pflanzlich, z. B. aus hochverarbeiteten Erbsen, die in einem Cracking genannten Verfahren in ihre kleinsten Teile aufgespaltet werden. Die sich ergebenden „Nebenprodukte" werden in der Industrie wie feinster Balsam gehandelt; kein Wunder, dass das Verfahren auch bei Eiern, Milch, Kartoffeln, Soja, Mais und Weizen zur Anwendung kommt.)
- Wasser
- Emulgatoren: Sie helfen zu mischen, was sich auf natürlichem Wege nicht mischen lässt.
- Geschmacksverstärker, Aroma- und Farbstoffe
- Diverse andere Zusatzstoffe: Unter ihnen auch Schmelzsalze, die den „Käse" geschmeidig und homogen wirken lassen.

Der König der Weißmacher

An die 330 Zusatzstoffe für Lebensmittel sind europaweit zugelassen, folglich sind sie im Essen – ob es uns schmeckt oder nicht – allgegenwärtig. Viele, insbesondere jene mit den E-Nummern, stehen im Verdacht, Allergien, Asthma, Krebs, Neurodermitis oder Gefäßerkrankungen auszulösen, erlaubt sind sie dennoch.

Wir nehmen sie morgens, mittags und abends zu uns. Unklar ist bis dato, inwiefern es zu Wechselwirkungen kommt, wenn wir dem Körper etwa zum Frühstück drei und zum Abendmahl fünf solcher Substanzen zumuten. Warnungen vor unabsehbaren Folgen wie auch Forderungen nach strengeren Gesetzen verhallen ungehört. Zu mächtig ist die Industrielobby, zu fett der milliardenschwere Kuchen, den uns die Hexer aus den Industrieküchen servieren.

Eines der erklärten Schreckgespenster, das immer und überall zu finden ist/war, trägt die Kennzahl E 171 – Titandioxid, König der Weißmacher. Jede/r von uns hat E 171 schon x-fach gegessen (z. B. über Kaugummis). In mindestens 48 (!) Lebensmittelkategorien ist der kleine Weißmacher seit Jahrzehnten im Einsatz – ob bunte Streusel, Kuchenglasur, Salatsauce, Mayonnaise oder Schmelzkäse. In Sonnencreme, Wandfarben und dergleichen finden wir ihn ebenfalls.

Ein Slogan der Hersteller lautet:

„Er ist unsichtbar, aber überall!“

Harmlose Winzlinge oder Zeitbombe?

Unsichtbar ist er in der Tat, krebserregend mit großer Wahrscheinlichkeit auch, wie Studien seit Jahren in den Raum stellen und die Fachzeitschrift *Nature* bereits 2017 berichtete.[81] Ein Experte in Sachen Erbgut-Veränderung[82] ist dieses E 171 obendrein. Doch damit nicht genug.

Als Frankreich 2020 als erstes (vorerst einziges) Land in Europa ein Verbot von E 171 erließ, war die Aufregung bei der Titandioxid-Lobby groß. Der mächtige Industrieverband Cefic (*Chemical Industry Council*) befürchtete, ein EU-weites Verbot könnte den Stein ins Rollen bringen, weitere Beschränkungen für andere Zusatzstoffe nach sich ziehen. Der Schaden eines solchen Flächenbrandes für die Industrie wurde mit 270 Milliarden Euro beziffert. Insbesondere die Kunststoff- und Farbensparte stieg auf die Barrikaden, folglich verlautete ein Sprecher des Cefic: „Das Verbot in Frankreich stützt sich auf keinerlei Beweise. E 171 ist ein sicheres Produkt, das ist unbestreitbar.“

Als Beleg dieser „unbestreitbaren Sicherheit“ dienten von der Industrie beauftragte Studien. Zudem, hieß es, habe die *Europäische Behörde für Lebensmittelsicherheit* (EFSA) keinerlei Einwände gegen Titandioxid. Von darin enthaltenen Nanopartikeln wollte man nichts wissen. Den (nennen wir es) *technischen Schwächen* der Industriestudien zum Trotz erbrachten unabhängige Wissenschaftler indes diesen Beweis:

E 171 strotzt nur so vor Nanoteilchen in unterschiedlicher Größe.

Was ist daran so schlimm? Hat Nanotechnologie nicht vorwiegend Nutzen? Erhöht die Manipulation von Stoffen auf atomarer bzw. molekularer Ebene nicht die Eigenschaften von Produkten bei Leit- und Reaktionsfähigkeit, Zug- und Bruchfestigkeit – von Textilien über Kosmetika bis hin zu Baumaterialien?

Das ja. Nanoteilchen schaffen es aber auch, dank ihrer Winzigkeit im Zehntausendstel-Millimeter-Bereich Schranken zu durchbrechen, die sie nicht durchbrechen sollen. In unlöslicher, nicht abbaubarer und ungebundener Form gehen sie buchstäblich durch Wände, dringen über Lunge, Haut, Schleimhäute, Riechnerv, Magen-Darm-Trakt etc. in uns ein. Nehmen wir sie freiwillig übers Essen auf, haben sie überhaupt leichtes Spiel. Bei Versuchen mit Ratten schafften sie es binnen einer (!) Stunde durch die Magenwand in den Blutkreislauf. Die Folgen für uns Menschen sind unerforscht, doch von Ratten wissen wir: Nanopartikel lösen Vorstufen von Krebs aus, und das in ziemlich hohem Tempo.[83] Außerdem schädigen sie Leber, Nieren und Milz. Das weiß man bereits seit 2014, nachdem 16 Studien über einen Zeitraum von 20 Jahren zusammengefasst worden waren.

Im Fall von E 171 rang sich die EFSA dann doch gegen alle Widerstände dazu durch, das Verbot Frankreichs nicht bloß (weil nationaler Alleingang) nicht zu kippen, sondern per 7. August 2022 auf Europa auszuweiten.[84] In den USA oder China sieht es anders aus. Dort bleibt E 171 im Einsatz, zuzeiten eines globalen Warenverkehrs, der uns Fertigprodukte aus aller Welt hereinspült, keine beruhigende Nachricht.

Die Sorgen der Industrie waren unbegründet, die Lobbyarbeit von Erfolg gekrönt. Mit Ausnahme von E 171 blieben alle übrigen Zusatzstoffe erlaubt – so auch das hochverdächtige E 551, das synthetisch hergestellt wird und – voll mit Nanoteilchen – als Trennmittel, Füllstoff und Rieselhilfe etwa bei Gewürzen weit verbreitet ist.

Bei Bio-Produkten übrigens auch.

Das Experiment

Muss das sein? Ginge es nicht ohne oder mit weniger Zusatzstoffen?

Ja, sagen Ernährungswissenschaftler. Die meisten wären verzicht- oder ersetzbar. Doch wären dazu klinische Studien vonnöten, die

a) ungemein viel Geld kosten,
b) die Verarbeitungsabläufe sämtlich auf den Kopf stellen und
c) genau deshalb die Industrie nicht interessieren.

Exemplarisch für so gut wie alle Produkte der Lebensmittelindustrie seit den 1970er-Jahren hat ein französisches Fernsehteam in einer Doku (in der deutschen Fassung unter „Mahlzeit – Hexenküche Lebensmittelindustrie“[85] ausgestrahlt) ein spannendes Experiment gemacht. Mithilfe von Lebensmitteltechnikern wurde eine sehr geschätzte Speise exakt so nachgebaut, wie sie als Fertiggericht in den Kühlregalen liegt:

das *Cordon Bleu*.

Gewählt wurde die „gesündere“ Version, sprich: vom Huhn. Das gute alte Rezept sieht fünf bzw. sechs Zutaten vor: Fleisch, Schinken, Käse, Ei, Semmelbrösel + Mehl (Paniermehl). In der Retortenversion sind es an die 30 Zutaten. Der „Käse“ ist selbstredend analog (zehn Zusatzstoffe), der Schinken tatsächlich einer, doch in Billigstausführung (fünf Zusatzstoffe). Bei der Panade sieht es nicht viel besser aus. Und das Fleisch? Ist wenigstens das echt im Sinne eines ganzen Stücks?

Schön wär's.

Muskelfleisch (Keule) und Flügel (samt Haut zwecks Fettgehalt und Geschmack) werden zu breiiger Masse geschreddert, die hinterher mit allerlei Zusätzen angereichert wird: Weizenfasern und Zucker zum Binden von Wasser (sonst würde der Brei auseinanderfallen), ferner Sojaprotein, Gelier- und Verdickungsmittel.

Nicht bloß das Gefühl, nein, auch der Blick durchs Mikroskop bestätigt: Von Fleisch im Sinne einer natürlich-faserigen Struktur kann man nicht länger sprechen. Vielmehr handelt es sich um ein Baukasten-Produkt.

Warum das alles? Allein des Preises wegen? Sind daher teure Produkte tatsächlich qualitativ hochwertiger oder einfach bloß besser vermarktet? Wie verhält es sich mit der Rückverfolgbarkeit unseres Essens? Sind wenigstens jene Grundnahrungsmittel besser, deren Herkunft sich nachvollziehen lässt? Allesamt Fragen, die uns beschäftigen sollten beim Blick auf Industrieware wie die beschriebene (wir kommen noch näher darauf zu sprechen).

Die Kosten sind jedenfalls ein starkes Argument. Schließlich belaufen sich die Zutaten für ein Kilo dieses (mit fröhlichen Hühnern auf der Verpackung beworbenen) Industrie-Cordon-Bleus auf zwei Euro. In der Echt-Version ist es fünfzehnmal (!) so teuer. Und so hat die allgemeine Faustregel der Industrie zum Verhältnis von teuren Grundnahrungsmitteln und günstigen Zusatzstoffen auch für das Retorten-Cordon-Bleu uneingeschränkt Gültigkeit:

Je billiger es sein muss, desto mehr Zusatzstoffe. Für echte, unverfälschte Grundnahrungsmittel wie Fleisch bleibt da nicht viel Platz.

Unschlagbarer Vorteil ist obendrein die geschmacklich idente Reproduzierbarkeit zum Standardprodukt, wie auch, dass sich der Fleischbrei maschinell millimetergenau auf Maß pressen lässt. Bei einem echten Stück Fleisch ein unwirtschaftlicher Mehraufwand.

Übrigens: Beim Industrie-Cordon-Bleu wurde auch E 171 bis zum Verbot eingesetzt – in seiner allerbesten Funktion des Weißmachers. Wofür? Damit der ursprünglich dank Schmelzsalzen unnatürlich dunkelgelbe Analogkäse doch eher im optisch ansprechenderen Farbton blassgelb daherkommt. Es ist so grotesk wie wahr: Der eine Zusatzstoff macht dunkel, der andere wieder hell.

In der veganen Cordon-Bleu-Variante aus der Retorte kommen vegane Hühneraromen zum Einsatz – das eine mit Hefe imitiert, für die Fleischnote, das andere für den Fettgeschmack. Phosphate und andere Kandidaten aus der E-Nummern-Liste sind auch dabei. Fleischersatz wiederum wird in der Regel aus fein gehaspeltem Erbsengranulat hergestellt, das auch diesen Anspruch erfüllen muss: Geschmacksneutralität – damit es hinterher, mit passenden Zusätzen verfeinert, zu Burger, Würstchen oder was immer mutiert.

Von der romantischen Vorstellung, vegan sei zugleich bio oder wenigstens ökologisch wertvoll, sollte man sich schön langsam verabschieden. Eine Ernährungswissenschaftlerin hat die generelle Situation der Lebensmittelindustrie sinngemäß so beschrieben:

„Es ist wie in der Autobranche: Die Zulieferer stellen die Teile bei, die großen Marken setzen sie zusammen."

Separatorenfleisch: Frankenstein lässt grüßen

Doch zurück zum Fleisch: Die Methode des Schredderns hat die Lebensmittelindustrie vor langer Zeit für sich entdeckt. Das geht mitunter auf die 1980er-Jahre zurück, als die Menschen anfingen, den wachsenden Wohlstand auch so auszuleben, indem sie bevorzugt Brust, Keule und Filet aßen. Also fragte man sich in den Fabriken:

Was tun mit dem Rest?

Die Lösung: Separatorenfleisch – ein Begriff, der einen womöglich an Arnold Schwarzenegger und seinen Terminator denken lässt. Womit wir am äußersten Ende der Verwertungskette angelangt sind, dort, wo die optimale Ausbeutung von Schwein und Huhn zum hochlukrativen Prinzip erhoben ist. Rind, Schaf und Ziege sind ausgenommen, seit BSE-Zeiten herrscht ein Verbot des Separierens aus Sorge, Teile des Rückenmarks könnten ins Essen gelangen.

Das lateinische *separare* für absondern sagt bereits ziemlich viel über die Technik. Fleischreste werden vom Knochen abgesondert. Das geschieht jedoch nicht durch mühseliges, nicht maximal ergiebiges Abschaben, sondern viel effizienter. Knochen samt Restfleisch werden zerkleinert, das Fleisch unter hohem maschinellen Druck mit bis zu 400 bar abgelöst. Die Struktur löst sich völlig auf, eine Art sehr fein gehacktes, doch alles andere als wohlschmeckendes *Faschiertes* entsteht, nun ja, nennen wir es lieber einen pinkfarbenen Brei aus Eiweiß und Fett, Knochen- und Knorpelsplitter als Kollateralbeigabe inklusive. Das *Bayerische Landesamt für Gesundheit und Lebensmittelsicherheit* hat auf seiner Homepage die Produktionsschritte[86] bis ins letzte Detail dargestellt. Wiewohl neutral, in amtlich nüchterner Sprache abgefasst, kann ich Ihnen hier so viel verraten: Das ist nichts für schwache Nerven.

Um noch beim Industrie-Cordon-Bleu zu bleiben: Als Zutat ist diese Form von *Fleisch* in ganz Europa erlaubt (ausgenommen Frankreich). Und auch sonst finden wir es überall, wo es billig hergehen soll. Mit Gewürzen, Aromen und Geschmacksverstärkern aufgepeppt, hat das von Gesundheitsbehörden für unbedenklich erklärte Frankensteinfleisch die Regale erobert. Sei es in Knack-, Jagd- oder Brühwürsten.

Bloß in den paar Würsten? Dann verzichten wir eben auf die!

Separatorenfleisch, manchmal auch Restfleisch genannt, in (hoch)verarbeiteter Nahrung ist kennzeichnungspflichtig. Laut EU-Verordnung muss es beispielsweise als *Hühnerseparatorenfleisch* etc. ausgewiesen sein. Aber geschieht das auch immer? Offiziellen Angaben zufolge werden Jahr für Jahr allein in Deutschland 70.000 Tonnen Separatorenfleisch hergestellt (EU-weit ca. das Zehnfache). Eine riesenhafte Menge, die zur Produktion von zwei Milliarden Knackern reicht, welche als Kette die Erde siebenmal umspannen oder knapp 13.000 Lkw füllen würden.

Schwarzes Loch Fleischbusiness

Die Verbraucherorganisation *foodwatch* begab sich auf die Suche nach den 70.000 deutschen Tonnen. Schließlich schmücken die Handelsriesen sich mit der Behauptung, nur „sehr wenige bis fast gar keine" Produkte mit entsprechenden Hinweisen zu vertreiben.

Wo ist das viele Zeug also? Wer isst es?

Die Befürchtung, Separatorenfleisch könnte landen, wo wir es nicht haben wollen, kommt nicht von ungefähr, insbesondere dort, wo eben keine Deklarationspflicht herrscht. Anfragen – an Ministerien über Verbände bis hin zu Tiernahrungsherstellern – verliefen im Sand. Niemand wollte sich dazu bekennen, und am allerwenigsten die Vertreter der *Systemgastronomie* – ein anderes Wort für: Fast-Food-Restaurants, Schnellimbisse, Lieferdienste, (mit

Abstrichen) Catering, Möbelhaus-Restaurants, Gemeinschaftsverpflegung (z. B. Kantinen) etc., kurzum überall, wo die Produktion von Essen standardisierten Strukturen und Prozessen unterliegt. Überall dort darf Separatorenfleisch eingesetzt werden, ohne dass es irgendwo aufscheint.

Der lückenlose Nachweis, was allein mit den deutschen 70.000 Tonnen Separatorenfleisch geschieht, ist kaum zu führen. Pro Kopf verzehren Deutsche wie Österreicher im Schnitt 60 Kilo Fleisch (samt Wurst) pro Jahr, vieles aus dem Billigsegment. Einmal mehr entpuppt sich die Fleischindustrie als ein einziges Schwarzes Loch, intransparent und hoch anfällig für jedwede Art von Betrug und dunklen Machenschaften. Die Anreize sind groß, die Ware ist bis zu fünfmal billiger als gewachsenes Muskelfleisch, das Geschäft brummt.

Anno 2000 schaffte es das Separatorenfleisch, bei der Wahl zum Unwort des Jahres ganz vorne dabei zu sein. Bedeutender jedoch ist eine andere Auszeichnung mit alarmierendem Hintergrund: Das ZDF-Magazin „Frontal 21“ bat 2018 einen ehemaligen Lebensmittelkontrolleur, eine als hochwertige Geflügelwurst getarnte „Schummelwurst“ aus echtem Fleisch (9 Prozent), Wasser (27 Prozent), Separatorenfleisch (46 Prozent) und diversen Zusatzstoffen zu fabrizieren. Obendrein wurde handelsübliches Schlachtblutplasma beigemengt, um den hohen Wasseranteil zu kaschieren. Das Resultat reichte man bei der *Deutschen Landwirtschaftsgesellschaft* (DLG) zur Verkostung ein, mit dem Ziel herauszufinden, inwieweit es möglich ist, den Einsatz von Separatorenfleisch zu verbergen.

Die Profi-Tester der DLG machten sich ans Werk. Ergebnis war eine Silbermedaille. Wie es dazu kommen konnte, blieb im Dunkeln. Nur so viel: Hätte man von den Zutaten vorher gewusst, hieß es zerknirscht, wäre die Wurst von der Verkostung ausgeschlossen worden.

Fazit: Kaum jemand will die Riesenberge Separatorenfleisch auf seiner Vertriebsliste stehen haben. Doch sie sind da. Stellt sich bloß die Frage, wo. Für mich ist all das jedenfalls ein gewichtiges Argument mehr, das Ausmaß unseres Fleischkonsums kritisch zu hinterfragen – und ich kann Ihnen, liebe Leserinnen und Leser, nur dringlich ans Herz legen:

Gehen Sie nach Lektüre dieses Buches dort nicht länger hin, wo Sie Separatorenfleisch vermuten müssen. Meiden Sie Ausspeisungsstätten der erwähnten Art. Zu Ihrem eigenen Schutz – im Dienste Ihres Körpers, Ihrer Gesundheit und natürlich auch zum Wohl von Tieren und Umwelt.

Das unsichtbare Wunder-Enzym

So altbewährt die Methoden des Fleischpanschens bereits sein mögen, so sehr geht die Branche mit der Zeit. Jüngster Clou ist ein Enzym mit sagenhaften Eigenschaften. Es nennt sich – wie das Verfahren seiner Anwendung auch – *Trans-Glutaminase* und wird auf Fachmessen, wo bis zu 15.000 oft fragwürdige Inhaltsstoffe für Lebensmittel angeboten werden, wie eine geheime Zauberformel aus Harry Potter herumgereicht.

Im Prinzip funktioniert es so: Man nehme beliebig viele Fleischreste, füge Trans-Glutaminase hinzu, lasse alles ruhen. Nach einer Weile ist der Zaubertrick perfekt: Es ist ein einziges Stück daraus geworden. Ein Steak, wohlgemerkt. Bei Lachs und anderen Fischen funktioniert der Lebensmittelsuperkleber genauso.

Der zweite Clou: Trans-Glutaminase gilt als *Verarbeitungs-Hilfsstoff*. Eine Substanz, die in der Herstellung angewendet wird, sich jedoch beim Erhitzen deaktiviert. Verarbeitungs-Hilfsstoffe reagieren mit den Zutaten auf unterschiedlichste Weise und sind am Ende nicht länger nachweisbar. Mehr oder weniger. Auf diese Weise müssen sie nicht als Zusatzstoffe offengelegt und auf der Verpackung vermerkt werden.

So stolz man auf die Wirkung des Wunder-Enzyms ist, so wortkarg gibt man sich bei Auskünften zu den Großabnehmern. Man weiß: Die Industrie hat ohnedies genug Ärger mit immer mehr kritischen Konsumenten angesichts der Flut von Zusatzstoffen. Ob sie nun den, der Industrie lästigen, Schaum bei Fruchtsäften unterbinden (dieselbe Substanz, die in Insektiziden vorkommt), verhindern, dass Bier trüb wird, oder beim Brotbacken in Fabrikhallen helfen – das Anwendungsgebiet der kleinen Magier ist grenzenlos. Gewiss, in Einzelfällen wird der Druck zu groß, lenkt man da wie dort mal ein, sucht Alternativen. Die Verarbeitungs-Hilfsstoffe indes sind ein wunderbares Tool, an ihnen beißen sich Kritiker die Zähne aus.

Es ist wie beim Doping: Was nicht nachweisbar ist, ist nicht da. Und das soll nach Möglichkeit so bleiben.

Das Spiel mit den Emotionen

Ist das industrielle Räderwerk der systematischen Irreführung erstmal voll angelaufen (dabei habe ich Ihnen noch gar nichts von süchtig machenden Geschmacksverstärkern erzählt, von Mineralölrückständen und Druckerschwärze in recycelten Verpackungen, Lackresten in Konservendosen, davon, dass das Risiko einer Kontaminierung wächst, je länger Nahrung und Verpackung aufeinander kleben, und auch nicht von den rund 100.000 identifizierten Schadstoffen, die als potenzielle Unheilbringer in unsere Nahrung migrieren – diese Themen allein füllen Bände), gilt es, die Resultate den Menschen unterzujubeln. Es ist wie mit den Schadstoffen: Das Reservoir an miesen Maschen ist unerschöpflich.

Tricks entfalten ihre suggestive Wirkung, obwohl wir sie zu kennen glauben. Nur ein paar Beispiele: Expertenmeinungen oder Influencer, die Glaubwürdigkeit vorgaukeln; perfektes Food-Styling (z. B. TV-Spots mit Cornflakes, wo mit Bastelkleber anstelle von Milch gedreht wird, damit die Flocken sich nicht zu schnell vollsaugen); das Spiel in Wort und Bild mit Emotionen weckenden Begriffen (Heimat, Naturverbundenheit, Freundschaft, Erotik etc.); möglichst große Verpackungen (z. B. Chips, bis scharf an die gesetzliche Grenze von 30 Prozent Luftanteil); künstliche Verknappung des Angebots; Vertrauen erweckende Siegel, die uns tiefer als nötig in die Tasche greifen lassen (dazu gleich mehr); das Kaufverhalten steuernde Musik (eine US-Studie belegte bereits 1982 erstmals, dass permanente Berieselung die Kunden um bis zu 34 Prozent länger im Geschäft verweilen lässt); Pommes frites, die fürs Foto auf einem Steckschwamm drapiert werden, damit sie wie lustige Zinnsoldaten aufrecht aus der Packung lugen und nicht (wie in echt) lasch drinnen hängen; lange Wege durch Supermarktkorridore; möglichst große Einkaufswägen; Anordnung teurerer Produkte in Augenhöhe; vermeintlich günstigere Großpackungen und so weiter.

Schleichende Preiserhöhungen durch „Shrinkflation"

Besonders bewährt hat sich auch das Ende der Vorschriften für Verpackungsgrößen. Für alltägliche Waren (Butter, Milch, Schokolade, Zucker etc.)

gab es über Jahrzehnte hinweg exakt festgelegte Maße. Diese wurden europaweit bis 2009 sukzessive abgeschafft, nur Wein und Spirituosen unterliegen noch Vorschriften.

Die Folge?

Ein Tsunami verdeckter Preiserhöhungen. Bei Balisto beispielsweise wurde die Gewichtsverringerung um 10 Prozent (41 auf 37 Gramm) mit dem Schmäh überdeckt, dass die süßen Schokoriegel jetzt statt 103 nur noch 92 Kilokalorien hätten. So wurde die positive Emotion einer gesünderen (= weniger schädlichen) Ernährung geweckt. Außerdem wollten Konsumenten lieber kleinere süße Portionen genießen, dafür jedoch öfter.[87] Wirklich positiv an der Sache war nur die gesteigerte Marge für den Mars-Konzern.

Alle anderen taten/tun Ähnliches: Reduktion des Inhalts bei (im besten Fall) gleichem Preis. Momentaufnahmen aus der allerjüngsten Zeit (November 2022): Bei *Ovomaltine* wurde von 1.000 auf 900 Gramm reduziert und bei gleich großer Verpackung in Österreich der Preis um 20 Prozent erhöht. Der *Pringles*-Stapel sank um sieben Prozent ein, der Preis stieg um 17 Prozent. Bei *Doritos Nachos Sweet Chilli Pepper* lautet das Verhältnis: –12/+14 Prozent. Woerle ließ den *Mondseer-Käse* um 30 Gramm schrumpfen und verlangt 24 Prozent mehr. Und der gute Geschmack aufs tägliche Brot, *Rama*, das Original, ist schneller aufgebraucht, weil sie um 10 Prozent Gewicht „abgenommen" hat.[88] Das sind nur ein paar von unzähligen Beispielen, und einen Namen hat das sukzessive Reduzieren von Inhalt ums gleiche oder sogar mehr Geld auch bereits: *Shrinkflation*.

Eines der Argumente der Lebensmittel-Lobby in Brüssel für eine Aufhebung der Größenvorgaben war einst, man wolle besser auf die Bedürfnisse der Kunden eingehen, weil es immer mehr Single-Haushalte gebe. Nur darum wolle man kleinere Mengen anbieten. Wo besagter Kundenservice bei den in winziger Schrift vermerkten Kilopreisen zwecks Vergleich geblieben ist, steht auf einem anderen Blatt Papier.

Sie sehen: Die Kreativität der Branche ist endlos. Nur am Rande (Stichwort Mars) sei erwähnt, dass zwischen Industrie und Handel im Ringen um Profitmaximierung längst nicht alles eitel Wonne ist – jüngst belegt durch die Ankündigung des US-Riesen im Oktober 22, Rewe nach Preisdifferenzen nicht länger beliefern zu wollen.[89] Davon betroffen sind neben Snickers und Mars die Marken Pedigree, Whiskas, Wrigley´s, Ben´s-Reis, Haribo, Kellogg´s und andere.

Wie willkommen der Preisdisput Rewe beim Ausbau der Eigenmarken sein mag oder nicht, sei dahingestellt. Zumal die Schlacht auf dem Marktplatz um eine Dimension härter geworden ist, seit Amazon Fresh am milliardenschweren Lebensmittelkuchen mitnascht.

Das oberschlaue Schweinderl und die Lebenserwartung

Da wäre noch eine Sache, die mich in puncto Werbung als Konsument wie Landwirt gleichermaßen beschäftigt:

Wie viele Tode starb das sprechende Ja! Natürlich-Schweinderl, das niemals zu wachsen scheint, bisher? Wie viele Schnitzel wurden aus seinem Fleisch geklopft?

Anders gefragt: Wie viele Ferkel wurden aufgebraucht im Vorgaukeln einer heilen Bio-Welt, die ein Umhertollen auf saftigen Weiden und wohliges Grunzen in knisterndem Heu darstellt?

Aus Erfahrung der jahrzehntelangen Haltung von Säuen weiß ich: Mit drei Kilogramm kommt so ein Schweinderl zur Welt, legt täglich um eines zu und wandert mit rund 115 Kilo, nach dreieinhalb bis vier Monaten, zur Schlachtbank. Die Lebenserwartung eines Schweines in Österreich beträgt demnach maximal 120 Tage, das biologisch mögliche Höchstalter ist 22 Jahre. Das Masthuhn (konventionell gehalten) lebt im Schnitt 34 Tage, in Bio-Haltung 41 Tage (möglich wären 10 bis 20 Jahre). Schafe könnten bis zu einem Vierteljahrhundert leben, dürfen als Muttertiere sechs bis sieben Jahre (und als Lämmer vier bis zehn Monate) auf der Welt sein. Kühe leben keine fünf Jahre (anstelle von bis zu 25), und Gänse könnten leicht 40 Jahre alt werden, müssten sie nicht nach ein paar Monaten auf den Teller.[90]

Solche von der Industrie vorgegebenen Fristen gelten – ja, natürlich – für jegliches Mastvieh. Das Bio-Schweinchen inklusive. Vermittelt wird indes, neben der fast schon Schmerzen bereitenden Idylle, ein schier ewiges Leben des neunmalklugen TV-Stars. Jene Phase der 25 bis 30 Kilo, die das mittels Filmtiertrainer kamerafit gemachte BILLA-Ferkel auf die Waage bringt, dauert gerade mal eine Woche. Maximal eineinhalb. Sehr viel länger bleibt es von der Größe her nicht glaubwürdig. Eine überschaubare Daseinsspanne, in der alles im Kasten und der Spot abgedreht sein muss.

Ich picke das *Ja! Natürlich*-Ferkel heraus, weil mit seinem Auftauchen für mich ein Dammbruch erfolgt ist. Es war das Lostreten einer bis dahin ungekannten Flutwelle der breitflächig versuchten Täuschung, der wir seither allerorts ausgesetzt sind. Inszeniert im Bemühen, die Realitäten auch einer biologischen, ebenfalls den Regeln der Massenproduktion unterjochten Landwirtschaft in ein verklärendes, falsches und verlogenes Licht zu stellen. (Welcher Wind den Abertausenden von Industrie-Bio-Schweinen, Rindern und anderen Tieren tatsächlich um die Ohren weht, erzähle ich Ihnen im Folgekapitel.)

Als Deutschlands ehemaliger Vorzeige-Grüner und Ex-Vize-Kanzler Joschka Fischer vor Jahren den Rewe-Konzern über seine Beraterfirma zu Themen wie Umwelt und Ressourcen zu coachen anfing, kamen neben spöttischen „Ja! Joschka"-Rufen auch Vorwürfe auf, er wolle dem Handelsriesen einen grünen Anstrich verpassen. Andere unkten, er trete an, um das Schweinderl überhaupt zu ersetzen. Fischer hielt dagegen. Es handle sich um eine „strategische Orientierung, die letztendlich auf ökologische Glaubwürdigkeit gründen muss, und eben nicht um eine Werbeaktion".[91] Und so wurde die Werbelinie auch mit dem Staatspreis prämiert.

Auf der „Das kleine Schweinderl"-Wikipedia-Seite jedenfalls (ja, natürlich, die gibt es) wird aufgeklärt. Drei Filme pro Jahr würden gedreht, und die Darsteller erhielten (für 500 Euro pro Jahr und Schwein) ihr Ausgedinge auf ausgewählten Bio-Bauernhöfen. Die Glücklichen!

Neugierig wie ein junges Ferkel, wollte ich Genaueres zu den Darstellern und ihrem Zuhause, ihrem Wohlbefinden im Ruhestand wissen. Schließlich können Hausschweine das stolze Alter von 15 bis 20 Jahren erreichen. Also folgte ich dem Link auf Wikipedia zu „Unsere Hauptdarsteller" und landete auf der Homepage von *Ja! Natürlich*. Details zu den drolligen Gefährten (oder aktuelle Fotos) bekam ich (trotz vieler Versuche über Monate hinweg, zuletzt Ende Dezember 2022) nicht. Zu sehen war immer nur ein zerbrochenes Ei, ein Link zur Startseite der riesigen *Ja! Natürlich-Welt* – und daneben der Vermerk:

Da ist wohl etwas kaputtgegangen! [92]

Die Wunderwuzzi-Milch

Verweilen wir noch kurz in der Glitzerscheinwelt des Marketings. Eines meiner liebsten (aus meiner näheren Heimat stammenden) Beispiele ist die *A2 Milch*. Schon davon gehört? Angedockt an ein Konzept aus Neuseeland vor 20 Jahren, verspricht sie auch in unseren Breitengraden Wundersames. Sie sei geeignet für alle, die klassische Konsummilch nicht vertrügen, nicht jedoch auf Soja-, Mandel- oder Hafermilch ausweichen wollten. Eine Ersatzmilch anstelle von Milchersatz. Die perfekte Alternative zur Alternative.

Von den anderen Marketing-Produkten wie *Heumilch, Silomilch, Enjoy free Milch* und Konsorten hebt die A2 Milch sich allein schon im Preis ab. Sie kostet fast das Doppelte der konventionell hergestellten Diskonter-Variante, liegt auch weit über Bio-Preisniveau. *Amazon* bietet sie im 12er-Pack an, in der Haltbarmilch-Version (wir wissen ja, was da mit dem Lebensmittel Milch angestellt wird) – um 33 (!) Euro[93]. Knapp drei Euro der Liter, Versandkosten (11 Euro) exklusive. Begründet wird der Preis nicht mit höheren Produktionskosten, sondern mit der erlesenen Auswahl der Kühe. Diese hätten ihren Artgenossen gegenüber einen im Erbgut begründeten Startvorteil. So ist auf der A2-Homepage zu lesen:

„A2 steht dabei für den Genotyp der ß-Kaseinvariante A2A2. Das Besondere: Die Milch von Frauen, Schafen, Ziegen und Büffeln enthält immer die A2A2-Form beim Betakasein. Vor langer Zeit hat es bei Rindern europäischer Herkunft eine Punktmutation gegeben, die von der normalen Form genetisch abweicht, die sogenannte A1-Variante.“

Weiter heißt es, die Tiere würden eigens einem DNS-Test unterzogen. Milch im Kühlregal sei für gewöhnlich ein Mischtyp aus A1 und A2, der für Unverträglichkeiten sorge. Aber: „Die Kühe auf unseren Höfen produzieren ausschließlich A2 Milch.“

Abgesehen davon, dass ich mich frage, ob Menschenmütter mit Schafen, Ziegen und Büffeln in einen Milchtopf geworfen werden wollen, und auch, ob die gute alte „A1/A2-Mischtyp-Milch“ bisher bloß für Cyborgs und anderweitig Unempfindliche verträglich war, möchte ich wissen:

Wo ist auch nur der Ansatz eines Beweises?

Für mehr als womöglich „kleine positive Effekte auf den Magendarmtrakt“, die ein Mikrobiologe im Rahmen der Ö1-Sendung „Help – das Konsumentenmagazin“[94] wohlwollend einräumte, jedoch relativierte, die Studienlage sei sehr dünn, reichte es bis dato nicht. Egal. Den Gründer der *a2-milk-Company* in Neuseeland hat seine Idee an die Börse gebracht mit Jahresumsätzen von mittlerweile jenseits einer Milliarde Dollar (Stand: 2022).

Butteranteil als Preisdaumenschraube

Rama mit Butter wiederum suggeriert Bauernhof-Idylle, pure Gesundheit und eine „aromatisch-feine Butternote", dazu „sehr viel gutes Pflanzenöl". Die Wahrheit ist: Der Butteranteil ist gering, das Pflanzenöl ein Stück Regenwald. Wie hoch der Palmöl-Anteil im Verhältnis zu Raps oder Sonnenblume ist, wird auf der Verpackung verschwiegen. Der Effekt indes ist dieser: Das Billig-Image von Margarine gegenüber wertvoller Butter wird aufgewertet, zugleich den Bauern seitens der Molkereimanager signalisiert: Freunde, wir müssen den Butterpreis nach unten anpassen (bedauerlicherweise mit direkter Folge für euren Milchpreis), andernfalls sind wir nicht konkurrenzfähig.

Überhaupt gilt: Wohin wir in den Regalen blicken, der Werbeschmäh ist schon da. Die einen kleben ein Label „Ohne Palmöl" auf ein Produkt, das noch nie Palmöl enthalten hat (z. B. das erwähnte Cordon Bleu aus der Retorte), die anderen „Ohne Gluten" (mit demselben Hintergrund), die nächsten „Ohne Parabene" (das sind chemische Konservierungsstoffe, die vor allem in der Kosmetik Anwendung finden).

All das geschieht mit dem übergeordneten Ziel:

Der moderne, neuerdings sehr kritische Verbraucher soll sich pudelwohl fühlen bei dem Gedanken, etwas „ohne etwas" zu kaufen. Wie manipuliert die Botschaft auch sein mag.

Kurzum: Die perfide Taktik der Marketingstrategen geht auf. Wer hat schon Zeit/Möglichkeit, den Wahrheitsgehalt im Supermarkt zu checken? Wer tut sich das an? Außerdem: Gibt es nicht ohnedies verlässliche Garanten dafür, was tatsächlich in einem Produkt steckt, wo es tatsächlich herkommt?

Vertrauen hat seinen Preis

Der Wald mit den 1.000 Siegeln

Erscheinen uns Handlungen anderer, Dinge, Zustände rätselhaft, sprechen wir von einem Buch mit sieben Siegeln. Dies bezieht sich auf die Bibel, genauer gesagt auf die Offenbarung des Johannes im Neuen Testament. Dort ist von einem ganz besonderen Buch die Rede, dem mit sieben Siegeln eben. Niemand kann sie lösen, einen Blick hineinwerfen – Jesus Christus in Gestalt eines Lammes ausgenommen. Am Ende des großen Rätsels winkt die Apokalypse.

Ohne blasphemisch wirken zu wollen, möchte ich behaupten: Im Wald mit den 1.000 und noch mehr Siegeln, in dem wir Verbraucher und Verbraucherinnen verloren dastehen, hätte auch ein Erlöser seine liebe Not.

Gütesiegel sind im Handel so etwas wie ein bildhaftes Mantra der Bauernfängerei. Nicht generell, aber zumeist. Gütesiegel gibt es in unüberschaubarem Ausmaß. Sie erzählen die Geschichten von Qualität, Tierwohl, Nachhaltigkeit, Herkunft, Familienbetrieben oder sozialen Standards, schaffen Vertrauen, beruhigen unser Gewissen und stärken den Willen, tiefer ins Geldbörsel zu greifen. So ergab eine Studie des *Life & Brain Zentrums* in Bonn, dass Menschen um bis zu 45 Prozent mehr zu zahlen bereit sind, wenn Produkte ein Siegel tragen. Es funktioniert im Prinzip wie ein Reflex: Sehen wir das Logo, wird das Belohnungszentrum im Gehirn stimuliert. Wir greifen zu. Wer das neben Hirnforschern am besten weiß, sind die Marketingabteilungen der Konzerne.[95]

Gut 1.000 solcher Kennzeichen und Label kennt der gesamte deutsche Markt, das kleine Österreich hat allein für Lebensmittel an die 100. Sie tragen vielklingende, ganz unterschiedliche Namen. Was sie jedoch – bis auf ganz wenige Ausnahmen – eint, ist:

Weder sind sie transparent noch in irgendeiner Weise verbindlich.

Oft genug stellen Hersteller sich eigene Gütesiegel aus, dazu die ominösen „Sehr gut"-Testaufkleber. Verbraucherschutz-Internetportale kämpfen den Kampf gegen Windmühlen, im Bemühen, Klarheit zu schaffen. Einheitliche Mindeststandards oder Kriterienkataloge gibt es nicht, ebensowenig ein gutes Kontrollsystem. Produktgruppenübergreifende Vergleichbarkeit ist nichts als

Wunschdenken, eine paradoxe Situation, die Martin Wildenberg, Nachhaltigkeitsexperte bei *Global 2000*, so zusammenfasste:

„Eine Bio-Karotte ist umweltfreundlicher als eine Karotte ohne Gütesiegel, aber die konventionelle Karotte schlägt das Bio-Rind in puncto Ressourcenverbrauch trotzdem um Längen." Und weiter: „Gut gemachte Gütesiegel können Werkzeuge der Veränderung sein, sie sind aber mit Garantie keine Wundermittel." [96]

Bloß, was ist ein gut gemachtes Gütesiegel?

Wenn der Bock sich selbst zum Gärtner macht

Österreich rühmt sich einer Institution, um die uns angeblich halb Europa beneidet. Ihr Name: AMA. Sie sei hier nur angeführt, weil es um die Siegel geht. Nicht umsonst habe ich der *Agrarmarkt Austria* ein eigenes Kapitel (Nr. 11) gewidmet, weniger ihrer Stellung wegen als DER Einrichtung (Körperschaft des öffentlichen Rechts) in Sachen Qualitätssteigerung, Marketing, Preisberichterstattung und dergleichen rund um agrarische Produkte denn ihrer äußerst zweifelhaften Rolle.

Bei den Gütesiegeln und der AMA verhält es sich so: Jene Zertifikate, auf denen AMA draufsteht, sind (neben EU-Biosiegel und EU-Herkunftsschutzkennzeichnung) die einzigen in Österreich staatlich anerkannten. Lange Jahre waren es bei der AMA nur diese beiden alten Bekannten:

- AMA-Gütesiegel
- AMA-Biosiegel

Neuerdings gibt es ein drittes, von Ministerin Köstinger mit viel Trara implementiertes AMA-Staatssiegel, das sich *Genussregion* nennt. Dazu kam es, nachdem der Rechnungshof den Wildwuchs an Gütesiegeln und Initiativen massiv kritisiert und eine Gesamtstrategie eingemahnt hatte. Der Haken: Fortan soll ausgerechnet jene Einrichtung das Maß aller Dinge sein, deren Parade-Zertifikat (AMA-Gütesiegel) laut NGOs von Bestnoten meilenweit entfernt ist, ja, oft genug sehr schlecht wegkommt.

Was passt nicht?

Die Ergebnisse der Checks durch Umweltschützer[97] sind ernüchternd. Allgemein ist bei Haltung, Eingriffen, Schlachtung und Transport von einer *bloßen Orientierung an den gesetzlichen Mindeststandards* die Rede, was im Konkreten (am Beispiel Schwein) für viele Tiere bedeutet:

- Vollspaltenboden
- Kastration ohne Narkose
- Kein Verzicht auf das Kupieren der Schwänze
- Kein Einstreuen von Stroh/Sägespänen im Liegebereich
- Äußerst beengte Platzverhältnisse
- Kein gentechnikfreies Futter

Bei Transport und Schlachtung sieht es nicht besser aus. Standard ist aber nicht gleich Standard, und so gibt es in Österreich (wie in Deutschland) vier Kategorien der Haltungsform:

1 – Stallhaltung
2 – Stallhaltung Plus
3 – Außenklima
4 – Premium

	Platz pro erwachsenem Schwein	Auslauf	Futter	Gentechnik erlaubt
Stallhaltung	max. 0,8 m^2	Nein	konventionell	Ja
Stallhaltung Plus	max. 1,1 m^2	Nein	konventionell	Ja
Außenklima	max. 1,4 m^2	*Stallung mit Außenklimareiz (offene Fenster)*	konventionell	Nein
Premium	unterschiedlich	Pflicht	konventionell *(mind. 20% aus Eigenbetrieb oder Region)*	Nein

Im Leben eines Schweines schlägt sich das so nieder:

Schweine der Stufe 2 (!) erhalten für das Bisschen mehr Platz (0,3 m^2 !!!) bereits das AMA-Siegel + *Mehr Tierwohl*, jene der Stufen 3 und 4 zusätzlich „organisches Beschäftigungsmaterial“ (meist Stroh) und von der Decke baumelnde Holzstücke als Spielzeug.

Die Grundregel lautet jedoch einmal mehr: Alles läuft über den Preis. 98 Prozent der Schweine in Österreich werden konventionell gehalten, für den Verkauf in der Masse relevant sind allein die untersten beiden Haltungsstufen. Supermärkte bieten Premiumware zumeist nur als Nischenprodukt an. Um die Preisschlachten zu überleben, bleibt den Produzenten (Bauern) oft nichts anderes übrig, als *low level* zu fahren und auf immer noch mehr Masse zu setzen. Für viele ein gleichermaßen moralisches wie wirtschaftliches Dilemma: Einerseits werfen sie ihre eigenen ethischen Grundsätze in Sachen Tierwohl zunehmend über Bord, andererseits sehen sie sich genau dazu gezwungen, weil sie nur bestehen können, wenn sie weiter investieren, weitere Schulden machen und die Standards scharf am unteren Ende des gerade noch Erlaubten ansiedeln.

Übrigens: In Deutschland sieht es zwar nicht viel besser aus, doch wurden die Standards so weit gehoben, dass Produkte, die in Österreich mit einem Gütesiegel ausgezeichnet werden, dort nicht einmal mehr der niedrigsten Haltungsstufe entsprechen.[98]

Zum Thema „Mehr Tierwohl“ und Transportwege auch noch diese ernüchternde Bilanz aus der Welt des Geflügels: Österreich hat erfreulicherweise beim Platzangebot für Truthähne höhere Standards als weite Teile Europas. So dürfen hierzulande 40 Kilo Pute auf einem Quadratmeter leben, während es anderswo zumeist 60 bis 70 Kilo sind. Wiewohl der Gesamtbedarf der Gastronomie zu einem Gutteil von regionalen Betrieben gedeckt werden könnte, nutzen heimische Wirtsleute den Umstand, dass es in der Gastronomie nach wie vor keine Kennzeichnungspflicht gibt (dazu gleich mehr), und servieren 80 (!) Prozent Putenfleisch aus dem Ausland – Tendenz weiterhin steigend.[99]

Im Handel sieht es nicht viel besser aus. Putenfleisch aus Österreich wird zunehmend ausgelistet. Grund, einmal mehr, ist der etwas höhere Erzeugerpreis österreichischer Bauern, sodass 60 Prozent der 19.700 Tonnen heimischer Pute pro Jahr mangels Absatz im eigenen Land exportiert werden müssen und die dreifache Menge an Billigware wiederum importiert wird.

Absurd, aber wahr.

Vorgegaukelte Heimat als perfektes Umsatz-Schmieröl

Die Herkunft und der Gummi

Immer mehr Menschen stehen der Lebensmittelbranche aus gutem Grund misstrauisch gegenüber. Viele fühlen sich bei der Kennzeichnung ihrer Nahrung betrogen, wollen etwas für ihr Gewissen, die Umwelt, die Bauern und die eigene Gesundheit tun und dabei darauf vertrauen dürfen, Wertvolles auf den Teller zu bekommen. Wer deshalb nicht gleich auf den Bio-Zug aufspringen will, kommt in diesem Bemühen an einem Begriff nicht vorbei, der uns auch in den Supermärkten in immer größeren Lettern entgegenblickt:

Regionalität

Ich mag das Wort Regionalität, weil es Region enthält und Heimat suggeriert. Es riecht nach der Welt unmittelbar vor oder nahe meiner Haustüre. Nach einem Flecken Erde, den ich mit dem Fahrrad erreichen kann. Und doch gibt es eine ganze Menge zu bedenken:

Was in Region/Regionalität noch mitschwingt und sie mit weitreichenden Folgen hautnah an den berühmten Gummiparagraphen heranrückt, ist: Alle beide sind sehr weit dehnbar. Alle beide sind so allgemein, so unbestimmt definiert, dass der Versuch eines gemeinsamen Nenners von Interpretation an Glücksspiel grenzt. So jedenfalls scheint es die Lebensmittelbranche auszulegen. Denn wo Region draufsteht, sind oft viele Hunderte LKW-Kilometer und Tonnen CO_2 drin.

Regional sticht bio

Mit Region, zeigen Studien, verbinden wir Konsumenten Natur, Heimatliebe, Vertrautheit und Tradition. Und räumliche Nähe. Idealerweise aus dem eigenen Bundesland. 100 Kilometer Entfernung würde jede/r Zweite gerade noch dulden, 200 Kilometer nicht einmal jede/r Sechste. Empirisch belegt ist auch, dass der Trend zur Regionalität jenen zu bio eingeholt hat. Kein Wunder, dass die Handelsriesen mit auf dem Zug sitzen. Der Markt ist übersättigt mit Produkten und Botschaften, sodass die Menschen nach neuen Ankern der Orientierung suchen. Ein Marketingstratege umschrieb das in einem Interview so:

„Konsumenten vertrauen dem Fleisch, bei dem sie das Gefühl haben, der Kuh in die Augen zu sehen. Das ist dann nicht einfach ein Stück Fleisch, sondern ein Stück gekühlte Heimat."[100]

In einer am Institut für Geografie und Raumforschung der Karl-Franzens-Universität in Graz vorgelegten Masterarbeit[101] aus 2018 wurden Gründe und Auswirkungen des Trends zu Regionalität herausgearbeitet. Insbesondere Produkte mit geringem Verarbeitungsgrad (Speck, Selchwürste, Salami, Obst, Milch, Käse, Gemüse, Brot, Eier etc.) würden von „vor Ort" geschätzt, Teigwaren, Getränke, Spirituosen und Süßigkeiten so gut wie gar nicht. Auch verbanden die befragten Menschen im Kärntner Lavanttal diese Werte mit regionalem Einkauf:

- Umweltschutz
- Weniger Verkehr
- Kürzere Transportwege
- Sicherung von Arbeitsplätzen
- Stärkung kultureller Identität
- Stärkung des regionalen Wirtschaftskreislaufes
- Erhaltung von Kulturlandschaft

Alles in allem naheliegend, höchst erstrebenswert und kann vom kleinen Lavanttal auch auf das Große umgelegt werden. Sechs von zehn Österreichern und Österreicherinnen gaben 2022 an, regelmäßig regionale Produkte zu kaufen, fast genauso viele verbanden damit die erwähnten Werte.

Der Deckmantel der Nachhaltigkeit

Handel und Industrie verbinden mit dem Wort Nachhaltigkeit etwas völlig anderes: Sie wittern die Riesenchance einer abermaligen Profiterweiterung unter dem Deckmantel (!) der Nachhaltigkeit und dehnen das Schlagwort Regionalität wie einen Hüpfgummi, sodass aufgedruckte Adressen oder Regionen-Aufkleber keineswegs verlässlich Aufschluss geben über die tatsächliche Herkunft.

Bei unverarbeiteten Lebensmitteln sind wir noch weitgehend auf der sicheren Seite. Die Erdäpfel, der Knoblauch vom Huber-Bauern fünf Gemeinden weiter kommen in der Regel von dort. Geht es jedoch in Richtung Zutatenmix und industrielle Verarbeitung, beginnt der große Schwindel. Der Schwarzwälder Schinken etwa trägt seinen Namen nicht, wie TV-Journalisten aufdeckten, weil das Schweinefleisch aus der Region kommt. Die Rezeptur tut es. Die Schweineschenkel werden aus ganz Deutschland oder Dänemark angekarrt. Der Ort, an dem der finale Produktionsschritt gesetzt wird, genügt, um geltendes Recht zu befolgen und das EU-Siegel „Geschützte Ursprungsbezeichnung" tragen zu dürfen. Woraus sich für Rohware ab dem Zeitpunkt der Verarbeitung diese synonymische Verwendung ergibt:

PRODUKTIONSSTANDORT = URSPRUNG

Ebenso zulässig wie täuschend ist der Trick, nicht geschützte regionale Namen in den Produktnamen zu integrieren. Fantasiebegriffe wie Land- oder Weidemilch suggerieren Haltungsformen, die in der Realität nicht stattfinden. Desgleichen verfehlen Vermerke wie „Ich bin von hier" oder „Ein gutes Stück Heimat" ihre Wirkung nicht, mögen auch bloß vereinzelte Zutaten aus der Gegend stammen. Wenn überhaupt.

Frigo-Stecklinge und mobile Erntebeete für halb Europa

Greifen Sie zu Champignons aus Österreich, haben die mit Österreich oft nur bei der Kilometergeldabrechnung zu tun. Niederländische Firmen schicken ihre Lkw auf Reisen, die auf einem Substrat aus Pferdemist und Kompost gewachsene Speisepilze durch halb Europa karren. In mobilen Beeten landen sie am Bestimmungsort, bleiben dort für die Zeit der Ernte (zwei bis drei Wochen) und werden wieder abgeholt. Die Ernte erfolgt in Wellen und stets „in der Region", ein Ausweichen auf heimische Substrate anstelle von echtem Boden (wenn es schon sein muss) wird von Experten der Branche als abwegig beschrieben. Die Pilze wären viel zu teuer, die Risiken zu hoch. Verpackt werden diese „heimischen Champignons" hinterher in Niedriglohnländern.

Bei Erdbeeren läuft es bisweilen ähnlich. Weil einjährige Pflanzen bessere Erträge abgeben, setzen viele Produzenten jede Saison aufs Neue auf sogenannte Frigo-Pflanzen – Stecklinge, die bei Temperaturen um den Gefrierpunkt gelagert und auf Wunsch aufgetaut werden. Die Pflanze „denkt" daraufhin: Ah, Frühling wird's – und fängt an zu wachsen. Drei Viertel dieser gleichfalls aus den Niederlanden stammenden Pflanzen gehen in den Export, so ist gleichsam immer Saison in halb Europa, und wir fragen uns zu Recht:

Wie viel von alledem, was wir serviert bekommen, ist noch heimisch, geschweige denn regional? Echt und ehrlich?

Regional heißt nicht zwingend ökologisch

Viele unserer „regionalen“ Produkte belasten die Umwelt in ähnlichem Ausmaß wie Avocados aus Peru oder Bananen aus Nicaragua. Die Ermittlung der CO_2-Bilanz von Nahrung ist hochkomplex, reicht von Anbau, Verarbeitung, Verpackung, Transport und Lagerung bis zum Verkauf. So kann es sein, dass ein steirischer Apfel, der ein halbes Jahr unter großem Energieaufwand gekühlt gelagert wird, ehe er ins Regal wandert, eine schlechtere Bilanz aufweist als jener, der frisch vom Baum aus Neuseeland kommt und bei uns gleich verkauft wird. Letztlich stehen wir vor dem Dilemma, uns zwischen regionaler Wertschöpfung und einer guten Tat fürs Klima entscheiden zu müssen. Argwöhnisch bin ich jedenfalls immer da, wo verdächtig einfache Antworten auf dem Silbertablett serviert werden, etwa mit einem Hochglanz-Selfmade-Label oder anderen, sehr simplifizierten Botschaften.

So viel lässt sich jedoch vereinfacht sagen: Die eingeflogene Ananas zählt zu den Top-Klimakillern. Bio-Butter und Bio-Rindfleisch allerdings auch. Überhaupt birgt jene detaillierte Auflistung, die das deutsche Umweltbundesamt[102] 2020 zum Thema *Ökologische Fußabdrücke von Lebensmitteln und Gerichten* veröffentlicht hat, eine Menge Überraschungen.

Unwägbarkeiten, wie ökologisch regional ist oder nicht, gibt es zuhauf. Das reicht von der Anbauweise, vom Transportweg, vom Spritzmittel bis zum beheizten Gewächshaus. Fix ist indes: Muss ich 30 Kilometer mit dem Auto fahren, um beim Hofladen Tomaten und Zwiebeln zu kaufen, ist die gute Klimabilanz meiner Absicht wieder beim Teufel.

Die Handelsriesen blenden diese Vielschichtigkeit im Buhlen um Kundschaft aus und spielen die Trumpfkarte Regionalität aus, wo es geht. Sie haben es perfektioniert, ihre als regional angepriesenen Produkte im Spannungsfeld ihrer teils zu Liebhaberpreisen verhökerten Cash-Kühe (Kosmetik, Tierfutter, vegane Produkte und Bio-Produkte) und echten Frequenzbringern (Bier,

Fleisch) – auch Umsatz-Schmieröl genannt – zu positionieren. Regionalität wird als kompromisslos nachhaltig verkauft. Für gutes Geld. 75 bis 85 Prozent mehr spülen regional-nachhaltig angepriesene Produkte in die Kassen, wie eine Studie von 2020[103] ergab. Dass die Kundschaft zunehmend Kostenwahrheit einfordert, wenn sich etwa herumspricht, dass ein Kilo Cornflakes im Geschäft auf rund acht Euro kommt, was dem 40-Fachen der Produktionszutaten (Zucker, Mais, Fett) entspricht, tut dem keinen Abbruch. Mehrkosten für Regionales werden mit dem auch eigenen Mehraufwand argumentiert, tatsächlich fallen sie aber fast ausnahmslos am Anfang der Wertschöpfungskette an, beim Produzenten. Zehn Prozent Aufschlag seitens des Handels, so die Conclusio der Untersuchung, täten es auch.

Apropos Regionalität: Dass der meiste Apfelsaft, pardon, das gestreckte Apfelsaftkonzentrat im Packerl, natürlich NICHT aus Österreich stammt, versteht sich fast von selbst. Dazu auch diese so erstaunliche wie entlarvende Koinzidenz, als ich eines Tages in einem Boulevardblatt einen Bericht fand, der sich des Themas Regionalität und CO_2 annahm. Da wurden die Guten und Bösen abgehandelt – und auf derselben Doppelseite fand sich ein Inserat, das mit saftig leuchtenden Orangen für Schartner-Bombe warb, den Limonadenklassiker, der bei einem Getränkeabfüller in Oberösterreich hergestellt wird. Zu lesen stand da in riesigen Lettern:

Österreichs BOMBENGESCHMACK

Seither frage ich mich, in welchem unserer neun Bundesländer die Orangen gewachsen sein mögen.

Der Kampf um eine lückenlose Herkunftskennzeichnung:

Das Volksbegehren „Echt ehrlich"

Woher stammt mein Essen?

Eine simple Frage, doch stellt ihre Beantwortung den modernen Menschen vor schier unlösbare Aufgaben. Für alles haben wir exakte Regeln und Vorgaben – von Corona bis zur Holzwirtschaft, von Ladenschlusszeiten bis zur Bauordnung. Wohin wir blicken, Normen und Bürokratie ohne Ende. Auch wissen wir, welchen Sprit unser Auto benötigt, wie viel Oktan der Antrieb verträgt, was ihm guttut, welche Spezifikationen das Motoröl aufweist.

Und ausgerechnet beim Wichtigsten, unserem eigenen Körpertreibstoff, soll das nicht gelten, soll bestmögliche Qualität keine Rolle spielen? Ist es so, weil es im Karpfenteich Lebensmittelerzeugung nur so vor Haien wimmelt, die jedwede Ethik und Moral außer Kraft setzen und sich dabei auch noch im Rahmen geltender, viel zu schwammiger Gesetze bewegen? Weil sich diese Haie in puncto Ernährung mit manipulativer Raffinesse in unseren Köpfen eingenistet haben und suggerieren, was allein gut für uns ist?

Die Herkunftskennzeichnung von Lebensmitteln war mir seit jeher ein Herzensanliegen. Ob es den Herrschaften in den Chefetagen passt oder nicht, die Menschen haben ein Recht zu erfahren, woher ihr Essen kommt. Auch haben jene Produzenten, die es ehrlich meinen, ein Anrecht auf klare Trennung der Spielfelder, um nicht mit den Tricksern und Betrügern der Branche in einem Topf zu landen.

Endlich zu wissen, wo unsere Nahrung herkommt, hilft, das erschütterte Vertrauen von uns Konsumenten wieder aufzubauen. Es stärkt die heimische Landwirtschaft und belässt mehr Wertschöpfung im Land. Statistiken staatlicher Einrichtungen gaukeln vor, wir hätten in diversen Sparten (Milch, Fleisch etc.) eine krasse Überversorgung. Auch deshalb wären die Erzeugerpreise im Keller. Tatsächlich wird mit *made in Austria* übles Schindluder getrieben, trägt Ware einen Österreich-Stempel, die unser Land bestenfalls im Vorbeifahren auf der Autobahn, auf dem Weg zur Endverarbeitung, durchquert hat (Details und Zahlen dazu in Kapitel 10). In Wahrheit haben wir auch in jenen Bereichen, in denen wir angeblich viel zu viel produzieren, die Ernährungssouveränität (vgl. Kapitel 12) längst verloren.

Ist es nicht ohnedies zu spät, weil die *Marketing- und „Cash-only"-Philosophen* sich das Ruder nicht wieder entreißen lassen?

Ich denke nicht. Abläufe in einem global wie nie vernetzten Warenverkehr zu ändern, klappt natürlich nicht von heute auf morgen. Die Coronakrise hat uns jedoch gezeigt, dass es Chancen auf Veränderung gibt, bisweilen mit radikaler Geschwindigkeit. Auch könnte ein Land wie Österreich maßgebliche Teile der Grundernährung aus eigener Kraft bewältigen, und so ist für mich beim Thema Ernährung der erste, unverzichtbare Schritt in die richtige Richtung dieser:

Wir müssen unser Bewusstsein wieder schärfen für das Essenzielle unseres Motors. Und dafür kämpfen, kämpfen, kämpfen.

Die Ergänzung der simplen Frage zu Beginn lautet demnach: Was ist das Wichtigste im Leben für meinen Körper? Die simple Antwort: das Beste natürlich. Zum leistbaren Preis. Mit transparentem Ursprung. Die Argumentation, so eine Art von Transparenz würde zu teuer sein, läuft ins Leere, die Umstellung auf eine klare Kennzeichnung wäre jederzeit möglich. Folglich bedeutet echte, unverfälschte Herkunftskennzeichnung, die diesen Namen verdient, für mich dies:

Verbrieft, verlässlich, lückenlos und auf einen Blick nachvollziehbar – für jede/jeden zu jeder Zeit. Für jedes Produkt. Für jede Zutat.

Wenn der Kragen platzt

Als ich im Herbst 2013 als Abgeordneter in den Nationalrat einzog, sagte ich mir am ersten Tag: Egal, für welche Partei du hier sitzt, du musst die Chance nutzen und deine Themen aufs Tapet bringen. So oft es geht. So drastisch es geht. Was auch immer dir die linientreuen Ja-Sager an den Kopf werfen.

Genau das tat ich, brachte unermüdlich meine Themen zur Sprache, trug in der Aktentasche ein Beispiel ums andere für Intransparenz und Betrug am Konsumenten aus dem Supermarkt ins Plenum und hielt es der Kollegenschaft unter die Nasen. Natürlich wies ich auch auf die verlogene Handlangerrolle der politischen Elite hin, der ich auf gewisse Weise ja selbst angehörte, auf das konspirative Zusammenspiel mit Handel und Industrie, und so ließen die bitterbösen Stimmen nicht lange auf sich warten.

Ich suchte mir meine Reden von einst, als ich noch ein echter Schwarzer war, heraus (die sind ja alle gespeichert und öffentlich einsehbar) und dokumentierte beim nächsten Auftritt im Nationalrat eine Haltung, die ich seit jeher vertrat. Gewiss, man soll sich nicht selbst zitieren, das grenzt an Narzissmus, doch es erfüllte seinen Zweck. Schließlich waren einige dieser alten Reden mit ein Grund für meinen Ausschluss aus dem Bauernbund gewesen.

Die Idee, ein Volksbegehren zur Lebensmittelkennzeichnung zu initiieren, trug ich schon lange in mir. Dieses Instrument der direkten Demokratie ist eines, um das uns andere Länder tatsächlich beneiden. Bekanntermaßen ist nur eine Volksabstimmung rechtlich bindend, ein Volksbegehren muss nicht direkt in die Gesetzgebung münden, tut es aber, ist der Druck für politische Veränderung nur groß genug. Im Frühling 2022 – im Spannungsfeld von Corona, Ukrainekrieg und Energiekrise und noch ehe erste Pläne zu einer möglichen Gesetzesänderung in Österreich ruchbar wurden – erschien mir die Zeit reif.

Zu wissen, dass die Genossenschaften oft mit dem Stammgeld ihrer Bauern groben Missbrauch betreiben und Konkurrenzprodukte aus dem Ausland oder Sojamilch finanzieren, anstatt Markt- und Produktforschung zu betreiben oder den Milchpreis zu erhöhen …

… zu wissen, dass der Prospekt einer Molkerei anlässlich des Weltmilchtages eine Idylle mimt, als hätte jedes Stück Vieh seine eigene Alm, und zugleich an die mehr als 300 Kühe denken zu müssen, die der größte Lieferant im Stall stehen hat …

… zu wissen, dass immer mehr Regenwald in Form von Palmfett in der Wurst landet (acht bis zehn Prozent mittlerweile) …

… zu wissen, dass die Mengen an funktionellem Eiweiß aus Schlachtabfällen (Stichwort: Separatorenfleisch) als Beigaben insgeheim zuletzt verdoppelt, verdreifacht wurden …

… all das und noch viel mehr zu wissen, ohne selbst zu handeln, war nicht länger erträglich. Mir platzte der Kragen, und so sagte ich bei mir:

Jetzt, Leo, legst du los!

Ein Volksbegehren? Einfacher als gedacht!

Experten-Kommissionen (vom Landtagspräsidenten abwärts), die mich zu Gesprächen in Sachen Lebensmittel, Herkunft und Preise luden, gaben sich ratlos, wie es wohl anzustellen wäre, so ein Volksbegehren auch ohne einen Parteiapparat im Rücken zu starten. Wie es sich aber herausstellte, ist es keine Hexerei – vorausgesetzt, du bist bereit, dir die Schuhsohlen abzulaufen und den Mund fusselig zu reden. Das war mir ja aus meinen politischen Anfängen wohlvertraut, und so sah ich mich nach einer jungen, spritzigen Werbeagentur um, die mich begleiten wollte. Ich fing an, vorerst in meinem eigenen Sprengel, „umzurühren". Ich ließ Kärtchen drucken, die ich überall verteilte, ob auf dem Bauernmarkt oder vor dem Supermarkt, drehte Videos für Social Media, sprach Hunderte, Tausende Menschen an. Es war echte Basisarbeit und ein Hauch von Wahlkampf, bloß mit diesem riesengroßen Unterschied:

Ich buhlte nicht um ein Kreuz beim Urnengang am Sonntag, um hinterher in einem Anfall von Amnesie zu vergessen, was ich versprochen hatte. Nein, ich buhlte im Namen einer Sache, die weit über meiner Person steht, von einer Bedeutung ist, die ich als einzelner Mensch niemals erreichen könnte.

Nach wenigen Monaten, im Oktober 22 und noch bevor ein Termin für die offizielle Eintragungswoche feststand, hatten wir – ohne jedwede Unterstützung von Boulevardmedien – weit mehr als 100.000 (!) Unterschriften beisammen. Ein unglaublicher Wert, der beweist, wie sehr das Thema den Menschen unter den Nägeln brennt. Negative Rückmeldungen erhielt ich so gut wie keine. Nur ein Funktionär des Bauernbundes maulte mich an: „Leo", raunte er mit verschwörerischem Unterton, „was du da schon wieder aufführst, das ist ganz schlecht für die Bauern."

Ich halte es hier mit Österreichs jüngstem Nobelpreisträger, dem Quantenphysiker Anton Zeilinger, der nach Bekanntgabe seiner Auszeichnung zum Geheimnis seines Erfolges mitunter dies in die Mikrofone der Presse sagte:

„Man muss seinen Spinnereien vertrauen!"

Während ich also strampelte und sammelte, kam plötzlich die Ankündigung der Regierung für ein neues nationales Gesetz zur Lebensmittel-Herkunftskennzeichnung für das Jahr 2023, über geltendes EU-Recht hinweg. Ein natürlich revolutionärer Akt, weil von nun an alles anders und transparent und gut würde. Ein Meilenstein, der endlich die langjährigen Forderungen der Bauernvertreter erfülle.

Schon das bisherige Regelwerk, das beinhaltet, was auf Lebensmitteln draufstehen muss und kann, ist ein kaum überschaubarer Dschungel, selbst eine knackige Zusammenfassung der Arbeiterkammer[104] bringt es auf 60 Seiten – auch für gut informierte Konsumenten eine Herausforderung, die nun um ein paar Kapitel erweitert werden soll.

Die im Herbst in die Begutachtung geschickte Vorlage sah jedenfalls Neuerungen vor, die das Gesundheitsministerium unter dem Slogan *Aus Verantwortung für Österreich* anpries, und mag nach einem flüchtigen Blick darauf fast sympathisch erscheinen:

Die Herkunft von Fleisch(produkten), Milch und Milchprodukten (Butter, Sauerrahm, Topfen, Naturjoghurt, Schlagobers, Frischkäse) sowie Eiern (Flüssig- und Trockenei) muss künftig angegeben werden, handelt es sich um Primärzutaten (Anteil von mindestens 50 Prozent) in

- verarbeiteten Lebensmitteln oder
- Großküchen (öffentliche Verpflegung).

Des Weiteren muss

- bei Fleisch angeführt sein, wo das Tier geboren, gemästet und geschlachtet wurde,
- bei Milch, wo sie gemolken wurde, und
- bei Eiern, wo sie gelegt wurden.

Kennzeichnungspflicht für die Gastronomie?

Bedauerlicherweise war's das schon wieder. Die Einschränkungen bzw. nicht erfassten Bereiche überwiegen um ein Vielfaches. Die Gastronomie bleibt (angeblich nur fürs Erste) beinahe zur Gänze verschont. Die Lobby der kleinen Gastronomen dahinter zu vermuten, wäre aber grundfalsch. Immer mehr Wirte weisen die Herkunft ihrer Speisen im Kampf um Kundschaft und Glaubwürdigkeit jetzt schon freiwillig aus, und doch lehnt sich ihr Sprecher, Wirtschaftskammer-Spartenobmann Mario Pulker, gegen eine generelle Kennzeichnung auf. In einem Interview mit der *Kronen Zeitung* sprach er von einer Kriegserklärung[105], die so eine Pflicht bedeuten würde. Ferner drohte er: „Wenn man es trotzdem versucht, dann kracht es aber heftig."[106] Sollte er damit rechtliche Schritte meinen, erscheint mir das, als wolle der Brandstifter die Feuerwehr vor Gericht zerren.

Für mich jedenfalls ist eine Kennzeichnungspflicht ein Gebot der Stunde, nicht zuletzt, weil viele Gastronomen an ihrem Kaufverhalten nichts ändern wollen[107] und wohl nicht zu jenen zählen, bei denen das Tierwohl an oberster Stelle steht. Für Empörung sorgte Pulker übrigens, als er in dem Zusammenhang meinte, es „wird der Sau relativ wurscht sein, ob sie in Österreich oder Ungarn auf einem Spaltenboden steht". Darum müsse es weiterhin jederzeit möglich sein, Fleisch aus dem Ausland zu kaufen. Ganz gleich, was auf der Speisekarte stehe.[108]

Die erbittertsten Gegenspieler jedoch sind einmal mehr die Großen – allen voran die Systemgastronomie, und solange die Gesetzeslage ist, wie sie ist, liegt es, liebe Leserinnen und Leser, wohl vorrangig an uns Konsumenten, solche Gaststätten möglichst zu meiden, uns generell gesünder und fleischärmer zu ernähren. 70 Prozent des gesamten gastronomischen Aufkommens in Österreich fallen in die Sparte Systemgastronomie, die im Auftrag der öffentlichen Hand erfolgte Verpflegung macht dabei nur einen Bruchteil aus.

Fazit: Dort, wo es Usus ist, Billigfleisch aus Osteuropa und dergleichen ins Essen zu mischen oder den ruinösen Preiskampf zusätzlich anzuheizen, ändert sich auch mit einem neuen Gesetz gar nichts. Die Möbelhäuser bieten weiterhin Kampfpreisschnitzel um 3,90 Euro beim Einkaufen an, und geliefert werden sie von Betrieben wie der Schnitzelmanufaktur. Ein hochtrabender Name übrigens, vermittelt *Manufaktur* doch Handarbeit mit hoher Qualität. Tatsächlich treiben Hundertschaften (oftmals Leiharbeiter) eine High-Tech-Fertigung maßgeschneiderter, durch Pressen in die gewünschte Form und Millimeterstärke gebrachter Fleischlappen voran, ein Vorgang, der behübschend *Konfektionierung*[109] genannt wird.

Wozu ein Volksbegehren, wenn „die da oben“ eh was machen?

Genau deshalb. Weil es alles andere als ausgemacht ist, dass selbst die abgespeckte Version kommt. Zu Weihnachten 2022, bei Redaktionsschluss dieses Buches, sah es nicht danach aus, eher nach einem weiteren Musterbeispiel jener Ankündigungspolitik, die in der Ära Kurz perfektioniert wurde. Zumal mit der Jubelmeldung gleichsam im Kleingedruckten dieser Passus mitgeschickt wurde:

Wenn Brüssel zustimmt

Und das kann, wie wir wissen, Jahre dauern. Genau darum brauchen wir Initiativen wie „Echt ehrlich“. Auch ist unklar, welche europaweiten Regelungen in puncto Herkunftskennzeichnung angedacht sind, wann und ob sie überhaupt kommen. Das gilt auch für die in vereinzelten EU-Ländern existente Nährstoffampel (Nutri-Score), die per Farbenskala auf einen Blick Aufschluss gibt über Fett, Salz und weitere Zutaten im Essen, vor allem Zucker, jene Beigabe, die bei Diskussionen zur Schädlichkeit gerne in Form von Zuckerstücken aufgelistet wird (denken Sie nur an das Bild der Coca-Cola-Flasche, mit der davor aufgeschichteten Zuckerwürfel-Pyramide), tatsächlich jedoch zumeist aus dem Chemiesüßstoff und Krebserreger Aspartam besteht.

Was sagt die Industrie dazu?

Die Reaktion[110] der heimischen Lebensmittelindustrie auf die Ankündigung des neuen Gesetzes ist ein selbstentlarvendes Schmankerl. Ich möchte Ihnen ein paar Highlights aus dem Text zitieren, den Katharina Koßdorff, *Fachverbandsgeschäftsführerin der Nahrungs- und Genussmittelindustrie* in der Wirtschafskammer (WKÖ), in einer Aussendung unter dem Titel „Nationale Herkunftskennzeichnung wird Teuerung bei Lebensmitteln weiter anheizen" zum Besten gab:

So würden, schreibt sie zu Beginn, nicht nur die Lebensmittelhersteller gefährdet, sondern auch die Konsumentinnen und Konsumenten Schaden erleiden. Der enorme organisatorisch-technische Aufwand verursache sehr hohe Kosten und stünde …

„… als nationaler Alleingang im Widerspruch zu geltendem EU-Recht".

Dass nationales Recht besser sein darf als europaweites, insbesondere, wenn es mit dem Schutz von Gesundheit der Verbraucher und Verbraucherinnen argumentiert wird, hat sich wohl noch nicht herumgesprochen, aber es kommt dicker, heißt es doch im nächsten Absatz:

„ … trifft die geplante Herkunftskennzeichnung für Fleisch, Milch und Eier als Primärzutat in verarbeiteten Lebensmitteln und der Gemeinschaftsverpflegung ausschließlich die heimischen Hersteller (‚Inländerdiskriminierung')".

Wie, frage ich, nennt sich das, was jeden Tag zuhauf geschieht: Ware wird importiert, im Verborgenen zu österreichischer umgearbeitet und mit der rot-weiß-roten Banderole als solche verkauft? Ausländerdiskriminierung?

Gleich danach findet sich diese Offenbarung:

„Da die heimische Landwirtschaft keine ausreichenden Mengen an Agrarrohstoffen für eine vollständige Selbstversorgung Österreichs liefert, sind wir auf Importe angewiesen."

An der Stelle musste ich beim Lesen (abgesehen vom Pfui-Wort Agrarrohstoffe – ein Begriff, der nachwachsende, noch unbearbeitete Naturprodukte umfasst wie Kaffee, Tabak, Tee, Hackfrüchte, Obst, Ölpflanzen oder Baumwolle) erstmal Luft holen. Schließlich habe ich noch jenen denkwürdigen Tag in blühender Erinnerung, als ich bei der Recherche für dieses Buch einen hohen Beamten der *Statistik Austria* in seinem Büro in Wien ins Schwitzen brachte (dazu mehr in Kapitel 10), da er mir die ewig gleiche Mär einer die Erzeugerpreise drückenden Überproduktion und Überversorgung des Landes in weiten Teilen des Agrarbereichs aufbinden wollte.

Welcher Repräsentant der Republik lügt nun? Das Zentralorgan für Statistiken aller Art im Bundeskanzleramt? Das Zentralorgan für nationale Wirtschaft? Oder alle beide und jedes dort ein bisserl mehr, wo es ihm in den Kram passt?

Auch das Verpackungsmaterial muss als triftiges Gegenargument der Industrie herhalten. Altbestände dürften nicht länger verwendet, müssten – Stichwort Nachhaltigkeit – entsorgt werden (der Kenner weiß: So schnell geht das nie und nimmer, Zeit genug für eine Anpassung ohne Zusatzkosten), während ausländische Produzenten sich diesen Mehraufwand sparen würden. Ein Alleingang würde in letzter Konsequenz bedeuten, dass …

„… *Importprodukte günstiger angeboten werden können als heimische Lebensmittel*“.

Alleingang? Ja, bitte! Her damit! Frankreich und Italien haben teils bereits seit 2017 die eine oder andere Regelung und wurden, wenn ich nicht irre, nicht aus der EU ausgeschlossen. Und von der Billig-Konkurrenz aus dem EU-Ausland im Kampf um Regalplätze im Supermarkt können unsere Bauern jetzt schon Klagelieder ohne Ende singen. Bestes Beispiel: 30 Prozent des heimischen Butterbedarfs werden importiert, obwohl zugleich von staatlicher Seite auf die massive Überproduktion von Milch im Land hingewiesen wird (Details in Kapitel 10).

Mit einem Alleingang indes lägen die Karten auf dem Tisch. Österreich könnte endlich wieder dort anknüpfen, wo rot-weiß-rote Qualität noch als geschätztes Alleinstellungsmerkmal und Kriterium für Güte galt. Denn auch das – so sehr es den Nationalstolz kränken mag – ist nicht zu leugnen: Österreich unterscheidet sich gegenwärtig in Qualität, im Tierwohl oder im ökologischen Fußabdruck um nichts von den meisten europäischen Ländern. Auch wir schwimmen im EU-weiten Einheitsbrei der Lebensmittelindustrie. Dazu nur dieses Detail am Rande: Von sämtlichen im gelobten Land Tirol in der Gastronomie konsumierten Lebensmitteln stammen rund vier Fünftel nicht aus Österreich.

Aber wir sind noch nicht am Ende mit Frau Koßdorffs rhetorischem Schwertkampf. Auch ergäben sich mit eigenen, besseren Gesetzen für heimische Konsumenten mangels Vergleichbarkeit keinerlei Vorteile, würden doch im Supermarktregal …

„… importierte, nach EU-Vorgaben gekennzeichnete Waren neben Produkten liegen, die nach den österreichischen Vorgaben deklariert sind".

Genau das würden mehr als 80 Prozent[111] der Bevölkerung auch gerne tun, so sie sicher sein könnten, dass sie zu echter heimischer Ware greifen – und viele wären auch bereit, dafür ein bisserl mehr zu bezahlen.

200 Unternehmen im Land mit ihren 27.000 Beschäftigten, schreibt die WKÖ-Abgesandte ferner, würden jährlich ein Produktionsvolumen von deutlich über 9,5 Milliarden Euro erwirtschaften. Rund acht Milliarden davon (84 Prozent) gehen als Waren der Lebensmittelindustrie wieder ins Ausland, in 180 Länder. Ich hätte mich solche Zahlen nicht einmal zu schätzen getraut. Was das im Vergleich zu den erwähnten Verpackungen für Umwelt und Klimaschutz bedeutet, müssen wir nicht diskutieren.

Nur eines noch, weil das Beste immer zum Schluss kommt: Wer „österreichisch" kaufen wolle, finde bereits ein überwältigendes und sichtbares Lebensmittelangebot vor. Und:

„Ein Beispiel für freiwillige Herkunftskennzeichnung ist das AMA-Gütesiegel. Es bietet seit mehr als 20 Jahren alles, was politisch gewünscht wird."

Alles, was politisch gewünscht wird. Ein treffenderes (wiewohl so kaum beabsichtigtes) Vernichtungsargument für das AMA-Siegel, für das dahinter stehende System, hätte mir gar nicht einfallen können.

Beenden möchte ich dieses mir so wichtige Kapitel mit einem flammenden Appell an jene, die bisher eine überschaubare Performance im Dienste Österreichs, seiner Menschen abgeliefert haben – von Wirtschafts-, Landwirtschafts- und Arbeiterkammer bis hin zur Österreich-Werbung. Mögen sie endlich ein klares Bekenntnis dazu abgeben:

JA zu 100(!)-prozentiger Herkunftskennzeichnung ALLER heimischen Lebensmittel! Und nicht bloß zur Hälfte bei Milch, Fleisch und Eiern!

Damit hätte sich die leidige Diskussion um Wildwuchs, Glaubwürdigkeit und Verlässlichkeit sogenannter „Qualitätspickerl" erledigt. Wenn immer noch 50 Prozent NICHT gekennzeichnet werden müssen, sind das um 50 zu wenig und würde nach wie vor Betrug und systematischer Verschleierung Tür und Tor öffnen, sie sogar gesetzlich einzementieren. 50 Prozent Ehrlichkeit bedeuten nämlich:

Zu 50 Prozent darf weiterhin nach Lust und Laune geschummelt werden.

In immer mehr Bereichen, insbesondere beim Zahlen von Steuern, wird totale Transparenz verlangt. Warum nicht auch bei Lebensmitteln? Oder sind Sie, liebe Leserinnen und Leser, jemals bei einer Betriebsprüfung damit durchgekommen, dass Sie gesagt haben: „Nicht böse sein, liebe Leute, ich zeige euch heute nur 50 Prozent meines Betriebes. Den Rest könnt ihr euch ja hinzudenken."

7

Big Business im Kuhstall 4.0

Von Futtermittel-Befehlen aus dem All und einer „Viehsion"

George Orwell grüßt aus dem Pansen

Warum gibt es uns Landwirtinnen und Landwirte? Warum machen wir das? Warum tun wir uns das – immer noch – an?

Weil wir es gerne tun. Weil schon unsere Ahnen es getan haben. Weil wir hoffen, ein vernünftiges, den Einsatz in einem würdevollen Ausmaß abgeltendes Auskommen für unsere Familien zu erwirtschaften. Weil uns die Erhaltung der Kulturlandschaft am Herzen liegt. Weil unsere Arbeit ein Stück sozialer Verantwortung für die Gesellschaft darstellt, das wir leisten und auf das wir stolz sein dürfen. Weil der Viehzüchter, der auch ich (wie meine Vorfahren) zeitlebens gewesen bin, 365 Tage im Jahr im Stall ein und aus geht, zu jeder Tages- und Nachtzeit, bei jedem Wetter für seine Tiere da ist, sie füttert, pflegt, eine Beziehung zu ihnen aufbaut, bei Geburten hilft, ihnen die Klauen putzt (eine echte Drecksarbeit, sage ich Ihnen, aber wir Menschen laufen ja auch nicht gerne mit einem Stein im Schuh durch die Gegend) – und weil es uns freut, wenn andere diesen Einsatz erkennen und bisweilen mit einem netten Wort, einer Geste, einem Dankeschön würdigen.

Der Antrieb, Bauer zu sein, ist ein Mix aus alledem und noch mehr. Auch tun wir es, um ein selbstbestimmtes Leben zu führen. Nun ja. Auf einer Zeitachse, die bei den unfreien Bauern anfängt, die Bauernkriege abhandelt, die Ära der großen, stolzen Bauernfamilien einschließt und ins Heute reicht, ist wohl eher wieder die Rückentwicklung ins Unfreie zu markieren. Bloß dass die neue Herrschaft statt auf Burgen in Glaspalästen residiert, Scholle wie Nutztieren Erträge in einem Ausmaß und mit Folgen abpresst, die das schändliche Treiben der einstigen Obrigkeit in den Schatten stellt.

Die Zeiten haben sich geändert, radikal sogar, und so ist neuerdings auch in meinem Beruf *Precision Farming*, Präzisionslandwirtschaft, auch CAF *(Computer Aided Farming)* genannt, das Maß aller Dinge. Da werden digitale Karten erstellt, Einsatzmengen von Dünger und Pestiziden vorab aufs Gramm berechnet, der mögliche Ertrag dito (sofern die unterschiedliche Bodengüte und Wetterextreme keinen Strich durch die Rechnung machen). Auch Drohnen sind längst in der Landwirtschaft 4.0 angekommen, und wer einen Bauern mit Tablet auf dem Traktor sieht, darf sich nicht wundern. Melkroboter sind Standard, Ernte- und Pflückroboter auf dem Vormarsch. Mähdrescher gleichen kleinen Fabriken auf Rädern, und stark im Kommen sind auch digitale Lenksysteme über Satellitensteuerung, die den Menschen nur als letzte Kontrollinstanz an Bord haben. Wirklich gebraucht wird er nicht. Algorithmen weisen in Richtung einer lückenlosen, perfekten Überwachung, die uns Bauern aus dem All mitteilt, wenn wir im Sinne der Ertragsoptimierung mit dem Traktor auf dem Acker Abstände nicht nach Maßgabe einhalten oder dem Vieh um ein paar Gramm zu wenig Kraftfutter verabreichen. Jetzt schon, mit steigender Hofgröße, ist der Landwirt oftmals mehr Manager als Heger und Pfleger der Tiere oder Hüter von Grund und Boden.

Wandel ohne Nachhaltigkeit

Ob im Stall, ob auf dem Feld – dieser Wandel vollzieht sich unter der Strahlkraft von Schlagwörtern wie Effizienz, Produktivität und Fortschritt. Indes, mit Nachhaltigkeit hat das kaum zu tun, nicht mit Klimaschutz, nicht mit Biodiversität. So sehr multilaterale Konzerne uns weismachen wollen und behaupten, DIE Lösung im Köcher zu haben – der Welthunger ist weder Problem zu geringer Mengen noch eines nicht maximierter Produktivität. Er ist allein eines der Verteilung. Doch die Maschinerie der Industrie läuft und läuft, und wie nebenher nimmt die Lenkung, besser: die Manipulation, immer neue Formen an.

1984 lässt grüßen.

Aber: Bei aller Gabe George Orwells zur dystopischen Fantasie – unsere Realität hätte nicht einmal er sich träumen lassen. So gibt es zum Beispiel Sensoren, die als Wächter des Mikrobioms im Pansen fungieren. Sie funken eine Vielzahl von Daten in Echtzeit aus Kuhmägen in Bauernstuben oder Labore und sollen helfen, Krankheiten oder Mängel in der Ernährung zu erkennen. Dazu gibt es Sonden, die Fremdkörper anzeigen oder versprechen, die Reproduktionszahlen, das Stallmanagement an sich zu optimieren. Auch die Virtual-Reality-Kuhbrille (kein Scherz!) ist im Einsatz, sie ermöglicht die Wahrnehmung der Umgebung aus Sicht des Viehs. Kühe haben nur 30 Prozent der menschlichen Sehkraft, nehmen jedoch hell/dunkel viel stärker wahr, verfügen über ein 330-Grad-Sichtfeld und hören auch im hochfrequenten Bereich. Man wolle erreichen, sagte ein Forscher über die VR-Technologie, dass Landwirte die Tiere besser verstehen lernen und bockige Kühe im Melkstand nicht länger anschreien, sondern mit Augen und Ohren des Tieres nach dem Problem suchen.[112] Soweit ich mich an die vergangenen 50 Jahre erinnere, haben meine Kühe und ich uns immer gut verstanden. Optisch wie akustisch.

Nach dem generellen Unterschied zwischen Ackerbauern und Viehbauern in der Landwirtschaft 4.0 befragt, sage ich: Die Ackerbauern ernten den Ertrag, wir die Arbeit. Einen Hektar Ackerboden zu bestellen, mit der Technik im Rücken, ist aufs Jahr gesehen mit zehn Arbeitsstunden zu schaffen. Am Ende steht die Marktfrucht, ob Mais, Weizen, Soja, Gerste, Hafer etc.

Einen Hektar Grünland im Jahreszyklus abzuernten, bedeutet den vierfachen Aufwand. Und dann habe ich erst Heu oder Silage zu Hause, Futtermittel. Da bin ich noch weit weg von einer Ware, die ich zum Markt tragen kann, es sei denn, ich verkaufe das Heu für die Gewinnung von Bio-Gas und tappe in die Falle (dazu Kapitel 9).

Demütigung unter dem Bio-Siegel

Beim Ackerbau hat die totale Mechanisierung ihren Siegeszug fast schon vollendet, und im Stall – davon bin ich überzeugt, das ist gleichsam meine „Viehsion“ – soll es nach demselben Muster laufen. Der völligen Computerisierung der Viehwirtschaft 4.0 und den Bedürfnissen des Marktes wird alles untergeordnet – allem voran das Tierwohl.

Dass ein Bio-Betrieb Melkroboter einsetzt, nun ja, soll sein. *Smart Farming* nennt sich das, wenn die App 65 Kühen per Roboter sagt, wo es zum Milchlassen geht, wann der Boden automatisch gesäubert wird und wann es für wen wie viel Futter gibt. Manche Roboter säubern nicht bloß den Stall, sie verpassen dem Vieh auch Streicheleinheiten. Beworben werden die High-Tech-Helferlein um ihrer Kompaktheit, Agilität und steten Einsatzbereitschaft wegen.

Höfe mit 400 oder 500 Stück Vieh finden so ihr Auslangen mit drei bis vier Arbeitskräften. Fürs persönliche Tätscheln einer Kuh, ein paar Worte bleibt keine Zeit. Natürlich sind die Strukturen in Österreich gottlob noch kleinteiliger, doch auch hierzulande geht der Trend eindeutig in Richtung Großbetriebe.

Als Tierfreund der alten Schule ist das alles für mich schon bedrückend genug, doch ganz übel wird mir, sehe ich auf Werbeprospekten Kühe aus biologischer (!) Haltung, die grenzenlos glücklich zu sein scheinen, wiewohl ihnen etwas ganz Entscheidendes fehlt:

Das Horn.

Siebtes Organ nennt man es auch, und ebenso viele elementare Funktionen hat es.

1. **Klimaanlage**: zur Temperaturregelung im Körper (ein kaltes Horn ist der Hinweis auf eine Krankheit)
2. **Wahrnehmungsorgan**: Ein Netz hochempfindlicher Nerven lässt das Tier kleinste Erschütterungen wahrnehmen (und sogar Erdbeben Stunden im Voraus spüren)
3. **Kommunikationsorgan**: zur Verstärkung der Kopfgebärden. Damit „unterhalten" Kühe sich gleichsam.
4. **Bessere Grundfutterverwertung**: Das Horn ist über Speiseröhre und Stirnhöhle direkt mit dem Magen verbunden. Die in der Kopfhöhle gebildeten Gase (ja, genau, das böse Methan!) regen die Speichelproduktion beim Wiederkäuen an.
5. **Körperpflege**: das Horn als Hilfsmittel (Kratzbürste)
6. **Regulativ bei Innen- und Außenwahrnehmung**: Das Horn wächst täglich, mal mehr, mal weniger, je nach Stress und äußerer Belastung, und erzeugt ein gutes Gleichgewicht zwischen innen und außen.
7. **Statussymbol**: Das Horn als Gradmesser der Anerkennung in der Herde, die Zahl der Kerben zeigt obendrein, wie oft eine Kuh gekalbt hat.

So eine Enthornung ist ein harter Eingriff. Da wird dem jungen Tier mit 180 Grad der Ansatz weggebrannt, direkt am Knochenaufbau. Das ist ein Eingriff mit Folgen, denn das Tier hat ein Drittel an Gehirn- bzw. Schädelnervenmasse eingebüßt, ist für sein Leben geprägt, gedemütigt, würdelos gegenüber Artgenossen mit Hörnern. Viele haben hinterher hängende Ohren.

Das Prozedere trifft keineswegs „nur“ konventionell gehaltene Kühe. Jenen, die unter dem Bio-Siegel laufen, widerfährt es ebenso und zuhauf. Das allein empfinde ich schon als skandalös.

Warum also wird es gemacht? Wegen der angeblichen Verletzungsgefahr? Die Wahrheit ist: Um Ihrer Hörner, ihres Mittels zu Abwehr, Warnung, Verteidigung des Reviers beraubt, gehen gereizte Kühe in den Körperangriff über. Es bleibt ihnen nichts anderes übrig. Sie puffen dann direkt mit der Stirn zu oder setzen den ganzen Körper ein. Erst da wird es wirklich brenzlig.

Gewiss, dem Melkroboter mit all seinen Schläuchen und Leitungen, der Effizienz in den durchgetakteten Abläufen, kann so ein Horn schon mal ein Schnippchen schlagen. Auch haben in einem Laufstall mehr Kühe ohne als mit Hörnern Platz. Und so darf es nicht verwundern, dass als Alternative zum Abbrennen bereits an der Hornloszucht[113] von Rindern getüftelt wird. Hier schließt sich der Kreis. Es geht, einmal mehr, ums Geschäft.

Big Business im Kuhstall 4.0. Segen oder Fluch? Wohin führt Big Data in der Landwirtschaft noch?

Niemand vermag es mit Gewissheit zu sagen. Was ich jedoch weiß: Über aller Technikaffinität und Fortschrittsbegeisterung dürfen wir nicht den Blick fürs Wesentliche verlieren. Für mich als leidenschaftlichen Viehzüchter bedeutet das: das Wohl der Tiere.

Allein schon aus generellem Respekt jedem Leben gegenüber wie auch zum Dank für alles, womit sie uns beschenken.

Wir alle, auch wir Bauern, dürfen unser natürliches Gespür nicht aufgeben und müssen vor den Heilsversprechen jener auf der Hut sein, die im Dienste einer längst auch ökologisch-biologischen Masseniindustrie eine Welt vorgaukeln, die es so nicht gibt und die in eine gefährliche Abhängigkeit führt.

Mein persönliches Unwort des 21. Jahrhunderts

Der Wohlfühlschlachthof

Googeln Sie das Wort Wohlfühlschlachthof, poppt zuerst jener Link auf, bei dem mich das große Unwohlsein packt: „Österreichs erster gläserner Schlachthof nach Tierwohl-Grundsätzen“[114] steht da in fetten Lettern. Und darunter wird von Hofkultur gesprochen, davon auch, es handle sich hierbei um …

„… *Europas erstes Tierwohl-Projekt, das nun über die gesamte Wertschöpfungskette reicht: beginnend beim Landwirt, über den Frächter und dem Schlachthof bis hin zur Verarbeitung und dem Handel. Denn nur wenn wir eine optimale Basis für den verantwortungsvollen Umgang mit dem Tier schaffen, kann auch eine höhere Qualität für die Fleisch-, Wurst- und Schinkenprodukte garantiert werden.*“

Hinterher geht es ins Detail mit den unschlagbaren Vorzügen für den, der bei dem oberösterreichischen Schlachthof sterben lässt. Da ist von angepassten Buchten die Rede, Abwicklung in aller Ruhe, eigens entwickelten Betäubungsanlagen, naturbelassenen Materialien im optimierten Raumklima, durchdachter Lichtführung, ausgeklügelten Treibwegen.

Aha, sage ich mir angesichts der salbungsvollen Worte. Ein würdevoller Umgang für den Abgang. Am liebsten würde ich selbst dorthin gekarrt werden, wenn es soweit ist. Weil da, im Schlachthof, wo das Leben endet, der echte Wohlfühlfaktor erst so richtig anzufangen scheint. In der Sterbestunde. Nun ja, zuvor, beim Frächter, auch, wie es heißt, und hinterher geht die Würde unvermindert weiter. In der Verarbeitung. Im Handel sowieso, wo uns *Ursprungsbauer, Fair zum Tier*-Siegel und andere ein gutes Gewissen suggerieren. Ein einziger Kreislauf von Würde und Respekt also, und auf einmal scheint mir die eigene Rolle klein und nichtig. Ja, ich sage mir: Waren all die Stunden, Tage, Jahre zuvor auf dem Bauernhof bloß der untaugliche Versuch einer Annäherung ans große finale Glück?

Stirbt die Bio-Kuh glücklicher?

Diese Illusion muss ich den Freunden der biologischen Viehwirtschaft nehmen. Auch das Bio-Rind geht den Weg seiner konventionell gehaltenen Verwandten. Stress pur beim Verladen auf den Lkw, unheimliche Geräuschkulissen, kaum Platz, bisweilen viel zu lange Transportwege, die Tiere leiden Todesängste, schütten Stresshormone aus, die das Fleisch wässrig oder zäh machen können – und am schlimmsten ist dieser letzte Weg für jene, die in Freilandhaltung gelebt haben. Ein Jungrind, das zeitlebens auf der Weide war, ist bei der Ankunft im Schlachthof waschelnass.

Ich habe selbst sieben Jahre lang Transporte mit dem eigenen Lkw durchgeführt. Fremde Tiere zum Schlachthof zu führen, ist schon nicht einfach. Sind es die von Bekannten, geht der Puls nach oben. Bei den eigenen jedoch fühlst du dich einfach nur miserabel. Du möchtest nichts lieber, als ihnen den letzten Weg so schonend wie möglich bereiten, doch das geht zumeist aus rechtlichen Gründen nicht (dazu gleich mehr). Du hast sie ein Leben lang begleitet, gepflegt, gefüttert, den Tierarzt für sie geholt, eine Beziehung aufgebaut, ihnen den Buckel gegrault und Namen gegeben. Mit meinen Enkelkindern habe ich ein Spiel: Ich nenne die Ohrmarkennummer – und sie den Namen des Tieres.

Meine Enkel dürfen auch noch von der Futterluke auf dem Heuboden ins aufgeschichtete Heu hinab in den Stall springen, so wie wir früher. Sie wissen auch noch, wie man von Hand Mist auflegt, und sie lernen von klein auf: Die intensive Mensch-Tier-Beziehung macht es aus. Auch wenn wir die Tiere am Ende schlachten müssen.

Darum (ich weiß, ich mache mich unbeliebt) bin ich nicht prinzipiell gegen Anbinde-Haltung. Im Gegenteil. In Kombination mit wohl bemessenen Freilaufzeiten ist das eine grundvernünftige Sache. Man darf sich das nicht wie in Mittelalterfilmen vorstellen. Moderne Ställe mit Anbinde-Haltung sind keine finsteren Höhlen, wo Tiere dumpf gegen nahe Wände starren und im Dreck ersticken. Luftig und hell sind sie zumeist, geräumig und (von den Massenbetrieben mal abgesehen) dem Tierwohl nicht abträglich. Der Anteil jener Betriebe, wo Tiere rund um die Uhr im Stall sind, liegt hierzulande deutlich unter zehn Prozent – und zumeist sind es sehr kleine Höfe mit wenigen Tieren. Die Mischform von Weidezeit und Stallzeit mit Anbinde-Haltung ist gang und gäbe und wird unter Einhaltung gewisser Kriterien auch auf sehr vielen Bio-Höfen praktiziert.[115]

Laufställe sind jedenfalls nicht das Allheilmittel, wie selbst ernannte Experten meinen. Für eine altgediente Kuh, die (vorausgesetzt, sie darf so lange leben) 14 Jahre und viele Abkalbungen auf dem Buckel hat, kann der

Weg durch den Laufstall zum täglichen Spießrutenlauf werden, muss sie sich plötzlich gegen eine Herde junger Wilder behaupten. Hinzu kommt, dass in Laufställen ausnahmslos enthornte Tiere gehalten werden, mit dem Vorteil wesentlich größerer Stückzahlen auf engem Raum. Auch das ist Teil des Geschäftsmodells und im Sinne der Zuchtverbände. Warum? Weil der Organismus von Rindern in Laufställen zwar um bis zu 200 Kilogramm Milchleistung zulegt, doch anstelle von 10 bis 15 Jahren oder mehr im Schnitt nur fünf bis sechs Jahre durchhält. Dann muss Nachschub her.

Apropos Zuchtverbände: Diese Art von Vermarkung ist zu hinterfragen. Da werden bei Volksfesten Auszeichnungen nach solchen Gesichtspunkten verteilt: Die goldene Glocke für den mit der höchsten Milchleistung; eine Goldmedaille für den mit der höchsten Zuwachsleistung. Schwein. Stier. Kuh. Ziege. Schaf. Egal, wer am stärksten Gas gibt, wird prämiert. Und so kommt es, dass sogar Bio-Kühe (!) in puncto Milchleistung (Stichwort: Turbo-Kuh) ganz vorne dabei sind. Wo Natur und Tierschutz draufstehen, ist oft Geschäftemacherei drin.

Business. Business. Business.

Kurzum: Nutztierhaltung erfordert viel Gefühl, Erfahrung, Augenmaß – und kein generelles Drüberfahren von oben herab, aus den Amtsstuben. Doch ob so oder so, der unvermeidliche Tag X kommt. Und du weißt: Hast du keine andere Möglichkeit als die Fahrt zum Schlachthof, geht der Horror für deine Tiere los. Fast immer landen sie in gigantischen Hallen, wo sich apokalyptische Szenen abspielen. Details erspare ich Ihnen, nur dies: So himmlisch ein Rinderleben gewesen sein mag, die letzten Stunden sind die Hölle. Tiere wittern ihren Tod. Kam der Metzger zu uns auf den Hof, früher, als ich noch ein Kind war, und rochen die Rinder das Blut an seinem Mantel, war der Teufel los. Doch das alles ist nichts gegen die Treibgänge in den Schlachthoffabriken.

Der bereits in zahlreiche Skandale verwickelte Massenschlachtbetrieb Tönnies gerät immer wieder in die Schlagzeilen, seien es die unmenschlichen Bedingungen für Mitarbeiter, seien es andere Zustände. Zuletzt sorgte der Konzern im Herbst 2022 für Wirbel, als er sämtliche Lieferverträge mit Schweinebauern kündigte, die an der „Initiative Tierwohl" teilnehmen (Ähnliches machten auch die deutschen Molkereien), und jedweden Bemühungen um Verbesserungen einen mächtigen Dämpfer versetzte. Begründung: Die Nachfrage nach Tierwohl-Fleisch sinke, es lohne sich nicht mehr. Tönnies ist einem Bericht der Zeitung *Die Welt* zufolge übrigens auch im Bio-Schlachtsegment Marktführer. Kommentar des Firmensprechers:

„Bio ist keine Frage der Schlachtung und Verarbeitung, sondern der Tierhaltung."

Für beide Haltungsformen gelten bei der Schlachtung hinsichtlich Fleischhygiene und Tierschutz die gleichen Anforderungen. Bio-Tiere erhalten keine Sonderbehandlung, werden nicht mit Schüssler-Salzen zur letzten Ölung gelabt und in den großen Schlaf gestreichelt. Auch der Wohlfühlschlachthof ist nicht dieser versprochene Wohlfühlort am Ende der Reise. Er ist ein Massenbetrieb und nicht die eigens gebaute Therme für Rinder, wo sie noch einmal gewaschen, schamponiert und geföhnt werden, Pediküre inklusive, ehe es heißt: „Darf ich bitten? Es wäre jetzt wegen ..." Im Gegenteil. Die EU-Ökoverordnung sagt dazu nur:

„Ein Leiden der Tiere, einschließlich Verstümmelung, ist während der gesamten Lebensdauer der Tiere sowie bei der Schlachtung so gering wie möglich zu halten."

Die Qualen so gering wie möglich halten, das ist eine weit auslegbare Vorgabe. Ein deutscher Landwirt hat die quälende Ungewissheit, was mit seinen Tieren nach dem Abtransport vom Hof geschieht, im ZDF so ausgedrückt: „Die ganze Schlachtbranche ist eine Blackbox."

Alternativen? Die Errichtung von Bio-Schlachthöfen für größeres Aufkommen lohnt sich nicht, sagt die Branche. Der Metzger ums Eck, der das übernehmen könnte, ist eine aussterbende Art und, wenn überhaupt, bloß für Einzelschlachtungen verfügbar. Die überbordende Bürokratie hat Versuche tierfreundlicherer Angebote jahrzehntelang systematisch zunichtegemacht, Pioniere in den Konkurs getrieben. Erst in allerjüngster Zeit kommen nun doch Schlachter auf Rädern auf, die durchs Land tingeln und unter strengsten Auflagen vor Ort das Unvermeidliche tun.[116] Dafür reduziert die Schlachtung am Hof den Stress auf ein absolutes Minimum. Das wäre ein Sterben in gewohnter Umgebung, das dem Tier bis zuletzt seine Würde belässt.

Es sind löbliche Versuche, bis dato jedoch Randerscheinungen. Dasselbe gilt übrigens auch zu Lebzeiten vieler Tiere, die den Glück verheißenden Ökostempel tragen.

Alles bio, alles roger?

Der große Bio-Schmäh.[117]

Unter diesem ebenfalls bei *Ueberreuter* erschienenen Titel wirbelte ein Buch im Jahr 2012 weit über die Öko-Szene hinaus Staub auf. Der Agrarbiologe Clemens G. Arvay deckte in Walraff[118]-Manier und detaillierter Deutlichkeit erstmals auf, was den Menschen unmöglich erschienen war. Zu sehr war noch jener Ur-Gedanke biologischer Landwirtschaft in den Köpfen verhaftet, der diese Vorstellung von Latzhosen-Romantik und Aussteiger-Mentalität begründet hatte, und die Bilder eines Bio-Bauern Prinz (jetzt König) Charles oder mancher Showbauern taten ihr Übriges. Bestimmt (davon waren bis dahin die meisten Menschen im guten Glauben, nicht zuletzt dank der ewig gleichen Werbebotschaften überzeugt) läuft es immer noch so, bloß mit mehr Bauern. Qualität in bio war in der breiten Gesellschaft angekommen. Ein Trend hin zum ausnahmslos Guten. Dass bei einer derart dynamischen Entwicklung etwas im Argen liegen könnte, war so neu wie unbegreiflich und für die Leserschaft schwer verdauliche Kost.

Arvay gewährte Einblick, legte die Mechanismen schonungslos offen, war er doch bei seiner Suche nach den glücklichen Schweinchen und anderen Hoftieren auf Tierfabriken gestoßen, auf grenzwertige Bedingungen in der Haltung, auf eine ins Kleinste durchgetaktete industrialisierte Landwirtschaft im Geiste des Massenmarktes mit endlosen Monokulturen – Zustände, die allein der immer stärker rollenden Bio-Welle und ihren Hauptproponenten, den Supermarkt-Riesen, geschuldet war. Sie vernaschten damals schon das größte Stück vom Bio-Kuchen, tun es heute mehr denn je.

Elf Jahre sind seit Erscheinen des Bestsellers vergangen, und so fragen wir uns: Hat sich etwas verändert? Wenn ja, wohin?

Too big to fail?

Definitiv verändert hat sich Folgendes: Der Bio-Markt ist heute um ein X-Faches größer, ein Milliardengeschäft, das seinen Preis fordert. Die Idee „bio“ ist zum Industriehochleistungssystem Bio verkommen, die Zuwachsraten sind immer noch zweistellig, die Erzeugerpreise wie nie zuvor gefallen, und so denken sich die Werbestrategen noch ausgeklügeltere Geschichte aus als je zuvor, um den Anschein der ökologischen Idylle zu wahren.

Definitiv nicht verändert haben sich die Produktionsbedingungen, nicht zum Guten jedenfalls dort, wo Masse produziert wird. Ökologisch kontrolliert nennt sich jene Realität, die sehr weit weg ist vom Bilderbuchdenken der Konsumenten: riesige Fabrikhallen; Fließbandcharme in einer schon von Arvay beschriebenen Gruselwelt mit Küken-Fließbändern und Küken-Vernichtungsanlagen (weil auch bei biologischer Haltung die männlichen Küken nicht benötigt, millionenfach geschreddert, in Zoos, Greifvogelstationen oder an Riesenschlagen verfüttert und dafür sogar eigens importiert werden); Geflügelmassenhaltung, die dank des Tricks mit sogenannten „Scheibenställen" die bis zu vierfache Population ermöglicht – die Hallen umgeben von meist leer gefegten Auslaufflächen, weil es mit dem Picken und Scharren draußen im Grünen bei diesen Dimensionen nicht mehr klappt; gewaltige Öfen, in denen Bio-Brot aus Fertigbackmischungen fabriziert wird; Bio-Gemüse aus industrieller Herstellung; Billigarbeitskräfte aus aller Welt. In der Bio-Welt für Rinder sieht es nicht viel besser aus: Die räumlichen Verhältnisse sind oft am untersten Level des gerade noch für eine Zertifizierung Zulässigen, und überall dort, wo man für die Handelsriesen arbeitet, hat die 4.0-Welt Einzug gehalten. Mit den eingangs erwähnten Zuständen:

viel Roboter, kaum Mensch.

Der Umstieg auf Bio-Haltung für den Einzelnen ist zumeist nicht das Problem, wiewohl die ersten drei Jahre ökologisch gearbeitet werden muss, aber nur auf konventioneller Basis vergütet wird. Das Bio Prinzip – mehr Fläche, mehr Sorgfalt, mehr Kosten – sprach von Anfang an für sich. Dass dies auch preislich seinen Niederschlag in der Geldbörse finden müsste, nahm die Kundschaft – wiewohl zähneknirschend – hin, und die Landwirte konnten eine Zeit lang recht gut davon leben. Nun aber, in Zeiten der Krise, greifen bald zwei Drittel der Konsumenten nur noch zu Billig- und Eigenmarken. Ein Argument mehr, abermals die Forderung zu erheben:

Wir brauchen höhere Standards (Herkunftskennzeichnung uvm). Für ***alle*** *Marken* ***aller*** *Qualitätsstufen. Zum Wohl unserer Gesundheit – und zum Wohl der Tiere!*

Kritik wird oft auch am System der Zertifizierung laut. In Österreich wie auch Deutschland geschieht dies im staatlichen Auftrag, doch durch private, frei zu wählende und vom Landwirt zu bezahlende Kontrollstellen. Dass es da zu *Kollisionen der Interessen* und problematischen Verstrickungen kommen kann, ist nicht verwunderlich.

Seit „bio“ zum Massenphänomen geworden, der ökologische Hunger der Menschen kaum zu stillen ist, hat sich der Preisdruck auf die Erzeuger nochmal enorm erhöht, ohne dass der Konsument einen Vorteil davon hätte. Die Erlöse liegen oft nur noch zehn Prozent über jenen aus konventioneller Arbeit, bisweilen darunter. Die unausweichliche Konsequenz: Mittlere bis kleinste Bio-Betriebe versuchen sich an Sonderwegen, um bestehen zu können, und erfolgreich ist nur, wer sich für die Vermarktung etwas einfallen lässt (dazu Näheres im Schlusskapitel). Wer bereits zu groß ist, um den Verkauf allein zu stemmen, und sich obendrein spezialisiert hat, anstatt auf einen gesunden Mix verschiedenster Waren zu setzen, ist dem System auf Gedeih und Verderb ausgeliefert. Weiter wachsen heißt die Devise, größer, größer, noch größer, weil es die einzige Chance aufs Überleben zu sein scheint, und manch einer lässt sich auch für die Werbeprospekte des Handels missbrauchen, im Wissen, die allermeiste Ware kommt aus der Industrie.

Fast könnte man da an die Banken denken, als es bei der Finanzkrise 2008/09 hieß: Too big to fail – zu groß, um untergehen zu dürfen. Der Unterschied ist: Die Banken wurden als systemrelevant mit Steuergeld gerettet, strauchelnde Bio-Großerzeuger gehen im Fall des Falles unter und werden vom Nächsten gefressen.

Wen interessiert's?

Fazit: Der Bio-Kosmos von heute ist jener von vor zehn, fünfzehn Jahren, bloß um mehrere Dimensionen und den Dreh der Rasanz unserer Zeit weiter, sei es die technische Entwicklung, sei es der Preisdruck. Und so zeigt sich einmal mehr:

Nicht die ökologische Idee ist das Problem, es ist ihre skrupellose Vereinnahmung durch den Handel und die Konzerne.

Das EU-Siegel und woher unser Essen kommt

Wir alle kennen es: das bekannte EU-Siegel mit dem Sternchenblatt. Es steht für bio, aber nur für die Mindeststandards. Sie lauten im Wesentlichen:

- Kein Futter aus Gentechnik
- Etwas bessere Platzverhältnisse
- Keine Pestizide im Ackerbau

Mit den Vorstellungen der Konsumenten von bio haben sie allerdings wenig zu tun. Anstelle von Pestiziden wird Kupfer als Anti-Pilz-Mittel verwendet (was von vielen Seiten sehr kritisch gesehen wird). Auch garantiert bio nicht automatisch mehr Tierwohl, und regionale Herkunft schon gar nicht. Antibiotika sind sehr wohl im Einsatz, wenn auch unter (offiziell) kontrollierten Bedingungen. Zudem müssen EU-zertifizierte Bio-Betriebe nicht komplett auf ökologisch umstellen – halbe-halbe geht ebenfalls, die Gefahr von Verwechslungen oder ungewollter Kontamination durch Pestizide ist latent.

Aber da wären ja noch die Siegel auf den Eigenmarken der Supermärkte, was ist mit denen?

Die sind nur so viel wert, als dass auch sie garantieren: Der EU-Mindeststandard wird eingehalten. Der mittransportierte Rest an Kundenhoffnung ist gewieftes Marketing.

Apropos gewieft: Das ist auch das missbräuchlich eingesetzte Argument des ökologischen Fußabdrucks, mit dem Supermarktketten auf Kundenfang gehen. Sie preisen Bio-Ware als diesbezüglich nachhaltiger an, tatsächlich unterscheidet sie sich von konventionell hergestellter in puncto Ressourcenverbrauch oft gar nicht – nicht bei den Treibhausgas-Emissionen, nicht beim Schutz der Artenvielfalt, nicht beim Wasserverbrauch (Stichwort: graues Wasser, ein bloß theoretisches Konzept, weil dieses Wasser nirgendwo im gesamten Produktionsablauf tatsächlich entnommen wird), nicht in Sachen Regionalität – und dass Bio-Gemüse tendenziell öfter in Plastikfolie eingeschweißt im Regal liegt, wird zwar gut argumentiert (wegen der „Verwechslungsgefahr“ mit konventioneller Ware), wirklich zu verstehen ist es nicht.

Verwendung auf Speisekarten nach Lust und Laune

Vier von fünf in Österreich konsumierten Bio Erzeugnissen sind ausländischer Herkunft. Für die Ware im Supermarkt lässt sich das belegen.[119] In der Gastronomie – seien es Großküchen, Gasthäuser, Restaurants, Hotels – kursieren ähnliche Zahlen. Dort jedoch herrscht (wie auch bei der Herkunft, vgl. Kapitel 6) keine Nachweispflicht. Wer will, lobt seinen Schweinsbraten auf Speisekarte und Website in Bio-Qualität aus, ohne den Beweis antreten zu müssen. Anläufe für eine verpflichtende Zertifizierung gab es zuhauf, doch die Branchenvertretung legte sich jedes Mal mit Erfolg quer.[120] In diesem Fall hat der Gast die Rechnung ohne den Wirt gemacht, die Transparenz fehlt, verlässliche Vergleichbarkeit bleibt ein Wunschdenken. Und sollte es doch stimmen, kommt die Ware zumeist von weither. Die Zitronen aus Südafrika, der Knoblauch aus Spanien, abgepackt in Italien, den Niederlanden, und das Kalbfleisch aus den Niederlanden – das allein ist schon bedenklich genug. Doch wir konsumieren auch vieles unter dem ökologischen Stempel aus Regionen, Ländern, wo das Wort bio definitiv anders gedeutet und selbst die EU-Mindeststandards bloß als unverbindliche Empfehlung erachtet werden.

Europas zwielichtiger Bio-Garten in Fernost

Ägypten ist eines dieser Problemkinder. Desgleichen Ecuador, wo zuletzt in nur einem Jahr 20 Prozent aller Bio-Bananen-Produzenten ihre EU-Zertifizierung wegen systematischer Verstöße in der Schädlingsbekämpfung (großflächiger Einsatz verbotener Herbizide, durch Giftchemie verbrannte Böden etc.) verloren. Auch in Vietnam, Bangladesch oder Thailand wird zuhauf getrickst, selbst bei Qualitätssiegel-Programmen, wo die gesamte Lieferkette mit Monitoring überwacht wird. Nicht umsonst ist der steirische Chocolatier Josef Zotter, Vorkämpfer und Aushängeschild der frühen Stunde für fair gehandelte Ware, aus dem Fairtrade-Programm ausgestiegen. Grund seines Ärgers war und ist die sogenannte Massenbilanzierung, die es erlaubt, einem Fairtrade-Produkt auch nicht fair gehandelte Rohstoffe beizumengen. Zotter dazu:

„Das ist doch Beschiss am Kunden, der sich etwas anderes erwartet.“[121]

Verstöße gegen Produktionsvorgaben sind aber nur das eine, der Erfindungsreichtum beim Betrügen kennt so oder so keine Grenzen. Da werden Olivenblätter (weil viel billiger) ins Oregano-Pulver eingearbeitet. Auch bei Vanille, Kardamom, Safran oder Kaviar kommt es zu Vermischungen, desgleichen bei Wein und Fruchtsäften. Honig wird bisweilen mit Süßstoffen, Sirup oder Zusatzstoffen gestreckt und – fast schon der Klassiker – Fleisch/Fisch mit Wasser, um das Gewicht zu erhöhen. Es spielt keine Rolle, ob in konventionellem oder ökologischem Anbau, und der Schwindel fliegt zumeist nur auf, werden im Verdachtsfall molekularbiologische Analysen durchgeführt. Markus Zell, Experte des bioanalytischen Dienstleisters *Eurofins Scientific*, sagte dazu anlässlich einer Fachtagung in Hamburg: „Der Lebensmittelbetrug ist schon so alt wie die Menschheit.“[122]

Muss das so bleiben?

Eine Sonderstellung unter den Sündern außerhalb Europas nimmt China ein. Im Reich der Mitte können weder Staat noch Bauern mit bio viel anfangen. Entsprechend groß sind die Probleme: bestochene Zertifizierer; Kontrolleure, die einer (O-Ton eines investigativen Journalisten) „gewissen nationalen Verpflichtung“ unterliegen, weil zwar die Vorgaben aus Europa, die exekutierenden Organe jedoch aus China stammen; verdeckte Tipps an Antragsteller, wie Auflagen zu umgehen sind; mangelnde Transparenz in den Betrieben; Ausbeutung von Arbeitskräften; das Fehlen jedweder Standards für Logistikketten u. v. m.

Das alles geschieht aus gutem Grund: Dem unermüdlichen Wachstumshunger folgend, sind auch die biologischen Anbauflächen explodiert – von 4.000 auf 3,1 Millionen (!) Hektar seit der Jahrtausendwende. Die Standards konnten mit den Zuwachsraten nicht annähernd mithalten, die Umweltverschmutzung umso mehr. Die hat bereits so horrende Ausmaße angenommen, dass Experten biologische Landwirtschaft nach europäischen Maßstäben in ganz China generell für nicht durchführbar halten. Flächen von der dreifachen Größe Österreichs sind bereits so stark kontaminiert, dass auf diesen Flächen sogar das chinesische Regime den Anbau jedweder Lebensmittel untersagt hat.

Und doch, wiewohl die Europäische Union China auf die Liste der Hochrisikoländer gesetzt hat, boomt „Bio aus Fernost“. Die Verlockung für europäische Hersteller/Importeure ist zu groß – so weit weg, so günstig. Der Transport über den Seeweg auf mit Schweröl betriebenen Tankern, die bis zu 24.000 Container fassen, ist spottbillig, die Arbeitskraft ebenso – und so ziehen sie chinesische Ware europäischer (z. B. Erdbeeren) vor, insbesondere, wenn sie weiterverarbeitet wird. Mängel werden unter den Tisch gekehrt, die Kontrollen sind lasch.

Italienische Dosentomaten aus China

Aber auch da, wo eigene Ressourcen nicht ausreichen, springt China rasch ein. So wachsen in Italien bei Weitem nicht genügend Tomaten, um den Bedarf an Dosenware zu decken. China liefert, Italien verkauft sie unter grünweiß-roter Banderole. Ähnliches gilt für diverse Pürees, Konzentrate, Ketchup, Fruchtsäfte oder Fruchtjoghurts.

Im Ansehen der Konsumenten stehen Lebensmittel aus China weit unten, zu frisch sind die Erinnerungen an jene Skandale, da Arsen in Mineralwasser und Babynahrung landete und einige Verantwortliche sogar hingerichtet wurden. SPAR, meinte die Konzernsprecherin Nicole Berkmann in einem Fernsehinterview, habe diese Ablehnung am Feedback der Kunden erkannt.

Bio-Produkte aus China seien deshalb aus dem Sortiment geflogen. Auch Bio-Eigenmarken seien „chinafrei“. Hofer wollte diese Garantie nicht geben, und bei Rewe hüllte man sich lieber gleich in Schweigen.

Fakt ist: Ob Apfelsaft, ob Spargel, ob Knoblauch – die Wahrscheinlichkeit, Bio-Ware aus China im Supermarkt, insbesondere in verarbeiteten Lebensmitteln, ungewollt zwischen die Finger zu kriegen, ist enorm hoch. Bei Nicht-EU-Honig liegt der Anteil gar bei 90 Prozent. Bio-Waren um 50 Millionen Euro sind es offiziell pro Jahr allein in Österreich, die Dunkelziffer dürfte um ein Vielfaches höher sein. Wiewohl die Herkunft für immer mehr Menschen ein entscheidendes Kaufkriterium ist, sehen die Vorschriften in Europa aktuell nur diese drei Kennzeichnungen vor:

- *EU-Landwirtschaft: Die Ausgangsstoffe wurden in der EU erzeugt (falls sie aus einem einzigen Land stammen, kann das zusätzlich vermerkt sein oder die EU-Angabe überhaupt ersetzen).*
- *Nicht-EU-Landwirtschaft: Die Ausgangsstoffe stammen aus Drittländern (ohne nähere Angaben).*
- *EU-/Nicht-EU-Landwirtschaft: Teile stammen aus Europa, Teile nicht. Was in welchen Mengen und woher genau, muss nicht angegeben werden.*[123]

Warum es auch NGOs nicht immer nur richtig machen

Die ganze Welt wäscht grüne Schmutzwäsche

Als ich vor Jahren erstmals auf den Begriff Greenwashing stieß, dachte ich: Aha, so umschreiben sie jetzt also mit einem neuen Wort das Altbekannte. Der jüngste Coup der globalen Sprachkorrekturpolizei quasi.

Der Begriff *Greenwashing* ist gut gewählt, transportiert er doch das Gemeinte auf einen Blick. An der Oberfläche allemal. Da geht es um das systematische Reinwaschen in Hinblick auf Ökologie und Nachhaltigkeit. Es geht um die Irreführung der Konsumenten durch Gütesiegel, Umweltbewusstsein und Gesundheit suggerierende Adjektive, die stets unverbindlich bleiben, Slogans wie „Schließe dich dem Leben an!“, „Trage die Veränderung“ (beide Textilbranche), das Hervorkehren recyclebarer Verpackungen (egal, welchen ernährungstechnischen Mist sie umschließen) und derlei mehr. Marketing-Gurus pinseln der steigenden Anzahl von Menschen, die auf Ökologie und Soziales setzen und die Welt doch noch retten wollen, den Bauch. Pressesprecher nehmen bei Donald Trump Anleihe und posaunen nie Bewiesenes hinaus, Fast-Food-Gerichte sind plötzlich gesünder und vitaminreicher, Labels „nachhaltig zertifiziert", auch bei Nahrungsergänzungsmitteln dienen solch Scheinargumente mittlerweile als Verkaufsgrundlage.

Grundregel:

Greenwashing ist ein Instrument gewiefter Kommunikation und viel billiger als ein tatsächliches Umschwenken auf Nachhaltigkeit durch Veränderungen im Produktionsprozess.

Zugleich steigert das grüne Mäntelchen die Umsätze, denn wer grün kaufen will, muss für grün entsprechend mehr bezahlen. Warum sollten Konzerne diese Möglichkeit nicht nutzen? Andererseits, einer immer aufgeklärteren Gesellschaft sei Dank, wirkt der banale, verbale grüne Schmäh nicht immer wie erhofft. Ist die Bio-Baumwolle als Fake enttarnt, erfährt es die Community wie der Blitz. Eine andere, im Sinne der Konzerninteressen nachhaltige Strategie muss her. Womit wir bei den Nichtregierungsorganisationen (NGOs) angelangt sind.

Wenn du den Feind nicht besiegen kannst …

… dann umarme ihn. So steht es bereits in *Über die Kriegskunst* (Sunzi), dem frühesten bekannten Buch über Strategie. Es soll um 500 v. Chr. in China entstanden sein. Die Botschaft ist so klar wie effektiv: jene zu Verbündeten machen, die sich nicht in die Knie zwingen oder schnell vernichten lassen. Das gilt im Fall von Greenwashing für beide Seiten – da die Konzerne, dort ihre um eine bessere, gerechtere Welt kämpfenden, aus der Zivilgesellschaft geborenen Gegenspieler der NGOs.

Jene wilden, pionierhaften Zeiten, da (Achtung, Klischee!) langhaarige Bartträger und Frauen mit Rasterzöpfen sich an Bäume ketteten, gegen Atomkraft oder Kriege protestierten oder in Freibeutermanier Öl-Plattformen zu kapern versuchten, sind im Wesentlichen vorbei. Nicht dass es keinen Aktionismus durch Umweltschützer mehr gäbe, doch die Bosse der NGOs haben heute ein durchaus positives Image, sind salonfähig geworden, treten im Nadelstreif auf und sehen das Hauptaugenmerk ihrer Arbeit längst anderswo:

im Lobbying.

Selbst zu weltumspannenden Unternehmen mit Zigtausenden Mitarbeitern und ähnlichen Chef-Gehältern wie bei den verfehdeten Konzernen angewachsen, treten sie als globale Meinungsmacher in Erscheinung. Ihre Botschaften sind oft ähnlich verknappt und radikal wie jene ihrer Gegner, doch das übergeordnete hehre Ziel lautet: Annäherung an die multilateralen Konzerne im Bestreben, sie zum Umdenken zu bewegen.

Das ist per se nicht verwerflich, im Gegenteil. Schließlich wird ein Problembewusstsein für unredliche Unternehmenspraktiken geschaffen, NGOs bieten Konzernen ihre Expertise bei Umweltthemen an, lose Plattformen für Interaktion entstehen. Auch können sie helfen, Normen und Standards zu implementieren, solcherart direkt Einfluss auf unternehmerisches Handeln ausüben (z. B. durch gemeinsame Umweltschutzprojekte in Entwicklungsländern etc.). Und eine Art Kontrollfunktion bei der Einhaltung (einmal vereinbarter) Standards haben sie ebenso.

Schlecht? Keineswegs. Doch es folgt das große ABER:

Ihre wachsende Nähe zu Großkonzernen stellt die Glaubwürdigkeit der NGOs immer öfter infrage. Wollen die einen tatsächlich etwas verbessern, wollen die anderen bloß besser dastehen und setzen auf die öffentliche Strahlkraft von Nachhaltigkeitskonzepten, ohne sie umzusetzen. So spenden Konzerne mit angeschlagenem Image im Rahmen millionenschwerer Partnerschaften nicht nur, um ihr Ansehen dank NGO neu aufzubauen, sondern betreiben Message Control total, gestalten Kooperationen maßgeblich mit. Unilever ist ein Meister in dieser Disziplin.

Das Spiel mit dem guten Ruf der Forschung

Äußerst bewährt ist auch die mit viel Geld geförderte Zusammenarbeit mit der Forschung. Unternehmen sind erpicht darauf, mit angesehenen Wissenschaftlern in aller Welt zu kooperieren, die wiederum mit NGOs und der Welternährungsorganisation (FAO) oder der Welthandelsorganisation (WHO) an einem Strang ziehen. Hintergedanke in den Köpfen der Konzernbosse:

Die Seriosität der anderen färbt auf uns ab, und zugleich rückt unsere Einflussnahme auf die Gesetzgebung in Griffweite.

Natürlich klopfen eine FAO oder WHO die Anwärter offiziell ab, ehe sie Deals eingehen. Da wird geprüft, ob Kinderarbeit vorliegt, Frauen diskriminiert oder Verbrechen gegen die Umwelt begangen werden – um hinterher doch auch mit jenen zusammenzuarbeiten, die beim Check durchgefallen sind. Danone (Stichwort: Babymilch-Skandal[124]) ist ein blühendes Beispiel. Hochbrisant ist auch ein Abkommen, das die FAO im Oktober 2020 mit *Croplife International* einging – dem Verband der weltweit größten Konzerne für Pestizide und Gentechnik, von *BASF* und *Bayer* über *Corteva* bis zu *Syngenta*. Die offizielle Rechtfertigung lautete so:

„Wir müssen den Unternehmen in manchen Fällen sagen, dass wir ernsthaft besorgt sind wegen einiger ihrer Praktiken. Da geht es zum Beispiel darum, wie ihre lokalen Händler hochgiftige Pestizide auf den Markt drücken. Häufig informieren sie auch die Bauern nicht über den sicheren Umgang mit Pestiziden und die ordnungsgemäße Entsorgung …"[125]

Häufig sind die Bauern aber auch einfach nur umzingelt von den Plantagen der Großen und gefangen in der Ohnmacht, dass die eigenen Versuche eines ökologischen Anbaus zum Scheitern verurteilt sind. Einer dieser Hunderttausenden Bauern ist Julio Fernández, ein mit 30 Rindern, Ziegen und Hühnern im argentinischen *Pampa del Indio* recht wohlhabender Landwirt. Für die bodennahen Geschwader von Flugzeugen, die über die Sojaplantagen eines Konzerns in der Nachbarschaft fliegen und mit ihren weißlichen Giftsprühnebeln nicht nur alles Leben in seinem Gemüsegarten vernichten, sondern für auffällig viele Früh-, Fehl- oder Missgeburten wie auch Todesfälle durch Krebs beim Menschen sorgen, hat er in einem Beitrag des *Deutschlandfunk* diese Worte:

„Die Luftwaffe des Satans."

Pest oder Cholera

Aber bleiben wir noch bei den NGOs. *Oxfam* beispielsweise (zur Erinnerung, das sind die mit der Knebelliste der Supermärkte, vgl. Kapitel 5) übt zwar da wie dort generelle Kritik an Lebensmittelkonzernen, hält sich jedoch auffallend dort zurück, wo diese den allergrößten Schaden anrichten, wenn sie Menschen ärmerer Gesellschaften gesundheitsschädliche Lebensmittel und Getränke mit allen Tricks schmackhaft machen – ohne Rücksicht auf etwaige Folgen wie Diabetes, Fettleibigkeit oder Herz-Kreislauf-Leiden.

Allgemein wird argumentiert, man könne zwar in Einzelbereichen anderer Meinung sein, doch würden die Vorteile einer Zusammenarbeit mit den Konzernen überwiegen. Wie die Wahl zwischen Pest und Cholera also. Den konkreten Fall (Diabetes usw.) kommentierte Steffen Küßner als Sprecher von *Oxfam Deutschland* so:

„Das ist jetzt nicht einfach etwas, was man ausgelassen hat, um die Unternehmen zu schonen, sondern um eine Konsistenz unserer Arbeit zu gewährleisten. Natürlich sind Ernährungsprobleme, Fettleibigkeit ein Problem armer Menschen. Aber sie sind nicht die Ursache von Armut, sondern häufig eine Folge davon.“[126]

Dass die Amerika-Präsidentin von *Oxfam*, Rosalind Conway, eine Zeit ang auch Direktorin eines Consultingkonzerns war, der in eine milliardenschwere Steuervermeidungs-Affäre mit vielen Anknüpfungspunkten zur Industrie verwickelt war, macht die Nähe allerdings nicht besser. Dasselbe gilt für eine *Oxfam*-Direktorin, die zugleich bei einem ebenfalls sehr renommierten deutschen Wirtschaftsprüfer-Unternehmen jobbt, das in dieselbe Affäre verwickelt war.

Dass *Oxfam* trotz dieser personellen Nähe generell Konzerne verschont, mit denen man kooperiert, lässt sich daraus allein aber nicht ableiten. Anders *Save the Children* (mit dem weltweit höchsten Finanzaufkommen aller NGOs): Partner-Unternehmen (und mögen sie noch so viel Dreck am Stecken haben) werden so gut wie gar nicht kritisiert. Unilever, Pepsico und Mondelez – allesamt Nahrungsmittelkonzerne – verstoßen regelmäßig gegen Richtlinien der Weltgesundheitsorganisation, kooperiert wird dennoch.

Spannend auch, dass alle beide – *Oxfam* und *Save the Children* – in zahllosen Gremien sitzen, die UN-Organisationen wie z. B. die FAO oder WHO beraten. Dort sitzen aber auch die multinationalen Konzerne samt Unternehmensstiftungen. Den Bossen dieser privaten Stiftungen wird mittlerweile ein höherer Status als Staatspräsidenten zugesprochen.

Der Verdacht, die Macht des Kapitals allein könnte den Ausschlag für politische Entscheidungen zugunsten von Konzernen geben, ist nicht ganz abwegig. Dazu auch diese Zahlen aus der WHO: Rund 20 Prozent ihres Budgets stammen aus Pflichtbeiträgen, zu leisten durch die Mitgliedsstaaten der Vereinten Nationen. Und der Rest? Der wird über Spenden erwirtschaftet, die fast immer zweckgebunden sind. Auf der Geberliste findet sich etwa der Pharmariese Glaxo-Smith-Kline, jener Konzern, der eingestanden hat, Hunderte Ärzte mit Schnorchel-Trips auf Hawaii bestochen zu haben, jener Konzern, mit dem *Save the Children* eine 20-Millionen-Euro-Partnerschaft eingegangen ist, obwohl er skrupellos mit Medikamenten (Depressionen, Gewichtsreduktion, sexuelle Störungen etc.) die Gesundheit von Kindern und Jugendlichen gefährdete und deshalb drei Milliarden (!) Dollar Strafe zahlen musste. Die Summe, die der US-Konzern freiwillig an die Weltgesundheitsorganisation spendet, übersteigt sogar die Jahresbeiträge so reicher Länder wie Deutschland.

Greenwashing im Supermarktregal

Das zunehmend kritische Bewusstsein von Konsumenten versuchen sich auch die Supermarktketten zunutze zu machen und geben sich den Anstrich, neuerdings umweltfreundliche Nahrung im Sortiment zu haben und damit etwas fürs Klima zu tun. Sie vertreiben zunehmend Produkte, die Labels wie „klimaneutral" oder „XY Prozent CO_2 weniger" tragen. Manche werben sogar mit „klimapositiv", wie zum Beispiel ein Babybrei mit Rindfleisch (!), der auch in heimischen Regalen zu finden ist. Fakt ist jedoch:

Lebensmittel ohne Treibhausgase in der Produktion gibt es nicht.

Fast immer handelt es sich um Greenwashing in seiner frechsten Form, wie die Verbraucherorganisation *foodwatch* Ende November 2022 aufzeigte.[127] Das System dahinter ist so effizient wie intransparent. Produzenten mögen zwar (Beispiel Babynahrung) ein Produkt mit hohem Treibhausgaswert in der Produktion (Rindfleisch) haben, kaufen jedoch aus diversen Umweltprojekten CO_2-Gutschriften zu und rechnen sie als „Kompensation" gegen. Eine Art Ablasshandel, der am hohen CO_2-Aufkommen in der Herstellung freilich gar nichts ändert – am Image des Produktes indes sehr viel.

Einer EU-Studie aus 2020 zufolge werden bereits zehn Prozent aller Lebensmittel mit diversen Klimaversprechen beworben, bei Olivenöl und Eiern sind es 25 Prozent. Wo bleibt das EU-weite Verbot solcher Labels, solcher verkürzten Botschaften?

Frankreich erweist sich hier abermals als Vorreiter und hat analog zu dem zwecks Nährwertbestimmung erwähnten Nutri-Score zwei Nachhaltigkeits-Labels entwickelt: *Eco-Score und Planet-Score.*

Ersterer versteht sich als Gesamt-Score, der Nachhaltigkeit, Herkunft, Umweltpraktiken im Produktionsland, Art der Verpackung und Einfluss auf die Biodiversität (z. B. Überfischung, Entwaldung) beleuchtet, der Planet-Score aber bildet darüber hinaus Unterkategorien ab. So werden auf der mit einem Blick zu deutenden färbigen Skala von A (sehr gut) bis E (sehr schlecht) auch Tierwohl, menschliche Gesundheit, Auswirkungen von Schadstoffen und vieles mehr eingerechnet. Obendrein gibt es drei Unterkategorien, die – ebenfalls auf einen Blick abzulesen – im Einzelnen über Pestizide, Biodiversität und Klima Auskunft geben.

Ein per Gesetz verordneter Planet-Score würde den zunehmenden Wildwuchs an Klimalabels vermutlich beenden, schließlich würde ein Aufdruck „klimaneutral" sich ad absurdum führen, wenn daneben die Ampel tiefrot blinkt. Die EU-Kommission will bis Ende 2023 einen Vorschlag vorlegen, der Verbrauchern und Verbraucherinnen eine bessere Hilfestellung beim Einkauf bietet. Ob es gleich bis zum Planet-Score reicht, ist allerdings fraglich. Und so blüht das Geschäft mit den Klimalabels nach wie vor, und die Konsumenten werden, einmal mehr, in die Irre geführt.

Big, Big Business.

Grüne Aktien

Zum Stichwort Greenwashing fällt mir noch diese Begebenheit ein, die ich anfangs für unbedeutend hielt, die dann aber mein Leben von Grund auf veränderte: Eines Morgens, beim Durchsehen der Post im Büro, hielt ich ein Kuvert in Händen, das ich erst als unerwünschtes Werbematerial in den Rundordner wandern lassen wollte, mich hinterher jedoch (der Neugierde sei Dank) in Staunen versetzte.

Absender war die deutsche Agribank, die mir das in meiner Funktion in der Versicherungsbranche zuschickte. Kurzum, man sah in mir wohl eine Art „erlesene Klientel". Andernfalls hätte ich das Kuvert gar nicht erhalten.

Inhalt: Das Angebot, *grüne Aktien* zu erwerben.

Ich konnte es mir aussuchen. 5, 50 oder 500 Hektar, und dazu die verlockende Frage: Wollen Sie 6, 9 oder 12 Prozent Verzinsung? Im ersten Moment dachte ich: So ein Blödsinn! Dann aber wollte ich es wissen. Und am Ende meiner Recherchen kam ans Licht: Es handelte sich um einen Anlagefonds, der sich *grün* nannte, letztlich jedoch nichts anderes war als das:

ein Investment in Palmöl-Aktien.

Gekauft habe ich nicht, dafür war es die Initialzündung, mich mit einer damals längst nicht so breitenwirksamen Thematik wie heute zu beschäftigen. Sie sollte mich elektrisieren wie ein Weidezaun auf Höchstspannung und nie wieder loslassen.

8

Palmöl – wo Fett draufsteht, ist Regenwald drin

Vom Parlament in die Monokulturhaine und wieder retour

Eine Thematik wie Palmöl in ihrer Dimension nur annähernd zu erfassen, ist eine Aufgabe. Auch ich habe Jahre gebraucht, und es trug mir letztlich den Spitznamen *Palmöl-Leo* ein. Mag mancher ihn auch spöttisch anwenden, so trage ich ihn stets wie eine Auszeichnung. Begegnet ist mir in diesen Jahren, in der Auseinandersetzung mit und um das Thema, Andrä Rupprechter, von 2013 bis Ende 2017 Minister für Umwelt, Land-, Forst und Wasserwirtschaft. Jetzt sitzt er in Brüssel als *Direktor* für die Gemeinsame Agrarpolitik (GAP).

Menschen wie Andrä Rupprechter haben bei gewissen Sachthemen Autodidakten wie mir gegenüber den Vorteil, dafür Legionen von Beamten zu beschäftigen, die ihm zuarbeiten, und so habe ich mir erlaubt, ihn und seine Armada in seinen vier Jahren als Minister das eine oder andere Mal mit dringlichen Anfragen zu behelligen. Auf die meisten Fragen bekam ich gar keine Antwort, auf ein paar höchst unergiebige Scheinantworten. Politischer Alltag eben.

Sieben Fragen und ein Heer von Beispielen

Eine dieser Anfragen endete so: „Meine sieben Fragen, Herr Minister", rief ich ihm vom Rednerpult im Parlament zu, „hast du leider nicht beantwortet." Ich sprach davon, dass täglich jede Stunde 1.000 Hektar Regenwald gerodet würden (das entspricht 1.250 Fußballfeldern, jawoll, pro Stunde! Wobei andere Berechnungen mittlerweile sogar von der doppelten Menge sprechen), davon, dass 20 Millionen Hektar allein mit Palmenhainen bewirtschaftet würden (*Anm.:* heute, 2023, sind es 29 Millionen[128] , eine Fläche dreieinhalbmal so groß wie Österreich), davon, dass wir hierzulande in jeweils neunfacher Ausfertigung Pflanzenbaudirektoren, Tierzuchtdirektoren, Umweltabteilungen und Hauswirtschaftsabteilungen in den Landwirtschaftskammern und ebenso viele Fütterungsberater sitzen hätten – sie alle mit einem Rattenschwanz von Belegschaft – und dass es unverständlich sei, „dass du, Herr Minister Rupprechter, sämtliche Anfragen, obwohl du auch Hunderte Beamte in der Statistik hast, unbeantwortet lässt mit dem Argument, es liege kein statistisches Material vor“.

Ich packte meine Kiste aus, die ich neben mir stehen hatte, und hielt das eine oder andere Mitbringsel in die Höhe: einen zweieinhalb-Kilo-Block namens *Lina Verde, bio universal Margarine* (reines Palmöl, jedoch mit Österreich-Bio-Zertifizierung und in fast jeder Gastronomieküche zu finden); Sprühsahne (Palmöl); Frittierfett von *Frivissa* (Palmöl); die eine oder andere bekannte Margarine (von *Rama* über *Thea* bis *Becel*, alles Palmöl); ein Produkt namens *PHASE Professional,* dessen Verpackung heimischer Sommerbutter täuschend ähnlich sieht, mit dem fetten Vermerk *WIE BUTTER* (und in kleineren Lettern) *zu verwenden* (auch Palmöl).

Ich bat um Nachsicht, nicht auch die ganz großen Gebinde (30 Liter) zur Ansicht mitgebracht zu haben, erzählte vom damaligen Landesrat (jetzt Landtagspräsident) Max Hiegelsberger, der vor 350 Bauern in Oberösterreich meinte, diese „blöde Debatte wegen des Palmöls muss ein Ende finden, das ist so ungemein wertvoll“ – und hätten wir Landwirte es nicht, könnten wir die Bevölkerung nicht ernähren, und auch die Futtermittel würden teurer.

Ich kam auf das mit Palmöl versetzte Hunde-, Katzen- und Fischfutter zu sprechen, auf die Verantwortung von uns Konsumenten, aber auch auf die gezielte Täuschung durch Industrie und Handel, darauf, dass solch Irreführung für den Einzelnen kaum auszumachen sei und verboten gehörte. Auch die subtile Vernetzung von Politik und Industrie machte ich am Beispiel des steirischen Erzeugers *Prolactal* in Hartberg fest, ein Unternehmen, das Milchtrockenprodukte und Molke-Derivate vertreibt und nicht nur wegen einiger Toter durch Listerienvergiftung[129] in Verruf geraten, sondern im Zuge des Eurofighter-Ausschusses bei den Nutznießern der Gegengeschäfte aufgetaucht war.

„Hunger erzeugt Kriege", sagte ich ferner, „und das alles produzieren wir täglich selber." Man müsse darum die gnadenlose Geschäftemacherei und Befeuerung des Klimawandels mit all seinen katastrophalen Folgen für Mensch und Umwelt immer auch im Zusammenhang mit dem Flüchtlingsaufkommen sehen (schließlich fliehen viele Menschen, weil sie ihrer Existenzgrundlagen beraubt werden).

Hinterher sprach ich von der Jugend, von vier Absolventinnen der Lebensmittel-HTL in Steyr, die ihr kritisches Bewusstsein in die gemeinsame Maturaarbeit unter dem Titel „Ein billiges Fett regiert die Welt" einfließen ließen. „Wenn wir es mit dem Thema in die Schulen schaffen und die Jungen abholen", fuhr ich fort, „schaffen wir es sonst auch. Ich könnte Hunderte Beispiele für Palmöl nennen."

Natürlich konnte ich das, schließlich wusste ich, dass jedes zweite (!) Supermarktprodukt Palmöl enthielt[130] (woran sich bis heute nichts geändert hat). Vor meinem geistigen Auge poppte eine dieser Listen[131] auf, die einen groben Überblick geben, welche Produktgruppen fast immer Palmöl enthalten, und die ich fast schon im Schlaf herbeten konnte:

Blätterteiggebäck
Brotaufstrich
Dessertcreme
Eis
Fertigpizza
Fertigprodukte
Fertigsuppen
Frittieröl (Gastronomie)
Geröstete Erdnüsse
Kekse
Knabbergebäck
Knäckebrot
Kochcreme
Kuchen
Margarine
Müslimischungen
Müsliriegel
Nougatcreme
Plunderteiggebäck
Schlagcreme
Schlagobers-Ersatz
Schnitten
Schokoaufstrich
Schokolade mit Cremefüllung
Schokoriegel
Suppenwürze
Süßigkeiten
Veganer Käse
Würzpaste

Ich stand da, hielt meine Rede und dachte an die Chuzpe der Supermarktbosse, die ganze Sattelschlepperzüge mit der Aufschrift *palmölfrei* quer durch Österreich auf Reisen schickten, ein paar Produkte als Aushängeschilder und Kundenfallen herausnahmen und beim großen Rest verfuhren wie eh und je. Und ich dachte an den Wahnsinn, den ein Supermarktriese mit seiner irischen Butter aufführt, ein Eigenmarken-Produkt, das nicht nur heimischen Bauern die Butter vom Brot nimmt, sondern in Papier mit Firmenlogo eingeschlagen ist, welches eigens fürs Verpacken nach Irland gekarrt wird. Warum die „feinste Butter aus irischer Weidemilch besonders streichzart" sein soll, so ganz ohne Palmöl, ist eine eigene Geschichte, gilt doch genau diese Streichfähigkeit als einer der viel gepriesenen „Vorzüge" des Pflanzenfetts aus dem Regenwald.

Ein Stück Regenwald mit dem AMA-Gütesiegel

Dann hielt ich den Kolleginnen und Kollegen die neueste, mit Steuergeld finanzierte Broschüre entgegen, worin der Minister sich auf ca. 20 (!) Abbildungen seiner selbst bejubeln ließ, unter anderem bei der Eröffnung der größten Kornkammer Österreichs ein paar Monate zuvor (im Juni 2017) in Aschach (OÖ) an der Donau. Die RWA (*Raiffeisen Ware Austria AG*) hatte dorthin geladen, um den fortan wichtigsten Umschlag- und Lagerplatz für Getreide und Ölsaaten des Landes, das sind Weizen, Gerste, Mais und andere Kulturen, in riesigem Ausmaß (58.000 Tonnen) zu präsentieren.

Und andere Kulturen. So stand es in wohlwollenden Zeitungsberichten.[132]

„Lagert dort etwa auch das AMA-Gütesiegel-fähige Palmöl?", fragte ich den Minister.

Regenwald-Schandware mit dem offiziellen Staatsstempel aus Österreich! Antwort auf die rein rhetorische Frage bekam ich keine, doch die hatte ich ohnedies längst. In meiner Anfrage hatte ich nämlich genau das wissen wollen. Es gebe erste Gespräche darüber mit der AMA, hatte Rupprechter verlauten lassen, mehr nicht. Tatsächlich hatte ich da bereits Listen von Herstellern in Händen, die mit Rezepturen für AMA-Gütesiegel-fähiges Palmöl fleißig warben (zu den obskuren Zertifizierungen von „nachhaltigem Palmöl" kommen wir gleich).

„Ja, wo sind wir denn da mit der Auskunftspflicht?", setzte ich nach, weil ich mich gerade so schön in Rage geredet hatte. „Bei den Bauern muss jeder Baum aufgezeichnet werden als Landschaftselement, jeder Schaufelstiel und jede Fuhre Mist … wo sie hingefahren worden ist, mit Datum … und das alles muss sieben Jahre aufbewahrt werden … jedes Rind erhält bis spätestens zum siebten Tag nach der Geburt zwei Ohrmarken, da sind wir scharf, aber was in der Verarbeitung … in den Schlachthöfen passiert … das schauen wir uns wann an?“ Und vom Palmöl ganz zu …

Schweigen.

Ein andermal hatte ich vom Minister bei einer „Dringlichen“ wissen wollen, wie viel Palmöl in Kosmetika, Waschmittel, Keksen, Kerzen und Schmiermittel stecken, die in heimischen Supermärkten verkauft werden. Zur Antwort erhielt ich bei jedem einzelnen Punkt den Vermerk: *Keine Zuständigkeit.*

„Wenn du und deine vielen Beamten es nicht schaffen, Herr Minister Rupprechter“, rief ich daraufhin ins Plenum und wedelte mit den Unterlagen, wo alles drinstand, „dann sage ich es dir: Es sind bis zu 80 Prozent!“ Die Zahlen hatte ich im Detail von Greenpeace, die es sehr wohl geschafft hatten.

Der Minister sah kurz von seinem Mobiltelefon auf, stierte aus verkniffenen Augen zu mir ans Pult, zuckte mit den Mundwinkeln und setzte diesen, na, Sie wissen schon, diesen *Soll-sich-der-Depp-dort-vorne-ruhig-ausspinnen*-Blick auf.

Wen kümmert´s?

Vom Sündenbock Viehzucht und anderen Übeltätern

Palmöl in aller Munde

Es ist betrüblich: Palmöl ist tatsächlich in aller Munde. Wir alle essen Regenwald, die einen mehr, die anderen weniger. Und zumeist ist es uns gar nicht bewusst.

Monokulturflächen aus den Regenwaldgebieten dieser Erde hat vermutlich jede/r von uns schon gesehen, nicht live, aber im Fernsehen, in Zeitungen, im Netz. Die Verknüpfung von Palmöl und Regenwaldsterben ist in den Köpfen der westlichen Welt angekommen. Wir wissen von systematischen Schlägerungen, Brandrodungen, von massenhaften Vertreibungen der indigenen Bevölkerung, Kinderarbeit und anderen Menschenrechtsverletzungen, kennen die Fotos bedrohter Orang-Utans, Nashörner und Königstiger, registrieren im Hinterkopf die unwiderrufliche Zerstörung von Ökosystemen, den Verlust von Artenvielfalt, der damit einhergeht. Nicht ganz so bekannt sein dürfte die schändliche Methode der Torffeuer.[133] Bis zu 20 Meter dicke, Torfdome genannte Moorbodenschichten tropischer Urwälder werden in Stichkanälen angegraben und in Brand gesteckt, um den Boden für Plantagen durch unterirdische Schwelbrände, die per Luftüberwachung nur schwer auszumachen sind, urbar zu machen – mit verheerenden Folgen. Diese Torfdome sind gigantische Kohlenstoffspeicher. So wurden allein in Indonesien in einem einzigen Jahr 900 Millionen Tonnen CO_2 durch Torffeuer freigesetzt – mehr als die Emissionen ganz Deutschlands im selben Zeitraum.

Bei Regenwald denken wir automatisch zuallererst an den Amazonas. Er stellt ja auch mit rund sieben bis acht Millionen Quadratkilometern das größte zusammenhängende Regenwaldgebiet weltweit dar. Tropische Regenwälder gelten bekanntlich als die Lunge der Erde und sind obendrein gigantische Kohlenstoffsenken. Fast überall schwinden sie jedoch dramatisch, sei es im Kongobecken, in Westafrika, in Australien und Mittelamerika, an der Küste Ecuadors und Kolumbiens und natürlich in Südostasien.

Woran wir bei Regenwald auch denken, sind die Abermillionen von Rindern, Schweinen und Hühnern in den Tierfabriken dieser Welt. Sie stehen an vorderster Front der Übeltäter, gelten als DIE Sündenböcke der Abholzung schlechthin, weil sich in den Köpfen die Gleichung festgesetzt hat:

VIEHZUCHT = SOJAANBAU = TOD DES REGENWALDES

Es stimmt. Soja eignet sich aufgrund seiner Eiweißstruktur vorzüglich als Mastfutter für die Massentierhaltung und findet in Regenwaldgebieten optimale klimatische Bedingungen vor. Die Rodung von Regenwald, um Futtersoja zu kultivieren, ist in der Tat ein gewaltiges Problem, eine globale Riesensauerei. Ein Verbrechen sondergleichen. Aber nur eines in einer Reihe mit vielen anderen von teils noch schlimmerem Ausmaß.

Von Kautschuk bis Bio-Diesel

Der Amazonas und andere Regenwälder sterben ebenso für den Anbau von Baumwolle, Zuckerrohr und Kautschuk, für Textil-, Zucker- und Reifenindustrie (um dann als Billigpneu auf Scheibtruhen im Lagerhaus zu landen) –

und für Palmöl. Tendenz: rasant steigend. Der Hunger nach dem Extrakt von Fruchtfleisch (für Lebensmittel) und Kernen (für den ganzen Rest) ist schier grenzenlos. Ebenso wird Palmöl für die Produktion von Bio-Sprit verwendet – für jenen umweltpolitischen Irrsinn, der dem Narrativ der Industrie-Lobby zufolge Teil der Mobilitätszukunft sein soll. Bio-Sprit, heißt es beharrlich, würde durch Beimengung zu fossilen Brennstoffen deren negative CO_2-Bilanz abschwächen. Ein Mythos, nichts weiter,[134], wie eine Reihe von neuen Studien belegt. Sogar im Auftrag der Europäischen Union, die längst nicht mehr eine einheitliche Haltung zu Ethanol und Bio-Ethanol vertritt, wurden Studien dazu in Auftrag gegeben.

Dennoch werden nach wie vor Millionen Hektar Anbaufläche auch auf dem Rücken des Regenwaldes dem Zweck der Brennstoffgewinnung geopfert: seien es Palmöl, Soja, Raps und Sonnenblumen, desgleichen die Lebensmittel Gerste, Weizen, Mais, Zuckerrübe und Zuckerrohr. Fakt ist jedoch:

Lebensmittel gehören nicht in Autotanks!

Aber selbst ohne Absatz als Treibstoff ist Palmöl für die Industrie ein Geschenk von Mutter Natur. Es ist günstig, leicht zu verarbeiten, ungemein vielseitig verwendbar und darum unter allen industriell gewonnenen Pflanzenölen die Nummer 1 mit mehr als 40 Prozent Marktanteil. Der Ertrag auf derselben Anbaufläche übersteigt jenen von Raps, Sonnenblumen und anderen Ölpflanzen um ein Vielfaches, der Profit fällt entsprechend höher aus. In Lebensmitteln wird es überdies seines neutralen Geschmacks und Geruchs wie auch seiner Festigkeit wegen geschätzt.

Was tun? In den sauren Apfel beißen und sagen: Immer noch besser, als dieselben Mengen des benötigten Öls auf wesentlich größeren Flächen gewinnen zu müssen? Oder auf Pflanzenöl verzichten? Die Lage ist verzwickt. Ein generelles Pardonieren von Palmölanbau ist die schlechteste aller Möglichkeiten und keine Option, ein genereller Boykott hilft aber auch nicht weiter.

Zertifikate ohne Durchschlagskraft

Fest steht: Kein vernünftiger Mensch, dem Regenwald, Umwelt, Klima, Fauna und Flora, die Menschheit, die Welt als solche am Herzen liegen, würde wohl „Nein!“ schreien, wenn wir aufstehen und einmütig fordern:

Palmöl muss nachhaltig produziert werden!

Und dazu (man wird ja noch träumen dürfen) steht dann nach dem Vorbild der Zigaretten auf jeder Verpackung dieser Warnhinweis:
Achtung! Dieses Produkt kann Regenwald enthalten und Ihre Gesundheit gefährden (transgene Fette)!

Initiativen in Richtung Nachhaltigkeit gibt es natürlich, doch das wirtschaftliche Interesse von Industrie und Verarbeitern, aber auch von uns Konsumenten, weil wir günstig einkaufen wollen, ist ein mächtiger Gegner. Fünf Zertifizierungen weltweit sind anerkannt, nur eine ist erwähnenswert:

RSPO (*Roundtable on Sustainable Palm Oil*) – aus der Taufe gehoben auf Anstoß des *World Wild Fund For Nature.* Doch bei dieser und sämtlichen anderen Initiativen sitzen die NGOs zwar im Boot, doch die „Partner" der Palmöl-Industrie ebenso, mit so klingenden Namen wie Ferrero, Danone, Mondelez …

Und so mögen die RSPO-Kriterien (keine Brandrodungen, verantwortungsvoller Umgang mit Ökosystemen und Umwelt, keine neuen Plantagen auf Torfböden, weniger Pestizide, Gewässerschutz und vieles mehr) gut gemeint sein und noch besser klingen, doch sind sie nur allzu leicht zu umgehen, Verstöße gegen die Auflagen die Regel. Nachhaltigkeit auf 29 Millionen Hektar Monokultur? Hinzu kommt, dass 90 (!) Prozent aller Regenwaldrodungen nach wie vor illegal vonstattengehen. Welchen Wert, welche Verlässlichkeit hat also ein solches, ohnedies brüchiges und bloß für offizielle Schlägerungen ausgestelltes Zertifikat?

Greenwashing – Modell „made in Austria"

Dass Palmöl fast schon zum Schimpfwort mutiert ist, haben Industrie und Handel in Österreich klarerweise erkannt. Die einen (Lebensmittelriesen) beteuern, vermehrt auf palmölfrei zu setzen, um den anderen (Industrie) nach wie vor in sogar noch größerer Menge abzukaufen, was nach altbewährtem Muster (was heißt, mit Palmöl) produziert wird. Doppelmoral vom Feinsten, bloß unter neuen Flaggen. Knapp 80 (!) verschiedene Bezeichnungen auf Verpackungen konnten mein Team und ich für ein und dasselbe Wort – Palmöl – ausmachen. Manche klingen verdächtig ähnlich, viele jedoch sind nicht einmal für Sprachwissenschaftler als solche erkennbar. Ich habe meine Liste ohne Anspruch auf Vollständigkeit am Ende des Buches angehängt.

Einer der rot-weiß-roten Big Player in diesem Business ist die *Vereinigte Fettwarenindustrie GmbH*, kurz: VFI. Wer die Homepage besucht, könnte glauben, im Paradies gelandet zu sein. Ob Eisherstellung, Fleisch- oder Backwaren, Molkereiprodukte, Frittier- und Siedefette, Süßwaren, Säuglingsernährung oder der Non-Food-Bereich (Waschmittel, Kosmetika etc.) – da ist von Vielfalt, Umweltschutz, optimalen Rohstoffen, Hochwertigkeit, Verantwortung, Produktsicherheit und bester Qualität die Rede.

Ich habe lange suchen müssen: Das Wort Palmöl kommt in diesem dicht gesetzten Zeilenmeer genau dreimal und auch nur wie nebenher vor.

1. „Rezepturen mit oder ohne Palmöl (...) stehen zu Verfügung ..."

2. „High Oleic Öle erlauben auch Rezepturen ohne tropische Öle wie Palmöl."
(Anm.: erlauben im Sinne von ermöglichen, ja, aber ob das auch geschieht, bleibt unbeantwortet.)

3. „VFI D90l56 Frittieröl auf Basis von Palmöl, auf Wunsch RSPO MB oder SG zertifiziert"[135]
(Anm.: Das findet sich ganz am Ende, bei der Auswahl von Ölen – und bemerkenswerterweise kann man sich die Zertifizierung wünschen oder eben nicht.)

Bei Babynahrung ist nichts von Palmöl zu lesen. 2018 – zwei Jahre nach der Erfolgsmeldung, ein zweites Werk für 12 Millionen Euro gebaut und 8 (!) Arbeitsplätze[136] geschaffen zu haben – ist in einem Presseartikel mitunter von optimierten Herstellungsverfahren bei pflanzlichen Fetten und Ölen die Rede. Am Rande kommen auch gesundheitlich bedenkliche Substanzen zur Sprache, die überall dort enthalten sein können, wo raffinierte Öle/Fette drin sind. Diese „Prozesskontamination ist bei Palmöl höher als bei anderen Fetten", erklärte Ingrid Kiefer von der Agentur für Lebensmittelsicherheit (AGES). Und VFI-Geschäftsführer Florian Rauch ergänzte fachmännisch:

„Die Technologien, um diese Substanzen zu reduzieren, werden vorwiegend bei Babynahrung eingesetzt."[137]

Schließlich würden Säuglinge und Kinder als potenzielle Risikogruppen gelten – wegen ihres geringen Körpergewichts. Also doch Palmöl in der Babynahrung? Offiziell heißt es, man würde „bevorzugt Rapsöl, Sojaöl, Sonnenblumenöl oder Maiskeimöl" verwenden. *Bevorzugt* nur das wesentlich Teurere also. Mein Eindruck ist hingegen der: Einen größeren Umschlagplatz für Palmöl aus dem Regenwald als die VFI werden Sie in ganz Österreich kaum finden.

Übrigens: Der heimische Lebensmittelhandel lässt seine Hausmarken seit Jahrzehnten bei der Vereinigten Fettwarenindustrie produzieren, und: VFI in bio gibt es auch – eine Zertifizierung nach dem chinesischen (!) Bio-Standard COFCC inklusive, für Kunden, die problemlos ins Reich der Mitte exportieren möchten.

Still, sympathisch und doch ein Regenwald-Killer

Einen Mitspieler im Buhlen um Regenwaldflächen habe ich Ihnen noch vorenthalten. Es ist das Öl einer durch und durch positiv besetzten Pflanze, die sich bei Kosmetika schon lange globaler Beliebtheit erfreut, als Speisenzutat stark am Aufholen ist. Denken wir an sie, umweht sie – der Werbung sei Dank – eine Brise Karibikflair, und die Lust auf Bacardi und Strandurlaub steigt.

Die Rede ist von der Kokosnuss.

Kokospalmen und Ölpalmen haben viele Gemeinsamkeiten. Alle beide bevorzugen ganzjährig hohe Temperaturen und Niederschläge, brauchen das feuchtheiße Tropenklima. Alle beide werden im großen Stil in Monokulturen gezogen und alle beide oftmals dort, wo vormals Regenwälder standen. Neben Indien, Sri Lanka, Brasilien und den Philippinen hat die Kokospalme vor allem in diesen beiden Regenwald-Ländern Südostasiens dauerhaft Hochsaison: Malaysia und Indonesien. Dort, wo jetzt schon 85 Prozent der weltweiten Palmölmonokulturen stehen.

Zwar steigen die Anbauflächen für Kokoshaine weniger rasant, doch betragen sie aktuell knapp die Hälfte jener für Ölpalmen.[138] Der einzige große Unterschied (abgesehen von den globalen Sympathiewerten) ist: Ölpalmen werden ausschließlich zur Gewinnung von Palmöl angebaut, Kokosnüsse lassen sich neben Öl und Fett auch anderweitig verarbeiten – von Kokosfett, Kokoswasser bis hin zu Füll- und Dämmmaterial. Kokosfett enthält allerdings noch härteres Fett als Palmfett (transgene Fette) und hat nur ein Drittel Ertrag von diesen.

Vergleichbare Nachhaltigkeitsinitiativen wie bei Ölpalmen – und mögen sie noch so zweifelhaft sein – gibt es bei Kokosöl bis dato keine. Der öffentliche Druck auf Transparenz ist wohl noch zu gering. Österreichs „leistungsfähigster Produzent von pflanzlichen Ölen und Fetten“ (Eigendefinition) mit einem Herzen für die Umwelt, die erwähnte VFI, setzt neuerdings auch auf Kokos.

Das Sommerbuttertheater

Die *Sommerbutter* von Schärdinger ist weithin bekannt. Das Unternehmen (im Besitz der Berglandmilch, also Raiffeisen) rühmt sich, *die beliebteste Butter der Österreicher* im Sortiment zu haben. Geschwärmt wird in der Werbung bisweilen von dem *besonderen Herstellungsverfahren*, das sie *besser streichfähig als herkömmliche Buttersorten* mache. *Buttergenuss auf höchstem Niveau.*[139]

Als die Gmundner Molkerei mit ihrer ähnlich zauberhaft streichfähigen Teebutter mit dem „echten Geschmack" im grünweißen Keramiklook daherkam, wollte ich es wissen. Frisch aus dem Kühlschrank und doch so einfach aufs Brot zu schmieren? Wie machen die das? Ich besorgte mir alle beide und noch andere Buttersorten, verglich … und dann, weil ich über die Jahre ein sehr feines Sensorium am Gaumen entwickelt habe, kam ich bei der Schärdinger Sommerbutter zu dieser Erkenntnis:

Da muss etwas anderes auch noch drinnen sein außer dem angepriesenen, hochwertigen Sauerrahm. ICH KANN ES RIECHEN!

Gewiss, der Geschmackssinn ist höchst individuell und kann täuschen. Ich musste auf Nummer sicher gehen. Immer wieder geisterten mir Slogans durch den Kopf, die sinngemäß *Ich schmecke wie Butter* verkündeten und den Nachsatz *Bin aber keine* tunlichst wegließen. Und mit Schrecken dachte ich an die neueste Errungenschaft der Palmöl-Lobby, die im Oktober 2019 mit entsprechend positiver Pressebegleitung eingeführt wurde:

Flora Plant.

Da wurde eine Ernährungs-Trendforscherin aufgeboten, die davon fabulierte, der Peak Meat wäre erreicht, Fleisch verliere die Hauptrolle, in Zukunft würde es beim Konsumenten immer mehr um das Thema Ethik gehen. So weit, so schön. Der CEO des Herstellers *Upfield* (vormals Teil des Unilever-Imperiums)gab bekannt: „Flora Plant", sagte er, „kann alles, was Butter auch kann: kochen, backen, streichen. Aber es ist ein pflanzliches Produkt, das man im Butterregal platzieren sollte, um den Konsumenten eine Alternative zu bieten."[140]

Zugleich räumte man jedoch ein, dass auch Palmöl enthalten sei, aber – um die Frage vorwegzunehmen – es handle sich selbstverständlich um 100 Prozent zertifiziertes Palmöl. Und dann fügte er an: „Flora Plant ist erst der Anfang mehrerer Konzepte, die wir noch liefern werden." Für mich klang das wie eine gefährliche Drohung.

Bei ersten Recherchen zur „Sommerbutter mit oder ohne" stieß ich auf einen Vergleich[141], den das österreichische Testmagazin *Konsument* angestrengt hatte. Da wurden Buttersorten verglichen – von den Eigenmarken angefangen bis zu jenen mit den klingenden Namen wie *Ich bin Österreich, Alpengut* oder *Ein gutes Stück Heimat*. In Summe waren es 23 unterschiedliche Butterangebote.

Zu überprüfende Kriterien gab es für die Tester jede Menge. Ob Sauerrahm- oder Süßrahmbutter, ob mild gesäuert, in bio, ob mit diesem oder jenem AMA-Siegel bedacht, Fettgehalt, Güteklasse und so weiter. Eine Kategorie fehlte mir (wiewohl ich natürlich weiß, dass es in echter Butter nichts verloren hat): Palmöl – ist es enthalten oder nicht?

Ich wollte es schwarz auf weiß. Ja oder nein. Weder bin ich Chemiker noch habe ich Freunde mit einem entsprechend ausgerüsteten Labor. Ich wandte mich also hochoffiziell an den Lebensmittelinspektor der Bezirkshauptmannschaft Vöcklabruck. Das Prozedere ist von Amts wegen dieses: Du erstattest Anzeige, der Lebensmittelinspektor kommt, nimmt ein Protokoll auf und die inkriminierte Ware in Beschlag, kauft ein zweites Belegexemplar – und ab ins Labor. Genauso geschah es. Der Inspektor kam und sagte: „Herr Steinbichler, da brauchen Sie ein Originalstück. Eingepackt."

„Hab ich", sagte ich und händigte es ihm aus. Hinterher fertigte er ein fast schon monströses Protokoll darüber an, WIE ich die Butter gekauft hatte.

Abschließend fragte ich: „Wann bekomme ich das Ergebnis der Inhaltsstoffe-Analyse?"

Der Mann sah mich aus großen Augen an, als hätte ich ihn um das Losungswort für sein Sparbuch gebeten. „Sie? Gar nicht."

Der Bezirkshauptmann, an den ich mich daraufhin wandte, sagte mir Ähnliches. „Sie haben keine Parteienstellung. Und ohne Parteienstellung keine Einsicht. Wenn Sie wollen, können Sie sich die mittels Anwalt erkämpfen."

Parteienstellung erkämpfen. Über den Anwalt. Dort stehen wir jetzt, wenn Sie diese Zeilen lesen. Eines kann ich Ihnen versichern, liebe Leserinnen und Leser: Ich lasse nicht locker, werde mir Zugang verschaffen, selbst ein Labor zu Vergleichszwecken beauftragen und Allianzen mit Experten wie jenen von *foodwatch* schmieden. Nicht zuletzt, weil ich auch Antwort auf diese Frage haben möchte:

Landen kiloschwere Palmöl-Blöcke in unserer Wurst?

Lebensmittelexperten zufolge leiden wir in Österreich an einem Notstand tierischer Fette. Schließlich soll das Fleisch ja immer magerer auf den Tisch kommen, was bei den Tieren zu Lebzeiten seinen Niederschlag findet. Ein Metzger erzählte dazu in einer Runde mit zehn anderen Metzgern und branchenfernen Zuhörern, wie es bei ihm, in der Wurstfabrik, zugehe. Die Blöcke mit Regenwaldfett würden in großen Mengen beigegeben, um den Mangel auszugleichen. So sprach er zu später, schon feuchtfröhlicher Stunde. Aber die Narren und die Besoffenen sagen bekanntlich die Wahrheit. Und es heißt auch, etwas überspitzt, bei der Extrawurst sei heute alles drin, was man früher für den Hund unter den Tisch gekehrt hat.

Regenwald in unserer Wurst? Ich möchte auch das wissen und bleibe dran. Versprochen.

Wo sich in der Politik die Spreu vom Weizen trennt

Der Traum vom Wirtschaftswunder

Abschließend möchte ich Sie noch einmal ins Parlament bitten, mit Minister Andrä Rupprechter als demonstrativ gelangweiltem Zuhörer auf der Regierungsbank und mir am Rednerpult, wo ich auf Bio-Ethanol aus angeblich zertifiziertem Palmölanbau im Regenwald zu sprechen kam.

„Läuft es dann so", sagte ich, „dass wir mit Bio-Diesel aus dem Regenwald Pellets aus Tschechien und Rumänien zu Supermärkten oder ins Lagerhaus führen … in einem Land mit 47 Prozent Eigenwaldanteil?"

Zur Erklärung: Die Billig-Holztransporte aus Osteuropa sind mir seit jeher ein Dorn im Auge, ganze Zugladungen, die sich über uns ergießen, und eines der eindrücklichsten Indizien dafür, was schiefläuft. Anders als Fruchtsaftkonzentrate aus China oder Fleisch aus dem äußersten Osten Europas lassen Holzladungen sich nicht in Kühlsattelzügen verstecken. Sie stehen offen da und erzählen die Geschichte eines uneingeschränkten Warenverkehrs, der dann aufs Übelste aus dem Ruder läuft, wenn von weither gekarrte, unter zweifelhaften Bedingungen erzeugte Ware plötzlich den AT-Stempel für Österreich trägt (siehe Kapitel 11).

„Die Globalisierung dient ausschließlich den Konzernen", fuhr ich fort, sprach von Produkten als Wirtschaftsmuster mit zweistelligen Dividenden auf dem Rücken der Urwaldbevölkerung, hielt ein paar neue Regenwald-Produkte mit Austria-Zertifizierung in die Runde, thematisierte kurz die Glyphosat-Produktion, die im selben Ausmaß wie Palmöl steige, streifte kurz das jüngste Milchprogramm der Europäischen Union, das eine Abschlachtungswelle bei Milchkühen zur Folge hatte, und skizzierte die Auswirkungen, die allein die Transportwege aus Regenwaldgebieten verursachen, wenn wir weiterhin gegen die regionale Wirtschaft agieren und Palmöl ins Land holen.

„300.000 geschlachtete Kühe europaweit", rief ich, „das sind die Folgen dieses EU-Programmes. Was dort drüben den Regenwald gefährdet, gefährdet bei uns die Kulturlandschaft … die Kulturlandschaft mit den blühenden Dauerwiesen. Das Milchgeld dieser Kühe fehlt für immer. Es wird nicht investiert in Gebäude, Gerätschaft, nachgelagerte Bereiche, und die Ausdünnung des ländlichen Raumes schreitet fort. Das sehen wir auch in Ostdeutschland, die Vereine, die Orte, alles löst sich allmählich auf."

Ich weiß schon, das ist natürlich sehr verknappt dargestellt, aber so ist das nun mal im *Hohen Haus*, wenn dir nur sehr beschränkte Redezeit eingeräumt wird. Und dann warf ich abschließend dieses Wort in die Schlacht: Wirtschaftswunder.

„Das wäre doch ein Wirtschaftswunder", schmetterte ich, „wenn wir das Palmfett durch Milchfett substituieren und durch Fett vom Acker, von der Sojabohne bis zum Raps. Zu den 29 Millionen Milchkühen in Europa bräuchten wir dann weitere 31 Millionen. Das wäre doch ein Wirtschaftswunder … eines für die Bauwirtschaft, die Elektroindustrie, die vielen regionalen Firmen … und wir müssten nicht länger im Regenwald spekulieren. Wollen wir das nicht aufgreifen … als Musterland für nachhaltige Ernährung und gepflegte Kulturlandschaft … als Musterland für Energie- und Nahrungsmittelsouveränität?“

Geraune im Plenum. Blicke, die sagten: Spinnt der Steinbichler völlig?

Und dann holte ich noch zu einem letzten Anlauf aus: „Palmitin ist genau jene Fettsäure, die im menschlichen Körper größte Schmerzen verursacht.[142] Aber wenn der Organismus ein Problem hat, heißt es immer gleich: das böse Butterfett, das böse Schweinefett, das böse Brot. Die sind schuld. Das kann nicht sein – stellen wir doch das Regionale in den Vordergrund!“

Und aus.

Nun ja, Sie können sich vorstellen, was kam. Die Handvoll Mitglieder meiner Fraktion (damals *Team Stronach*) applaudierte, der große Rest sah zumeist vom Handyspielen oder Mailchecken gar nicht erst auf. Und der Minister? Andrä Rupprechter machte, was er gut konnte. Er zuckte mit den Mundwinkeln und setzte diesen, na, Sie wissen schon, Blick auf.

9

Bauernsterben: Wenn 100.000 Lebensschulen ihre Pforten schließen

Was der Untergang vieler Bauern für unser Land bedeutet

Das schnelle, leise Sterben

Bis zu zehn Bauernfamilien hören Tag für Tag in Österreich auf, und die allermeisten sind kleine, die Viehwirtschaft betreiben (wir haben es zu Beginn des Buches gehört). EU-weit sind es circa tausend pro Tag, was aufs Jahr gerechnet der Einwohnerzahl der Städte Graz und St. Pölten zusammen entspricht. 360.000 Jahr für Jahr, und die Spirale dreht sich eher schneller als langsamer. Hierzulande gab es 1970 noch 368.000 Betriebe (mit 800.000 Arbeitskräften), beim EU-Beitritt 1995 an die 240.000 – und seither, in 28 Jahren, haben abermals fast 100.000 Bauernhöfe in Österreich ihre Pforten geschlossen, knapp 150.000 waren es Ende 2022 noch.

Der Anteil der bäuerlichen Bevölkerung Österreichs hat sich in den vergangenen 50 Jahren von 23 auf vier Prozent verringert![143] Geschrumpft ist auch der Tierbestand, wiewohl nicht in so dramatischem Ausmaß. Die Tendenz zu weniger, dafür größeren Betrieben ist auch am durchschnittlichen Viehbestand abzulesen: Bei Schweinen waren es zu EU-Beitrittszeiten 85 Tiere (heute 112), bei den Rindern 28 (heute 34). Aber, so wenige Milchkühe wie heute gab es in Österreich noch nie – eine Folge des Totalversagens der Politik. Die Weizenernte indes hat sich im selben Zeitraum verdoppelt, und beim Mais (dazu gleich mehr) haben wir sogar eine Verdreifachung.

Nun aber genug der trockenen Zahlen und ein paar Worte zur Praxis: So ein Bauernhof ist schließlich eine Lebensschule wie keine zweite. So habe ich es erlebt, auch meine Kinder, und genauso erleben es unsere Enkelkinder. Sie kennen den Rhythmus aus Kommen und Gehen, müssen sich nach der Aussaat in Geduld üben, sehen die Feldfrüchte gedeihen, helfen sie abzuernten, erfreuen sich am Wunder einer Stallgeburt, begreifen, dass fast ein Jahr lang alles gutgehen muss, damit es überhaupt neue Kälber gibt. Sie lernen manuelle Arbeit kennen und erfassen den unausweichlichen Wandel vom Leben zum Tod, wissen, wie es ist, wenn ein Kalb, das sie am Vortag noch gestreichelt haben, abgestochen wird. Weil es sein muss.

Ein Bauernhof, wird er gut geführt, ist immer auch eine Lebensschule rund ums Tierwohl. Meinen Enkelkindern kann ich da längst nichts mehr vormachen. Sie haben den Kennerblick dafür, wie es den Tieren im Stall oder auf der Weide geht, wissen auch über viele andere Tiere Bescheid. Man muss ihnen nicht erst erklären, dass sich ein überzüchteter Rassehund mit Wohnadresse im siebten Stockwerk eher nicht so pudelwohl fühlt, und dass einer Katze, die nie ins Freie, nie eine Maus fangen darf, vermutlich etwas fehlt.

Apropos Katze und Tierwohl: Als ich einmal mit meinem Enkelsohn Alois (damals 11 Jahre alt) auf der Bank vor dem Haus saß, wurden wir Zeugen eines zwölfminütigen Kampfes auf Leben und Tod. Da unser Kater *Tiger*, dort eine namenlose ausgewachsene Ratte. Wie die Sache ausgehen würde, war nicht klar, und so wollte Alois, dass ich dazwischengehe, doch ich lehnte ab.

„Und wenn die Ratte unserem *Tiger* wehtut?“, fragte er bange.

„Unser Tiger tut ihr auch weh“, erwiderte ich.

Mein Enkel sah mich fragend an, dann nickte er zögerlich. Es beschäftigte ihn lange, wir sprachen immer wieder darüber (*Tiger* hatte doch die Oberhand behalten), und am Ende hatte ich den Eindruck, Alois hatte etwas fürs Leben gelernt. So wie ich als Bub fürs Leben gelernt hatte, wenn ich beim Aussieben von Würmern aus dem Mehlsack auch nur einen einzigen Wurm übersah: Ich bekam Probleme mit meiner Großmutter. Und auch so, wie Stadtkinder etwas fürs Leben lernen, wenn sie erstmals einen Hühnerstall betreten, frisch gelegte Eier berühren und erstaunt sind, dass sie noch mit Streu behaftet und handwarm sind – und nicht klinisch sauber und gekühlt wie im Supermarktregal.

Privileg Bauernhofkind

Auf einem Bauernhof groß werden zu dürfen, ist ein Privileg. So habe ich es erlebt, so empfinde ich es bis heute. Bauernhöfe sind unerschöpfliche Wissensquellen, Erlebnis- und Lernwerkstätten, die perfekte Mischung aus Erneuerung und wertvollem, über Generationen weitergereichtem Ahnenwissen, und mit jedem Bauernhof, der zusperren muss, geht vieles davon verloren.

Verloren gehen auch (bleiben wir bei der Zahl) 100.000 Misthaufen, die das reinste Dorado für Amsel, Star, Sperling, Rotkehlchen und Schwalbe sind, allein schon, weil sie ihre Nester daraus bauen können. Verloren auch 100.000 kleine, doch umso wertvollere Streuobstwiesen mit den alten Birnen-, Apfel- und Zwetschgensorten. Und selbst wenn ein Kleiner, der das Handtuch wirft, in einem Größeren aufgeht, ist der Fortbestand der Essenz dieser Lebensschule Bauernhof höchst ungewiss, weil das Augenmerk der Bewirtschaftung mit zunehmender Größe auf andere Aspekte gerichtet ist.

Wer ein volkswirtschaftliches Standardwerk zur Hand nimmt, liest dort: Die ineffizienten Betriebe verschwinden, die produktivsten überleben, sie nutzen hohe Investitionen besser, wachsen weiter – dies alles mitunter zum Vorteil des Konsumenten, der billiger Produziertes billiger einkaufen kann. So weit die Theorie.

Die gesellschaftlichen Funktionen so einer Lebensschule bleiben dabei auf der Strecke, hier nur die wichtigsten genannt: Erhalt von Arbeitsplätzen und Infrastruktur in ländlichen Regionen wie auch einer Mindestbevölkerungsdichte; Beitrag zur Ernährungssicherheit; kommunale Dienstleistungen; Bewirtschaftung und Pflege von Wäldern und Grünflächen (Stichwort: Klimawandel), dazu Gewässerschutz und Erhalt von Biodiversität.

Kurzum, der Erhalt der gesamten Kulturlandschaft steckt in so einem Bauernhof.

Und genau diese Kulturlandschaft ist in einem Tourismusland wie Österreich gar nicht hoch genug zu bewerten. Und, wenn wir schon von Industrie sprechen müssen: Die Landwirtschaft ist der einzige Zweig, der CO_2 speichert und Sauerstoff produziert, die Zement- und Stahlindustrie jene, die am meisten CO_2 freisetzen. Doch das wird nicht so gerne gehört.

Aufgabe: Von der Schande zum Segen

So unterschiedlich bäuerliche Betriebe aufgrund der vielfältigen Topografie Österreichs sein mögen, so sehr sind sie allesamt Vielkönner, die es zu schützen und zu bewahren gilt. Einen Betrieb aufzugeben, galt früher als große Schande. Das hatte mit Familientradition zu tun, mit Erbfolge, aber auch mit dem Stolz, Teil von etwas Größerem zu sein. Landwirt zu sein, hieß nicht bloß, von etwas, sondern für etwas zu leben.

Heute empfinden immer mehr Bauern es als Segen, nicht länger Bauer sein zu müssen, und ergreifen bei erstbester Gelegenheit die Flucht in die Privatwirtschaft. Die Anerkennung ist ihnen gewiss, längst hat sich diese Haltung manifestiert:

Du wirst doch nicht so blöd sein und dich für das bisserl Geld abrackern. Recht hast. Das Essen kriegen die Leute auch von woanders her.

Es gibt viele Dinge, die dem Bauernstand arg zu schaffen machen: der Preisverfall bei den Tierprodukten (früher konntest du dir für sechs Stiere einen guten gebrauchten Traktor leisten, heute einen neuen Kotflügel), die immer brutaleren Vorgangsweisen durch Verarbeiter und Handel, der Wachstumsdruck, das Problem der Nachfolge, der Mangel gesellschaftlicher Anerkennung (wiewohl sich das seit Corona und Ukrainekrise wieder bessert), die im Verhältnis zu den Einnahmen überproportional steigenden Betriebskosten (vor allem seit 1995), die Unsicherheiten durch den Klimawandel.

All das sind Gründe fürs Aufhören und geben im Zusammenspiel den vielleicht noch Unentschlossenen den Rest. Ich kann es ihnen nicht einmal verdenken.

Die Statistik[144] besagt, dass etwas mehr als ein Drittel aller Höfe noch im Haupterwerb geführt wird,[145], die übrigen im Nebenerwerb. Eine Art Hobby-Bauerntum, doch zumeist aus der Not geboren, wenn eine/r auswärts jobben gehen muss und der/die andere irgendwie den Betrieb am Leben hält. Viele könnten ohne Förderungen (Ausgleichszahlungen) nicht überleben. Und dann gibt es Höfe, da arbeitet die Frau auf der Gemeinde, der Mann in einer Fabrik, und die Altbauern schupfen den Hof, lassen ihre Pensionen einfließen, damit es sich ausgeht. Nach außen hin werden solche Betriebe gerne als Musterbeispiel dafür präsentiert, wie wunderbar sich Höfe von selbst tragen. In Wirklichkeit kommt das Geld von außen.

Wenige leben das Bauerntum tatsächlich als eine Art Hobby, jedoch mit ausgeprägtem Geschäftssinn. Auf mittlerer Ebene etwa Landtagsabgeordnete aufwärts, die ihre 10 bis 15 Hektar extensivieren oder an Nachbarn, Betreiber von Biogasanlagen oder neuerdings für Photovoltaikanlagen verpachten und ihr Auslangen lieber aus dem Salär einer politischen Funktion finden.

Es gibt auch wiederum welche, die sich mit breiter Brust hinstellen und ihre bäuerliche Abstammung wie einen Slogan hinausposaunen und damit ihre drei Besuche pro Jahr bei der Großmutter auf dem Hof meinen, wenn sie Fleisch aus der Gefriertruhe oder Obst und Gemüse aus dem Keller geholt haben.

Und dann gibt es jene, die – wiewohl sie ihr Einkommen anderswo verdienen – zumeist auf den größten Flächen sitzen, dem verfehlten Förderwesen der EU-Agrarpolitik sei Dank (dazu mehr im Folgekapitel) am kräftigsten aus dem Topf zulangen und prominente Namen tragen.

Immer öfter stelle ich mir angesichts dessen die Frage: Was macht das einst viel gepriesene Bauerntum überhaupt noch aus?

Mit Vorsicht statt mit Vollgas

Bauer anno 2023 zu sein, ist – aufs Autofahren umgelegt – wie Fahren auf halbe Sicht, dafür mit Vollgas. Hinein in die Nebelsuppe, und am Steuer sitzt die personifizierte Kurzsichtigkeit. Ich selbst habe noch gelernt, was Vorratshaltung bedeutet. Die Alten hatten uns da einiges voraus. Die Ressourcen ihrer Wiesen und Äcker wussten sie so zu nutzen, dass sie stets eine gewisse Übermenge an Heu auf dem Heuboden, stets eine gewisse Übermenge an Getreide auf dem Getreideboden hatten. Das war die eiserne Reserve. Der moderne Landwirt, im Zangengriff von Digitalisierung und Dumping, rechnet seinen Bedarf fast schon aufs Korn genau aus. Kommt es anders, sodass er unerwartet zukaufen muss, ist er dem Markt ausgeliefert. Um einen guten Preis braucht er dann nicht mehr zu fragen, er muss nehmen, was er kriegt.

Die Alten verstanden, dass Wirtschaften vor allem einen naturnahen Kreislauf bedeutet und keine Einbahnstraße in Richtung Mülldeponie. Sie errichteten ihre Häuser im Wesentlichen noch mit fünf Baustoffen: Sand, Kalk, Zement, viel Holz und Ton fürs Dach. Heutzutage errichten wir Häuser aus 130 (!) Baustoffen und mehr. *Wohnräume als Entsorgungsräume* hat das mal ein schlauer Kopf in einem Buch genannt, und die Preise für Baustoffe könnten oft nur deshalb in der Relation niedrig gehalten werden, weil niemand die Entsorgung hinzurechne. Das trifft es punktgenau.

Vorausschauend und umsichtig zu agieren, ist dem Landwirt der Auftrag, nicht bloß mit Ressourcen respektvoll umzugehen, sondern insbesondere mit den Tieren. Sie danken es entsprechend. Ich erinnere mich gerne an den Tag, als ich zu einer Versteigerung nach Regau kam, nur wenige Kilometer von mir zu Hause entfernt. Ich war, was man geschniegelt nennt, weil auf dem Heimweg von einem Geschäftstermin. Natürlich hätte ich mich vorher umziehen und in die Stallkluft werfen können, doch wozu? Ich hätte es als scheinheilig empfunden.

Kaum angekommen, sah ich Vater und Sohn zu beiden Seiten einer Kuh stehen, die sie erstanden hatten. Das Tier wollte sich keinen Millimeter in Richtung Anhänger bewegen. In bester Laune rief ich ihnen zu: „Wisst ihr was, ihr drei … das größere Rindvieh von euch steht nicht in der Mitte."

Vor 30 Jahren noch hätte es dafür Ohrfeigen geregnet, doch der Bauer sah in die erheiterte Runde und knurrte: „Der Depp da drüben soll zeigen, was er kann."

Es gibt Leute, die mich Tierflüsterer nennen, doch das ist zu viel der Ehre. Man muss bloß wissen, wie man es macht. In dem Fall war das simpel. Ich ging zu der Kuh, fasste ihr an den Hornstock (sozusagen die obere Stirn, der „Balken" hinter den Hörnern) und begann sie zu kraulen. Kühe lieben das, vor allem, wenn sie unter Stress stehen und schwitzen. Das Tier nach einer Weile ganz ohne Schläge zum Gehen zu bewegen, war ein Kinderspiel und das Gesicht ihres neuen Besitzers eine Augenweide.

Einfühlsam sein, offen für alles, was kommt, und dabei authentisch. Das bedeutet Bauer zu sein nämlich auch. Meine Frau meinte dazu einmal: „Vielleicht mögen dich ja deshalb alle so gern da unten in Wien."

Nun ja, alle nicht, wie wir wissen.

Teil der Energiewende oder doch bloß Schimäre und Falle?

Die Bauern und das Biogas

Biogasanlagen waren bis vor Kurzem total hip, und erst in allerjüngster Zeit – bedingt durch Ukrainekrieg und Energiekrise – bahnt sich eine Abkehr vom großen Boom an. Auf Gas zu bauen, ist in Zeiten wie diesen politisch nicht so opportun. Folglich lagen, sehr zum Unverständnis der mit Zuschüssen reichlich verwöhnten Branche, die Investitionsförderungen zuletzt auf Eis, während Photovoltaik, Wasser- und Windkraft sowie feste Biomasse grünes Licht erhielten für den weiteren Ausbau.

Die Plattform des *Fachverbandes der Gas- und Wärmeversorgungsunternehmen* (FGW) und der *Österreichischen Vereinigung für Gas- und Was-*

serfach (ÖVGW) setzt jedoch unverdrossen darauf, wesentlicher Teil der Energiewende zu sein. „Zukunft Grünes Gas“ steht auf dem mit einem Blatt verzierten Logo, unter dem das grüne Gas mit unwiderstehlichen Argumenten angepriesen wird: Wertschöpfung, Arbeitsplätze, Sicherung der Energieversorgung. Da wird vom Potenzial der heimischen Agrar- und Forstflächen geschwärmt, von Abfällen, Mist, den sonst keiner brauche, der jedoch pures Gold sei, von kurzen Transportwegen, kurzum, NICHT auf Biogas zu setzen, so die verschlüsselte Botschaft, ist – Gaskrise hin oder her – nur etwas für die ganz Dummen.[143]

Die andere Wahrheit ist: Biogas ist nicht Teil der Lösung, sondern des Problems. Das deutsche Umweltbundesamt hat das erkannt und eingestanden, geht nun auch wesentlich kritischer mit der Thematik um. So begrüßenswert es sei, heißt es, Strom aus erneuerbaren Energieträgern zu gewinnen, so hoch sei das Risikopotenzial bei Biogas. Im Wortlaut:

„In Biogasanlagen werden erhebliche Mengen extrem entzündbarer und klimaschädlicher Gase erzeugt, gespeichert und umgesetzt (…) können, entgegen ihrem eigentlichen Sinn, auch kontraproduktiv für die Energiewende sein. Denn ein nicht unerheblicher Anteil, durchschnittlich etwa 5 Prozent, des in Biogasanlagen produzierten Methans entweicht unkontrolliert in die Atmosphäre.“ [146]

Das Methan und der schlechte Ruf der Kuh

Methan ist ein hochwirksames Gas, sein Treibhauspotenzial 25–28 Mal so hoch wie das von CO_2,[147] da werden fünf Prozent sehr schnell sehr viel. Keine Frage, Kühe stoßen bei der Verdauung auch Methan aus, und doch sollte ihr Ruf als Klimakiller Nummer 1 hinterfragt, ihre Rolle im großen Ganzen betrachtet werden. Ohne Kühe hätten wir einen akuten Mangel an Eiweiß und Fleisch, auch hilft die Milchproduktion, unser Grünland als wertvollen Lebensraum und CO_2-Senke zu bewahren. Kritisch wird es, wo Kühe anstatt Heu zunehmend Getreide verfüttert bekommen. 40 Prozent der europäischen Weizenernte gehen in die Tiermast. Österreich steht in puncto Getreide-„Verheizen“ sogar noch schlechter da: Nur 17 Prozent gehen in Nahrung auf, fast die Hälfte landet in Futtertrögen für Tiere, der Rest wird „energetisch oder stofflich“[148] genutzt, wie ein Experte der Universität für Bodenkultur in Wien erläuterte. Dieser Anteil energetischer Nutzung von Getreide ist in Österreich auch deshalb viel höher als im EU-Schnitt (3 Prozent), weil wir in großen Mengen Bio-Ethanol als Spritbeigaben exportieren.

Lebensmittel, die von ihrer Beschaffenheit her zu 80 Prozent für die Ernährung von Menschen geeignet wären, massenweise in Gas und Sprit umzuwandeln oder zu verfüttern, ist eine Sünde ohnegleichen. Einzig beim Methanausstoß durchs Rind stechen wir im globalen Vergleich dank unserer immer noch kleinen bäuerlichen Strukturen positiv hervor. Ein Blick in die Alpen bestätigt das. Das Observatorium auf dem Hohen Sonnblick vermeldet seit Beginn (2012) der Messungen einen steten Anstieg des Methangehalts in der Luft. Jahr für Jahr. Zugleich ist der Rinderbestand in Österreich jedoch gesunken (EU-weit übrigens auch). Woher der Anstieg stammt, ist ungeklärt. Von den Rindern jedenfalls nicht.

Übrigens: Die Studie einer Universität in Kalifornien ergab eine Methanreduktion bei Mastrindern von bis zu 80 (!) Prozent[149], wenn dem Futter Rotalgen beigemengt wurden – ohne Beeinträchtigung der Fleischqualität. Je nachdem, ob und welcher Weltkonzern sich auf die Vermarktung draufsetzt, kann das eine gute oder schlechte Nachricht sein.

Abhängigkeiten mit System

Doch zurück zum Biogas. Angesichts der steten wie unkontrollierten Freisetzung von Methan aus undichten Anlagen, Rohrleitungssystemen etc. (in Deutschland jährlich 300.000 Tonnen) kommt das Umweltbundesamt unserer Nachbarn auch zu diesem Befund:

„*... können Biogasanlagen in der Gesamtbetrachtung sogar mehr Emissionen an klimaschädlichen Gasen verursachen als einsparen.*"

Früher wurde ein Hektar Grünland so verwertet: Der Bauer holt das Gras, die Kuh frisst es. Dafür bekommt er Milch und Fleischzuwachs. Den anfallenden Dünger bringt er wiederum aus. Ohne Chemie, ohne Gedanken an eine zweifelhafte Energiegewinnung. Kreislaufwirtschaft (siehe Kapitel 12) in seiner einfachsten und zugleich genialsten Form. Trinkwasserschutz und Biodiversität gab´s gratis obendrauf.

Und heute?

Biologischer Anbau hin oder her und auch weit über Österreich hinaus gedacht: Die Abhängigkeit von der Chemieindustrie hat dort, wo Landwirtschaft für die Masse betrieben wird, mittlerweile ungeahnte Ausmaße angenommen. Der Spritzmittel-Einsatz weltweit war noch nie so hoch wie heute, der aktuelle Pestizidatlas[150] von *Global 2000* zeigt es klar auf, und ich kann gut nachvollziehen, dass die Aufregung beim Supermarktpersonal groß und alle aus dem Häuschen sind, wenn ab und an eine hochgiftige Spinne aus der Bananenschachtel krabbelt – bei den Mengen Giftgas, mit denen die Containerware überzogen wird, ehe sie auf wochenlange Schiffsreise geht, müsste in der Tat alles tot sein.

In Deutschland und Österreich sind die Einsatzmengen zuletzt relativ konstant (hoch) geblieben, hierzulande ca. 13.500 Tonnen pro Jahr, Eigenimporte durch Großverbraucher nicht eingerechnet. Rückschlüsse, die Folgen würden ebenso „stagnieren", sind unzulässig. Pestizide bleiben nicht nur auf den Zielflächen, sie gelangen überall hin, vom Grundwasser über (auch ursprünglich ungespritzte) Nahrungsmittel bis in Wohnräume. Ein Monitoring zu den Folgen des Gifteinsatzes existiert in Österreich nicht. Vorrangig ist der Profit. Erst kommt das Saatgut. Dann das Düngemittel. Dann das Spritzmittel. Die Ackerfrucht blüht – das Geschäft auch.

Diese Abhängigkeiten haben Ursachen, festzumachen etwa an der Karriere des berühmt-berüchtigten Unkrautvernichters Glyphosat. In den 1950er-Jahren erstmals von einer kleinen Schweizer Pharmafirma synthetisiert, erlangte der Wirkstoff ab der zweiten Hälfte der Siebzigerjahre Weltruhm mit dem Spritzmittel Roundup aus dem Hause Monsanto. Ein beispielgebender globaler Siegeszug, der vereinfacht gesagt so funktioniert:

- Die Wissenschaft erfindet.
- Die Beamtenschaft (Politik) segnet ab.
- Jetzt erst fängt die Pharmaindustrie an, im großen Stil zu produzieren.
- Der Handel bewirbt und vertreibt.
- Die Menschen glauben die Botschaft und kaufen.
- Studien nähren erste Zweifel, Umweltschützer treten auf den Plan.
- Politiker (meist nur die in der Opposition) fordern rigorose Verbote.

Indes, ist der große Deal einmal gelaufen, werden zuallererst jene beschimpft, die gekauft haben: ÖBB und ASFINAG, weil sie ihre Gleistrassen und Autobahngrünflächen spritzen, dazu die Häuslbauer, Hobbygärtner und natürlich die Bauern.

Glyphosat ist ein hochgiftiges Zeug, keine Frage, doch allein am Ende der Kette anzusetzen, ist so verkehrt wie verlogen. Im Mai 2021 einigte sich Österreichs Bundesregierung nach jahrelangem Hickhack auf ein Teilverbot von Glyphosat. Das sieht so aus, dass es an öffentlichen Plätzen (Parks, Friedhöfe, Sportanlagen etc.) nicht mehr eingesetzt werden darf, desgleichen in Privathaushalten. Die „urpraktischen Allesvernichter" in der Sprühflasche sind für den freien Verkauf aus den Baumärkten verschwunden, abgegeben wird nur noch an gewerbliche Nutzer. Genau da liegt der Hund begraben. Die Landwirtschaft ist vom Verbot ausgenommen, jener Bereich also, der das große Geld einbringt. Die ÖVP (und somit Raiffeisen) hat sich durchgesetzt, ermöglicht durch den Sanctus ihres Juniorpartners *Die Grünen*.

Der (verständliche) Unmut der Glyphosat-Gegner entlädt sich neuerdings allein über den Bauern, die weiterhin spritzen dürfen und das auch tun. Manche mit mehr Gefühl fürs richtige Maß, manche mit weniger. Sie tun, was sie über Jahrzehnte auf Empfehlung der Wissenschaft, Fachschulen und Universitäten getan haben, und fühlen sich nun (auch das ist verständlich) als alleinige Sündenböcke im Regen stehen gelassen.

Die schiefe Ebene Forschung/Abnehmer

Und so ist das Beispiel Glyphosat auch nur eines unter vielen auf der schiefen Ebene zwischen Forschung und Abnehmer. Beim oft kritisierten Vollspaltenboden im Schweinestall ist es nicht anders gelaufen. Erfunden haben ihn nicht die Bauern, sondern Agrarwissenschaftler. Wir hatten früher das dänische System mit einer kleinen Betonstufe zwischen Liegeplatz und Mistplatz. Schweine sind bekanntlich ungemein reinliche Tiere. In dem einen Bereich misten sie, im anderen wohnen sie, ohne dass wir draufgeschrieben hätten: WC. Dann kam der Vollspaltenboden. Kaum empfohlen und abgesegnet, hob ein Wetteifern an, wer den besten aufbieten könne. Eigene Hochglanzprospekte ergingen an die Bauern, Berater auf Fachmessen stritten darum, wessen Produkt die beste Rutschfestigkeit aufweise, priesen den praktischen Nutzen („Du musst nicht mehr mit dem Mist herumtun, der fällt einfach durch, die Luftqualität für Tiere und Stallpersonal verbessert sich obendrein") – und die Bauern glaubten es und kauften. Heute ist der Spaltenboden verpönt, Verbote sind in Aussicht gestellt, und wer sich davon noch nicht distanziert hat, gilt in Tierschützerkreisen als Handlanger des Teufels.

Die Liste ähnlicher Beispiele ist endlos. Neuester Schrei ist ein Futtermittelzusatz, der die Methanproduktion bei Rindern um bis zu 35 Prozent reduzieren soll (nein, nicht die Rotalgen) und in Brüssel nach eingehender Prüfung im Februar 2022 für gut befunden und zur Verabschiedung weitergereicht wurde.

In einer Stellungnahme[151] der zuständigen EU-Kommissarin, Stella Kyriakides, heißt es nach einem Loblied auf die Kraft der Innovation wortwörtlich,

„die Reduzierung landwirtschaftlicher Methanemissionen ist der Schlüssel in unserem Kampf gegen den Klimawandel".

Der Schlüssel. Nicht einer von vielen. Das synthetisch erzeugte Mittel trägt die Bezeichnung Bovaer® 10 und ist die Schöpfung des niederländischen Chemie-Riesen DSM. Welchen Weg der brandneue Methansuperblocker noch nimmt, wird sich weisen. Gegeben erscheint mir jedoch, dass auch Bovaer® 10 den abermaligen Beweis für die Ohnmacht gegenüber der Marktmacht der Hersteller und Lieferanten erbringt:

Die Abhängigkeit anderer ist das beste aller Geschäftsmodelle.

Der „Monsanto-Tausender"

Mit den Abhängigkeiten sind wir wieder zurück bei den Biogasanlagen. Sie haben zu einer regelrechten *Vermaisung* der Landschaft geführt – mit allen Konsequenzen. Die Faustregel bzw. Währungsumrechnung bei uns Bauern lautet folglich so:

1 Hektar = 1 Monsanto-Tausender

Zu berappen ist dieses Geld für die erwähnte Trias aus Samen, Dünger und Spritzmittel, aus einer Hand produziert und mit Unternehmen wie Raiffeisen nebst seinen Lagerhäusern als direkte Achse zu den Bauern. Ein hochlukratives Geschäft für die Konzerne auf Flächen, wo es zuvor für sie nichts zu verdienen gab, nun aber das „Agrar-Navi" sagt:

„Sie haben Ihr Ziel erreicht."

Als der Boom anhob und Bauern begannen, sich ihre eigenen, kleinstregionalen Anlagen am Hof zu errichten, kursierte rasch ein geflügeltes Wort:

„Ich hab mir eine Kuh betoniert. Ich bin jetzt Biogasler."

Dann ging es aber erst so richtig los. Die Landwirte wurden heftig umworben, auf die Kulturpflanze Mais zu setzen, ihres guten Ertrages wegen und insbesondere, um die aufschießenden großen Biogasanlagen zu beliefern. Förderungen zuhauf gab es obendrein, und so bekam ich immer öfter Aussagen wie diese zu hören:

„Was, du melkst noch? Gehst siebenmal die Woche zweimal am Tag in den Stall? Da verdienst doch nix! Bist du wirklich so blöd?"

Wenn ich den *Grünen* politisch etwas so richtig übelnehme, ist es ihr Engagement genau dafür. Rund 100.000 Hektar wertvollstes Dauergrünland wurde allein in Österreich in Monokulturen umgewandelt, um Biogasanlagen zu befeuern. In Deutschland sind es 13 Mal so viel. Das Argument einer angeblichen Flächenknappheit Österreichs (bei einer Gesamtackerfläche von 1,3 Mio. Hektar), die eine Eigenversorgung nicht erlaube, lässt sich nur schwer aufrechterhalten, solange wir im großen Stil Mais, Getreide, Hirse oder Gras in Gas verwandeln. Mehr als 80 Prozent der Anlagen verwenden als Gärsubstrat eigens angebaute Energiepflanzen – und nicht, wie behauptet, überwiegend Abfälle aus Großküchen, Stallmist und Stroh. Die machen keine 20 Prozent aus.

Der Schmäh mit der Gratisgülle

Um Bauern in die Biogas-Falle zu locken, ist jedes Mittel recht. Am einfachsten funktioniert es übers Geld. Ein über das Ortsübliche hinaus erhöhter Pachtzins macht den Deal meist schmackhaft genug, benachbarte Milchbauern haben das Nachsehen im Buhlen um neue Flächen, weil das Milchgeld das nicht hergibt. Den Umstieg vom Feldbesteller zum Biogasbauern erleichtert aber auch ein Zusatzzuckerl, das mir ein befreundeter Landwirt (er gab seine Grünweiden her) so erklärt hat:

„Das ist schon kommod mit den Kühen … dass wir sie weghaben. Das Melken hat sich eh nicht mehr gerechnet, also hab ich einen Vertrag mit der Biogasanlage gemacht. Die holen sich das Gras dreimal im Jahr selber, hauen es in den Kessel – und am Ende bringen sie mir auch noch die Biogasgülle als Dünger. Ist das nicht super?"

Wer weiß, wie echte Gülle aussieht, sich anfühlt, riecht, welch unschlagbaren Wert ihre Abermilliarden von Organismen im Kreislauf von Säen und Ernten einbringen, und wer, wie ich in Gummistiefeln, über solche mit schleimartiger Biogasgülle versetzte Wiesen und Felder marschiert ist, den packt das Grauen. Biogasgülle bindet den Humus, schadet dem ökologischen Gleichgewicht und ist – mit einfachen Worten umschrieben – nicht mit natürlicher Gülle vergleichbar.

Als es auf dem Land noch üblich war, auch die Sickergruben zu leeren und verdünnt auf die Felder zu spritzen, ehe auch die Bauern allesamt ans Kanalsystem angeschlossen wurden, riefen uns die Kammerfunktionäre zu:

„Ganz gefährlich, was ihr da macht, Leute. Das ist alles hochgiftig. Stellt euch vor ... da nimmt die Frau die Pille, die Hormone hast du dann im Hausabwasser, auf dem Feld, und irgendwann ist es so weit, dass eure Kühe keine Kälber mehr kriegen."

Kein Scherz. Das waren sinngemäß ihre Worte. Heute bringen wir die Biogasgülle auf den Feldern aus, im Irrglauben, wertvoller Baustein der Energiewende zu sein, ohne Blick für die noch unabsehbaren Folgen für Böden, Umwelt und Menschheit, doch mit dem guten Gefühl, ein Geschäft zu machen. Auch das ist ein Gesicht des Geschäftsmodells Biogas. Und als wäre alledem nicht genug, landet der aus den Kanälen in Kläranlagen gefilterte Dreck, mit Kalk aufgebessert, ebenfalls wo? Richtig – auf den Feldern der Bauern, die in ihrer Ahnungslosigkeit oft gar nicht wissen, wie ihnen geschieht.

Big Business.

Das Gras als Sauerstoffproduzent

Der Biogashunger erzeugt Monokulturen, und was die auf Dauer anstellen, wissen wir – von einseitig ausgelaugten Böden über sinkenden Humusgehalt, verarmende Bodenorganismen, Verlust der Aufnahme- und Speicherfähigkeit von Wasser et cetera. Das Grünste in Sachen Biodiversität, Umwelt- und Trinkwasserschutz ist eine Dauerwiese. Es stimmt schon, dass der Mais bei der Sauerstoffproduktion dank seines enorm schnellen Wachstums dem Wald überlegen ist. Aber nur kurzfristig betrachtet, wenn man es auf den Zyklus aus Anbau und Ernte bezieht. Aufs Jahr besehen sieht die Sache anders aus.[152] Kaum schießen der Natur die Säfte ein, legt das Grünland voll los, der Mais ist da noch nicht einmal gesät.[153]

Mit einem bildhaften Vergleich wird das verständlich: Denken Sie sich den Baum als Riesenmais mit hohem Stamm und starken Wurzeln. Der Mais bleibt der Mais, mit seinen Blättern, Wurzeln und ist dem Wald aufgrund seiner wesentlich höheren Pflanzendichte auf einem Hektar (100.000 zu 1.000) überlegen. Und das Gras, als Zwergenmais quasi, bringt es auf derselben Fläche auf zwei bis fünf Millionen Halme (nein, ich habe mich nicht hingelegt und gezählt, es gibt tatsächlich Menschen, die so etwas erheben!).

Am Ende kommt heraus: Der Mais produziert viermal so viel Sauerstoff wie der Wald, die Dauerwiese (nicht der englische Rasen) das Sechsfache. Nun könnte man natürlich sagen:

Wozu brauchen wir den Regenwald, wenn Mais und Wiese besser sind?

Weil die Sauerstofferzeugung nur der eine Aspekt ist und der Regenwald in der Vielfalt seiner Funktionen (CO_2-Bindung, Lebensraum für Fauna und Flora, globaler Regulator von Temperatur und Niederschlag, Stabilisator des Klimas usw.) so einzigartig wie unschlagbar wie unersetzlich.

Unterhaltsam liest sich im Vergleich Mais/Wiese auch, dass die eine Landwirtschaftskammer (Kärnten) den Mais als DIE Frucht des Bodens preist, die andere (Oberösterreich) das Grünland. Ist das alles nicht zum Verrücktwerden? Und doch erhält am Ende der Mais fürs Gas den Vorzug gegenüber der Dauerwiese. Weil die „Vorteile" überwiegen, die da wären: weniger Arbeit, weniger Maschinenaufwand, mehr Pflanzenmasse und Energie und …

Big, Big Business.

10

Traue keiner Statistik (Austria), die du nicht selbst …

Eigenversorgung: Auf den Spuren der Produktionslüge

Die Schätzmeister der Nation

Hat die alte Weisheit, man solle nur Statistiken trauen, die man selbst gefälscht hat, auch im offiziellen Österreich Gültigkeit? Worauf basieren die Zahlen? Auf akribischer Recherche harter Fakten? Dem Versuch gezielter Lenkung? Dem Blick in die Glaskugel? Oder von allem etwas?

Die Statistik Austria ist ein augenscheinlich streng systematisch-bürokratischer, in der Tiefe jedoch heillos chaotischer Verein (ich war selbst dort und konnte es kaum glauben). Bei den Grundnahrungsmitteln verrät uns ihr offizielles Datenmaterial zur Eigenversorgung (das Verhältnis von Produktion zu Verbrauch mit der Zahl 100 als Idealwert der Ausgewogenheit) jedenfalls:

Wir haben …

… viel zu viel Milch; viel zu wenig Butter; viel zu viel Rind- und Kalbfleisch; viel zu wenig Obst und Gemüse; etwas zu viel tierische Fette; etwas zu wenig Eier, Kartoffeln und Weizen; heimischen Fisch gibt´s so gut wie gar nicht, Hühner fast zur Genüge.

In anderen Bereichen haben wir manchmal sogar – Beispiel Holz – zu viel und zu wenig zugleich. Alles eine Frage der Interpretation und Geschäftsinteressen, und so lesen sich die Jahresbilanzen zum Thema Eigenversorgung so prickelnd wie die Jagd von Inspektor Columbo nach Beweisen gegen den sich in Sicherheit wiegenden Killer, vorausgesetzt, man weiß sie zu deuten.

Meine Erfahrungen mit der *Statistik Austria* sind diese: Sollen die Erzeugerpreise gedrückt werden, haben wir viel zu viel. Beispiel: Bei der (ausschließlich fürs Packerl gedachten) Konsummilch lag der Eigenversorgungsgrad 2021 bei 178 Prozent,[154] sagen die Medien und die AMA, und die zitieren die *Statistik Austria*. Bedarf es einer Erklärung, warum wir ein Viertel des Butterbedarfs importieren müssen, heißt es: Wir haben nun mal zu wenig (Eigenversorgung: 73 Prozent). Die Erzeugerpreise im Land steigen aufgrund dieses Mangels allerdings nicht, wie man vermuten könnte. Palmölkonkurrenten wie *Rama mit Butter* und andere Billigimporte sind als Ruten im Preisfenster der Bauern herzlich willkommen.

Warum der gewaltige Milchüberschuss (falls es ihn gibt, dazu gleich mehr) nicht hergenommen wird, um den wesentlich überschaubareren Buttermangel auszugleichen, so von heimischem Lebensmittel zu heimischem Produkt mit direkter Wertschöpfung im Land, ist eine Denksportaufgabe. Der Weg von der Milch zur Butter wäre ja kein allzu weiter.

Begreifbar wird es, wenn wir wissen: Milchüberschüsse in die Käseproduktion fließen zu lassen, ist aus Sicht von Verarbeitern (Molkereien) und Handel viel lukrativer. Die Margen bei Käse sind höher, die niedrigen Erzeugerpreise (dank bilanzierter Überproduktion) beliebt, nationale wie auch europaweite Förderungen gibt es obendrein. Damit nicht genug, gehen Butter, Käse und die anderen Molkereiprodukte oft für Monate auf Wanderschaft quer durch Europa. Der Chef einer Spedition kam eines Tages zu mir ins Büro. Wir plauderten eine Weile, ehe er sagte:

„Erklär's mir bitte … meine Leute und ich karren tonnenweise Butter und Käse durch halb Europa. Heimische wie ausländische, von einem Kühlhaus zum nächsten.“

Von der Antwort war er wenig begeistert. Käse, Butter würden wie Spekulationsobjekte gehandelt, sagte ich, lägen monatelang gleichsam auf Halde. Die beträchtlichen Lagergebühren würden aus dem Agrarbudget (Steuergeld) berappt und in der Bilanz unter *Marktentlastung* oder *Marktförderung* verbucht. Die enormen Stromkosten für die Kühlung indes würden den Konsumenten draufgeschlagen. Bei Holz, ergänzte ich, würde auf ähnliche Weise verfahren. Lagern, herumkarren, spekulieren und heimische Produktion durch Importe aus Osteuropa preislich unterbieten. Groteskerweise seien zwei, drei österreichische Großunternehmer treibende Kräfte dieses Spiels gegen die eigenen Leute, und Bestände der letzten Urwälder Europas (Rumänien) würden obendrein illegal gerodet. Außerdem trügen Teile dieser Importe am Ende der Wertschöpfungskette plötzlich den AT-Stempel: *made in*

Austria (dazu mehr in Kapitel 11). Auch bei Fleisch – von Rind bis Schwein, Schaf bis Ziege –, Zucker, Magermilchpulver und etlichem mehr würde die private Lagerhaltung in ganz Europa massiv gestützt[155], und das nicht erst seit Corona. Oftmals würden die Bilanzen da wie dort eine massive Überversorgung ausweisen, mit dem Effekt, den Preisdruck auf heimische Erzeuger zusätzlich erhöhen zu können. Bei Grund und Boden für den Ackerbau, sagt die Statistik, sagte ich, hätten wir ebenfalls Überschussflächen. Diese würden wir nicht zur Lebensmittelproduktion nutzen, sondern um Mais zu Gas zu verarbeiten, Tiere zu mästen, und zugleich würden wir Jahr für Jahr 400.000 Tonnen (größtenteils Gen-)Soja als Futtermittel zu Lasten des Regenwaldes importieren.

Mein Bekannter sah mich entgeistert an. Nun können Sie zu Recht entgegnen: Das kann jede/r behaupten. Stimmt. Das habe ich mir auch gesagt, also machte ich mich auf ins entfernte Wien, um den Zahlen auf den Zahn zu fühlen. Nach zwei, drei Anläufen hatte ich meinen Termin.

Zu Besuch bei Herrn …

Schon im Foyer der *Bundesanstalt Statistik Österreich*, kurz: *Statistik Austria*, im 11. Wiener Gemeindebezirk wurde es heiter. Vor dem Sicherheitscheck machte ich einen Mann aus, der Produkte mit dem Fair-Trade-Siegel verkaufte. Bonbonnieren, Schokolade etc. Ich nahm eine zur Hand, prüfte das Etikett und sagte:

„Da ist Palmkernfett drin. Hier steht's."

Der Verkäufer sah mich dumpf an.

„Wie kommt das Fair-Trade-Siegel dann drauf? Sie verkaufen das Zeug ja, erklären Sie es mir bitte?"

„Das wollte ich gerade", sagte er. „Das ist dafür, damit die kleinen Bauern auch ein anständiges Geld verdienen und nicht hungern müssen."

Ich ließ nicht locker. „Ja, schon, aber das Palmöl? Ware aus dem Regenwald?" Dann fing ich an, ihm ein wenig über Nutzung und Folgen gerodeter Regenwaldflächen zu erzählen. Das wollte er nicht hören, und zu seinem Glück kam neue Kundschaft, sodass er mich gut ignorieren konnte.

Sei's drum, ich hatte ohnedies gleich mein Gespräch – hier wiedergegeben aus einem unmittelbar danach angefertigten Gedächtnisprotokoll.

Mein *Termin*, ein ranghoher Beamter, zeigte sich uns gegenüber – meinem als Zeuge mitgereisten Assistenten und mir – von Anfang an erstaunlich offen und freundlich, wiewohl ich sofort anfing, unangenehme Fragen zu stellen. Da ich nicht sicher bin, ob er es bereits in die Pension geschafft hat, habe ich seinen Namen geändert und nenne auch nicht seine exakte Position, um seine frappierende Ehrlichkeit nicht auch noch zu bestrafen. Er wird seine Gründe gehabt haben, und ich bin ihm dafür zutiefst dankbar. Nennen wir ihn darum *Herr Grün*.

Wir kamen rasch auf die Agrarstatistiken zu sprechen, auf Inlandsversorgung und Ernährungssouveränität, und Herr Grün sagte: „Nun ja, … eigentlich sind sie eher falsch ... diese Zahlen. Glauben Sie mir, ich bin damit auch nicht glücklich."

Ich riss die Augen weit auf. Eher falsch? Wer rechnet denn damit? Doch das war erst der Auftakt zur entwaffnenden Offenbarung. Ich musterte Herrn Grün einen Augenblick und entsann mich der alarmierenden Studie im Auftrag des Ministeriums für Nachhaltigkeit und Tourismus, die Hagelversicherung, AGES und Landwirtschaftskammer Ende 2019 präsentiert[156] hatten und die in kurzen Worten zu diesem Schluss kam:

Österreichs Ernährungssouveränität ist massiv gefährdet!

Klimawandel nebst Mangel an Erträgen, globale Instabilität und Massenmigration, Flächenversiegelung und Verlust fruchtbarer Böden – bekannte Parameter allesamt, die zu einer Einbuße von bis zu 50 Prozent in Österreichs Hauptanbaugebieten im Osten und Südosten (Marchfeld, pannonisches Becken etc.) führen würden. Ab 2030 (also sehr bald) bestünde bei den meisten wichtigen Feldfrüchten nicht einmal der Ansatz von Autarkie, weitere 30 Jahre später drohe die akute Unterversorgung bei Getreide, Mais (nicht der fürs Biogas) und Kartoffeln usw. Fazit: Wir müssten klimafitte Böden erkennen, schützen, den Bodenverbrauch reduzieren. Nur so könnten zumindest 75 Prozent der landwirtschaftlichen Produktionskapazität gesichert werden und könnte dem noch stärkeren Import klimaschädlicher Importe oft minderwertiger Lebensmittel samt Vernichtung heimischer Arbeitsplätze gegengesteuert werden.

„Wir haben jetzt schon in vielen Bereichen zu wenig und schlittern auf eine massive Unterversorgung zu, Herr Grün", sagte ich mit Verweis auf die Studie. „Wie passt das mit der tendenziellen Überversorgung in Ihren Statistiken zusammen?"

„Das kann ich Ihnen auch nicht erklären, Herr Steinbichler", erwiederte er.

„Ich kann Ihnen nur sagen: Es ist alles nachvollziehbar, von 1990 weg. Wir schreiben die Statistiken stets fort."

Die Statistiken fortschreiben? Sollte das heißen, da wurde einfach, wie beim Nummerieren, eins ans andere gefügt, ohne irgendetwas zu hinterfragen? Ich war verwirrt. „Läuft das beim Fleisch auch so? Ich bin auf der Suche nach dem tatsächlichen Verbrauch ... was ist mit den Hotels? Was mit den Caterings? Ich war erst gestern auf einem mit 1.500 Besuchern – wie werden die erfasst?"

Darauf wollte Herr Grün nicht näher eingehen, ebensowenig auf das Problem mit den Nächtigungszahlen. Worauf ich anspielte, war die da wie dort schleißige Moral in puncto Meldepflicht, um die Tourismusabgabe zu umgehen. Nur so viel gestand Herr Grün ein:

„Ja, das ist etwas schwammig. Ein altbekanntes Problem. Aber was wir definitiv wissen, ist beispielsweise der Pro-Kopf-Verbrauch in vielen Bereichen. Nehmen wir das Rindfleisch. Da liegen wir seit Jahrzehnten stabil."

Das leuchtete mir ein, wiewohl …

„Wie geht das mit dem Bevölkerungswachstum zusammen? 1970 waren wir 7,5 Millionen ohne maßgebliche Überversorgung, heute sind wir 9 Millionen und haben viel zu viel heimisches Fleisch, obwohl die Anzahl der Rinder im selben Zeitraum stark geschrumpft ist, um mehr als ein Drittel. Wir haben schon um 400.000 Hunde mehr als Kühe, und zum Volk der Veganer sind wir auch nicht mutiert. Werden diese Veränderungen eingerechnet? Wie kommen Sie zu Ihren Daten?"

„Wir orientieren uns an den amtlichen Schlachtzahlen."

„Die Tiere stammen von irgendwo. Schlachthöfe sind Orte der fleischgewordenen Intransparenz", entgegnete ich.

Herr Grün lächelte säuerlich, wiegte den Kopf, und wir schwiegen einen Moment.

„In Österreich herrscht bei Rindern eine fast strengere Meldepflicht als bei Kindern", sagte ich schließlich. „Wenn ich als Bauer ein Kalb nicht bis zum siebten Tag nach der Geburt bei der AMA-Rinderdatenbank eingemeldet habe, muss ich das Tier nottöten und bei der Tierkörperverwertung entsorgen lassen. Auch Totgeburten muss ich melden. So steht es im Gesetz, richtig?"

„Richtig."

„Wir beide wissen, wie in den Schlachthöfen getrickst wird. Läuft das Fortschreiben der Zahlen beim Fleisch auch so?", hakte ich nach. „Soweit ich weiß, werden Importe wie Exporte unter 750.000 Euro nicht gelistet. Das ist wie bei den Parteispenden. Ein bisserl stückeln und in unterschiedliche Gesellschaften auslagern, und schon bleibt es unter dem Radar. Das legt nahe, dass wir in Wahrheit nicht den Funken eines Überblicks haben, was rein- und rausgeht. Welche zu Gefrierblöcken geformten Fleischberge von A nach B wandern … und auf einmal heißt es wieder, die österreichische Wurst ist ein Exportwunder."

„Wir sind darauf angewiesen, was man uns meldet." Herr Grün wirkte etwas niedergeschlagen. „… darauf, was die Schlachthöfe weitergeben."

„Bedeutet das, die Zahlen sind nicht amtlich verbrieft, sondern letztlich nur … GESCHÄTZT?"

Ein Schweißfilm hatte sich auf Herrn Grüns Stirn gebildet. „Nun ja, äh, also im Prinzip …"

„Im Prinzip was?", rief ich und merkte, dass es in mir zu gären begann. „Und dass wir diese sogenannte Überversorgung mitunter haben, weil ein Großteil des Viehs aus dem Ausland kommt, hier verarbeitet wird und den Österreich-Stempel bekommt, wissen Sie auch? Und dass es dabei nicht immer mit rechten Dingen zugeht?" Ich dachte an einen Betrug mit Ziegen und Ohrmarken, der nie restlos aufgeklärt worden war, und an einen Metzger, der mir von Kälbern mit tschechischen Ohrmarken berichtet hatte, die plötzlich österreichische trugen.

Herr Grün zögerte. „Selbst wenn ich es weiß", sagte er, „rein privat, so habe ich es als Statistiker nicht zu beurteilen. Bei alledem, was Sie da aufs Tapet bringen, kriege ich gleich eine Depression."

Mir bleibt selten die Luft weg, aber das war einer dieser Momente. Eines wollte ich allerdings noch wissen. „Was ist mit den Pferden?"

„Ach die … die sind statistisch unbedeutend."

„Unbedeutend? Nach dem Zweiten Weltkrieg vielleicht, wo es kaum noch welche gab", sagte ich, „nun jedoch ist die Pferdehaltung wieder im Kommen. 130.000 haben wir zurzeit im Land."

„Die Pferde werden nicht gegessen."

Ich sah ihn erstaunt an.

„Was werden die nicht? Ja, die wenigen, die als ehemalige Renn- und Turnierpferde ein Gnadenbrot erhalten, und die ein, zwei, die Herr Aufhauser pro Jahr auf sein Gut Aiderbichl rettet, mag sein … aber was ist mit den Tausenden anderen? Landen die alle bei der Tierkörperverwertung und hinterher ausnahmslos im Tierfutter? Oder werden sie zu Dünger? Zu Salami aus Italien? Oder doch auch zur … Haussalami? Als Eigenmarke? Als Bestandteil im Separatorenfleisch? Und im … *Verarbeitungsfleisch?*“ (dazu mehr in Kapitel 11)

Herr Grün linste zwischen uns hin und her, zuckte mit den Schultern, und ich erinnerte mich an ein Gespräch mit einer ehemaligen Tierschutzsprecherin im Parlament. Ich hatte sie gefragt, ob ihre Pferde am Tag X eher zum Metzger kämen oder doch ins neu errichtete Wellness-Hotel für betagte Unpaarhufer. Sie sah mich erst fragend an, ob es das tatsächliche gebe, nahm mir den Scherz aber letztlich nicht übel. Doch ich hatte den Eindruck, sie hatte es bis dahin gar nicht so genau wissen wollen.

„Die Geschichte mit der Überproduktion“, fuhr ich fort, „scheint mir ein aufgelegter Schwindel zu sein. Nun, was meinen Sie? Als Experte?“

Herr Grün schnaufte tief durch und schwieg. Unsere Zeit war zu Ende, und als wir sein Büro verließen, war er ziemlich durchgeschwitzt und wir ziemlich aufgekratzt, hatten wir doch um Längen mehr bestätigt bekommen, als wir zu träumen gewagt hätten. Überproduktionslüge ist das bessere Wort, sagte ich mir, und bei Importen wie Exporten sieht es nicht besser aus.

„Importlüge … Exportlüge“, murmelte ich vor mich hin und fing mir einen fragenden Blick meines Assistenten ein. Ein seltsames Gefühl beschlich mich. Ein paar Monate später schallte die Jubelmeldung durchs Land, dass Österreich 2021 erstmals mehr Lebensmittel exportiert als importiert. Dies spielte auch der Wirtschaftskammer in die Hände. Das konnte ich damals noch nicht wissen. Ich wusste bloß, was alles in diesen Bilanzen unter Lebensmittel geführt wurde – von Red Bull bis Schartnerbombe, von Mars bis Bounty, von Schaumrolle bis Gummibärli und weiter zum chinesischen Apfelsaftsubstrat mit dem Österreich-Logo. Um einen Überschuss auf dem Papier zu kreieren und uns Bauern hinterher zu erklären, wie wichtig das sei, war scheint's jedes Mittel recht.

Aber um welchen Preis?

Der systematische Missbrauch der EU-Förderungen

Land der Kämmerer – zukunftsreich?

Um seine Außenwirkung als kleines, inmitten der Alpen gelegenes Paradies ist das offizielle Österreich bemüht wie kaum eine andere Nation. Umso erstaunlicher mag es anmuten, dass ein hochsensibler Bereich wie das Essen zugleich größter Stolz und heilloser Schlamassel ist und Missstände wie kaum eine andere Sparte aufweist – sei es die mangelnde Transparenz bei Kennzeichnung, Herkunft und Qualität, sei es das Preisdumping, seien es die unausgesetzt ausbeuterischen Verhältnisse in der Produktion, weil uns der Alltag – denken wir bloß an die Erntehelfer – den bitteren Beweis erbringt:

Made in Austria ist längst keine Garantie für Fairness – auch nicht im Job.

Das hat viele Ursachen, und eine der schwerwiegenden ist das System der Förderungen. Nicht generell, dass es sie gibt. Was täten wir ohne sie? Aber: Oft schlägt das Pendel an richtiger Stelle gar nicht und an falscher umso heftiger aus, eine höfliche Umschreibung für Begriffe wie Missbrauch, Selbstbedienungsladen, Nepotismus und Betrug.

Die fast ausnahmslos osteuropäischen Erntehelferinnen und Erntehelfer kennen das Wort Förderung nur vom Hörensagen. Was ihnen vertraut ist, sind miserable Stundenlöhne, 100-Stunden-Wochen, Massenquartiere, keine Sozialleistungen, manchmal auch kein Versicherungsschutz etc. Als 2020 die erste Coronawelle übers Land brauste, die Landarbeiterscharen aus der Ukraine, Rumänien und anderen osteuropäischen Ländern ausblieben und das Fehlen von 5.000 Arbeitskräften auf den Feldern die Ernte akut bedrohte, solidarisierten sich viele Einheimische mit den Bauern und sprangen ein. Sie lernten, was es bedeutet, Spargel zu stechen, Erdbeeren und Gurkerl zu ernten, bekamen eine Idee einer knochenharten Tätigkeit, die sonst nur unsichtbare dienstbare Geister verrichten, und schufteten sich den Buckel krumm. Die einen hatten sich eigens Urlaub genommen, die anderen gerade nichts Besseres vor. Das Land stand ohnedies nahezu still.

Was sie vereinte, war: Abends fielen sie mit Schmerzen von oben bis unten ins Bett mit dem guten Gefühl, etwas für Österreich getan zu haben, aber auch in der beruhigenden Gewissheit, es nicht ihr Leben lang tun zu müssen. Mit der Realität am Feld vor und nach Corona haben ihre Erfahrungen genau nichts zu tun. Jobs in prekären Verhältnissen gibt es weiterhin viel zu viele, strenge Prüfungen viel zu wenige. Die Kontrollorgane sind bei den neun Agrarlandesräten angesiedelt, durchgeführt werden die Checks von den Land- und Forstwirtschaftsinspektionen. So ergab etwa die Jahresbilanz für Niederösterreich 2019 exakt null (!) Mängel bei Lohndumping. Indes, fährt die Finanzpolizei (die bekanntlich schnell Schluss mit lustig macht) bei schwarzen Schafen vor, gibt's ernsthafte Probleme. So wurden bei 2.414 Kontrollen in landwirtschaftlichen Betrieben binnen fünf Jahren fast ein Drittel Sünder herausgepickt und mit Strafanträgen bedacht.

Da null, dort viel – wie passt das zusammen?

Eine EU-Initiative möchte diese Missstände abstellen. Grundidee: Die vielen Milliarden an Agrar-Ausgleichszahlungen sollen auch an Arbeitsrechte gekoppelt werden. Der Widerstand auf höchster nationaler Ebene ist groß. In Österreich legte sich gegen eine Verknüpfung zuletzt, 2021, (Ex-)Ministerin Köstinger quer.[157]

Die seltsamen Blüten der Begünstigung

Wohin die knapp 60 Milliarden Euro aus dem EU-Agrarbudget – der größte Einzelposten aller Ressorts – Jahr für Jahr teils fließen, möchte man nicht glauben. Eine Studie der *Grünen* im Europäischen Parlament im Jahr 2021 legte offen, in welchem Sumpf aus Korruption, Misswirtschaft und Vetternschaft Milliarden in Ländern wie Bulgarien, Ungarn, der Slowakei und Tschechien versickern. Die Kleinen hätten es auch kraft übertriebener Bürokratie ungemein „schwer an EU-Hilfen ranzukommen, während wenige Großbauern systematisch von den Subventionen profitieren", heißt es in einem Bericht[158] dazu. Von besonderer Brisanz ist die Causa von Andrej Babiš, Ministerpräsident Tschechiens von 2017 bis Ende 2021. Babiš soll sich für seine *Agrofert* – ein Konzern im Spannungsfeld aus Chemie, Agrarhandel, Land- und Forstwirtschaft, erneuerbaren Energien, Lebensmittelerzeugung und Medien mit 118.000 bewirtschafteten Hektar – EU-Subventionen aus dem Agrarbudget erschlichen haben und stand deshalb im September 2022 erstmals vor Gericht.

Wir müssen jedoch nicht über den Tellerrand hinausblicken, um ähnliches Schindluder zu entdecken. Großbauern, die es gerademal auf dem Papier sind, kassieren auch in Österreich kräftig ab, Beträge im mittleren fünfstelligen Bereich und mehr dafür, dass sie pures Hobbybauerntum (vgl. Kapitel 9) pflegen. Da gibt es eine Bergbauernförderung für Julius Meindl; desgleichen für Siegfried Wolf, Agrargeld auch für Wolfgang Porsche, Aufsichtsratsvorsitzender der Porsche AG, sowie (wiewohl in recht bescheidenem Ausmaß) für den 2022 verstorbenen Red-Bull-Boss Didi Mateschitz; Millionenförderungen für diverse Stiftungen – auch die Namen Flick und Liechtenstein scheinen auf, desgleichen der Lobbyist Mensdorff-Pouilly, der sich für die „Verbesserung des wirtschaftlichen Wertes des Waldes", für „Agrarumweltmaßnahmen" oder „Wiederherstellung von Forstpotenzial und Präventionsmaßnahmen"[159] seine Gelder abholte. Manches davon ist bereits seit 2010 bekannt, als Hans Weiss sein *Schwarzbuch Landwirtschaft* herausbrachte, anderes kam sehr viel später ans Licht. Thematisiert werden muss es so oder so, schließlich hat sich so gut wie nichts geändert.

Damit nicht genug: Liftgesellschaften kommen ebenfalls, so sie es geschickt anstellen, zu Agrarförderungen – so etwa ein großer Betreiber im Nobelskigebiet Arlberg. *Telekom Austria* und *T-Mobile Austria* sind zwar nicht unter die Bauern gegangen, lassen sich jedoch ihre Verdienste um die Grundversorgung der Menschen mit sechsstelligen Beträgen abgelten, *Energie AG Österreich* und *B3 Energie* ähnliche Leistungen für Volk und Wirtschaft teils mit Millionenbeträgen – wie auch der Energieversorger EVN. Den Vogel schoss jedoch, wie ich meine, die *Telekom Austria* ab, die vor ein paar Jahren allein für den Breitbandausbau auf dem Land fast 20 Millionen Euro einstreifte. Aus dem Agrarbudget.

Das war's noch lange nicht. Wiewohl durch Zwangsbeiträge der Bauern finanziert, streift die AMA (siehe Kapitel 11) für ihre Marketing-Abteilung Millionenbeträge ein – als wären die inzwischen weit über 30 Millionen, die eine AMA ohnedies bezieht, um ihren Aufgaben im Sinne der Bauern nachzugehen, nicht genug. Auch Fortbildungsinstitute und touristische Vermarktungsorganisationen beziehen Agrargelder, unter ihnen lange Jahre die *Genuss Region Marketing GmbH*, die ihre Agenden bzw. den Markennamen später nach einem Rechtsstreit an die AMA abtreten musste. Fast immer geht es um Millionen, und das gilt insbesondere für die Zuckerbranche, beherrscht von Österreichs Monopolisten *Agrana Zucker GmbH*, Tochter der börsennotierten *Agrana Beteiligungs AG* mit mehr als 50 Produktionsstandorten in aller Welt und zu Raiffeisen gehörig.

Ein Blick auf die Auflistung der nach Förderhöhe gereihten ersten 20 (!) Empfänger[160] ist entlarvend – hier am Beispiel der 2019 über die Transparenzdatenbank freigegebenen Zahlen. Unter den Top-Beziehern befindet sich kein einziger bäuerlicher Betrieb – nicht einmal ein Großgrundbesitzer. Stattdessen erhärtet sich der Eindruck eines Selbstbedienungsladens, findet sich unter den Begünstigten doch auch ein Ministerium (s. u.). Die staatliche AMA ist gleich zweimal vertreten – auf Platz 1 (32,4 Mio.) und Platz 6 (2,3 Mio.) –, und warum ein aufs Schneiden und Verpacken von Käse spezialisiertes Unternehmen *(Tirol Pack GmbH)* mit drei Millionen Euro an zweiter Stelle steht, konnte mir bis dato niemand schlüssig erklären. Ebensowenig verstehe ich, was ein Kärntner Betreiber von Heizwerken *(BC Regionalwärme Ebenthal GmbH)* und das *Land Salzburg, Abt. 5 für Natur- und Umweltschutz, Gewerbe* und knapp 1,3 Millionen für die Dorferneuerung (Bau eines Flüchtlingsheimes) in dem Ranking verloren haben.

Das alles, wohlgemerkt, kommt aus dem Fördertopf für Landwirtschaft. Bis zu einer damals bereits geforderten Obergrenze für EU-Gelder sollten noch vier Jahre vergehen, seit 2023 gibt es sie: 100.000 Euro pro Betrieb (allerdings nur bei echten Bauern). Ansonsten bleibt in Österreich alles beim Alten. Der Journalist, der diese Liste 2019 veröffentlicht hatte und mit dem mich seit Jahren eine enge Freundschaft verbindet, nannte in seinem Bericht eine Reihe anderer Auffälligkeiten:

„… auch nach Wien fließt viel Geld. Hier tauchen 550 Förderempfänger auf. Davon ist jedoch nur ein Bruchteil in den Randbezirken mit landwirtschaftlichen Flächen zu finden. Allein im ersten Wiener Gemeindebezirk sind mehr als 40 Empfänger gelistet. Darunter auch das Bundesministerium für Nachhaltigkeit und Tourismus mit 1,6 Mio. Euro.“

Funktionäre kommen selbstredend auch nicht zu kurz. In den einzelnen Landwirtschaftskammern sitzen jeweils zwischen 19 und 36 Mitglieder. Viele von ihnen kassieren aktive Politikergehälter – und zugleich Agrarförderungen. An die sechs Millionen Euro pro Jahr stehen allein hierfür zu Buche, insgesamt – da gibt es nur Schätzungen – dürften sich die Förderungen für offiziell in der Landwirtschaft tätige Politiker und Agrarfunktionäre weit jenseits der 100 Millionen bewegen.

1,8 Agrarmilliarden fließen auch 2023 wieder aus Brüssel nach Österreich (200 Euro pro Einwohner und Jahr). Sie werden in Ämtern, Behörden, Ministerien, von Spekulanten und, nicht zu vergessen, in den Kammern sehnlich erwartet und dankend empfangen. Sollten wir anstelle von „Land der Hämmer" nicht treffender „Land der Kämmerer ... zu-hu-kunfts-reich ..." in der Bundeshymne singen? Andererseits dürfen wir uns angesichts der Vielzahl von Beziehern glücklich schätzen, dass doch noch 25 Prozent der Agrarförderungen landen, wo sie eigentlich zur Gänze hingehörten und am nötigsten gebraucht werden:

in den Bauernstuben.

Flächenförderung nützt vor allem den Großen

Die gute Nachricht: Ein (wiewohl bescheidener) Teil des Geldes kommt ja doch an der richtigen Stelle an. Vermutlich haben Sie schon vom Zwei-Säulen-Modell für Förderungen gehört. Vereinfacht gesagt läuft es so: Säule 1 ist für sogenannte Marktordnungsaufgaben. Besser kennt man diese Gelder heute als *Direktzahlungen.* 210 Euro pro Hektar und Jahr (von Anfang an ohne Inflationsabgeltung) erhalten die Bauern, vorausgesetzt, sie erfüllen grundlegende Auflagen in puncto Umwelt und Tierschutz. Für die Kleinen ist diese Flächenförderung ein massiver Wettbewerbsnachteil, allein schon, weil sie höhere Investitionen kaum stemmen können. Außerdem sind gerade sie aufgrund der prekären Marktsituation von den Zuschüssen abhängig. Ohne diese müssten die meisten sofort zusperren. Wie die Relationen in der Praxis sind, zeigt dieser europaweite Vergleich:

Weniger als zwei Prozent der größten Betriebe erhalten mehr als ein Drittel vom Budget, 80 Prozent aller Bauern müssen sich weniger als 20 Prozent teilen.

Säule 2 stützt die ländliche Entwicklung. Wer topografisch benachteiligt ist, erhält Ausgleichszahlungen (z. B. Bergbauern; echte, aber auch solche wie die erwähnten Promis). Auch hier ist die Zahlung an Auflagen geknüpft. Es ist ein bürokratischer Wirrwarr, der da über die Landwirte hereinbricht mit Hunderten Seiten von Antragsformularen. Doch wer ans Geld will, um zu überleben, muss da durch.

Finge ich jetzt noch mit den Nicht-Agrarförderungen an, die aus dem Ruder laufen, würde das jeden Rahmen sprengen. Nur diese liegen mir so besonders im Magen, dass ich sie erwähnen muss: Subventionen für Nassläger.

Nasslager ist ein Begriff aus der Holzwirtschaft: Nassläger sind oft riesige Rundholzlager, die permanent berieselt werden, um Schädlingsbefall vorzubeugen. Verheerende Sturmschäden und Dürreperioden hatten 2018 in Österreichs Wäldern arg gewütet, der Borkenkäfer feierte ein Fest ums andere. Was zuvor nur kurzzeitige Ausnahmeregelung war, wurde von der Regierung (Frau Köstinger) verlängert.

Findige Importeure nahmen das Angebot gerne an und karrten ihr zuvor ins Land geholtes Billigschadholz herbei, um es mit bis zu 80-prozentiger Stützung[161] zu retten und hinterher heimischen Betrieben das Wasser abzugraben. Täglich bis zu acht Züge mit bis zu 64 (!) Waggons voller Schadholz rattern aus den entlegensten Wäldern Osteuropas auf der Westbahn nach Österreich. Hinzu kommen auf den Straßen Hunderte Lkw samt Anhänger. Einen dieser Züge habe ich beim Bahnhof Vöcklabruck gefilmt – fast drei Minuten lang wälzte sich der gigantische Schienenwurm vorüber. Der Großteil, der mit angeblich langfristigen Lieferverträgen schöngeredeten Importware wird hinterher in den Bilanzen als heimische Pelletsqualität und dergleichen mehr ausgewiesen. Ein seriöses Gütesiegel für österreichisches Holz gibt es nach wie vor nicht.

Das alles verstehen zu müssen, fällt mir an manchen Tagen sehr, sehr schwer.

Die Funktionäre und der Köder

Aber kehren wir noch einmal zu den Bauern zurück. Als Österreichs EU-Beitritt zur Wahl stand und die Menschen zur Abstimmung gerufen wurden, waren das auch die großen Tage der sogenannten Bauernvertreter, der kleinen und großen Funktionäre, ausgeschickt, um den Bauern ein vereintes Europa schmackhaft zu machen und sie mit den Befürwortern an einem Strang ziehen zu lassen. Bei Strang fällt mir Konrad Adenauer ein, dem diese Aussage zugeschrieben wird:

„Man braucht sich vor nichts mehr zu fürchten, wie wenn Bauern zusammen an einem Strang ziehen."

Nicht zwingend schmeichelhaft, doch bei den im Sinne von Kammern und Partei geschulten und agierenden Bauernfunktionären unterschreibe ich das sofort. Die Angst der Landwirte vor enormen Einbußen war riesengroß, indes, der ausgelegte Köder, sie würden mit (fälschlicherweise als Förderungen betitelten) Ausgleichszahlungen entschädigt, zeigte Wirkung.

Dieselben geschulten Funktionäre waren es übrigens seinerzeit auch, die den Bauern den Umstieg auf das neue Wiegesystem der Schlachtereien einzureden versuchten. Früher war es so, dass ein Tier am Hof gewogen wurde – der Preis stand somit auch fest.

„Huber-Bauer", hieß es dann, „probier's doch einmal anders. Wir wägen bei dir, und wir wägen bei uns. Nach dem Schlachten, hinterher, machen wir eine Totverrechnung."

Die Bauern waren natürlich skeptisch, doch anfänglich fuhren sie zu ihrer Überraschung tatsächlich ein bisschen besser damit, bis sie der Reihe nach einwilligten. Seither wird ausnahmslos im Schlachtbetrieb gewogen, Innereien, der sogenannte Zuputz und andere wertvollste Schlachtabfälle werden vom Preis abgezogen, scheinen offiziell gar nicht auf oder werden jedenfalls nicht bezahlt, sehr wohl jedoch verwertet.

Doch wir waren ja beim EU-Beitritt: Die Regierung ließ Hochglanzprospekte mit einem Vier-Säulen-Modell drucken, das *Österreichische Agrar-Umweltprogramm* (ÖPUL) wurde aus der Taufe gehoben, und die Bauern stimmten am Ende mehrheitlich dafür. Auch ich habe damals dafür geworben.

Es kam wie befürchtet. Die Erzeugerpreise rasselten in die Tiefe, die Landwirte machten gleichsam über Nacht um die Hälfte weniger Umsatz, wurden aber entschädigt. Anfangs noch einigermaßen ausreichend, letztlich jedoch, aus Sicht der allermeisten, entpuppten sich die Versprechungen als Mogelpackung. Die Preise waren und blieben im Keller, die Ausgleichszahlungen wurden sukzessive zurückgefahren, und die Standesvertretung Landwirtschaftskammer setzte dem ohnedies angeschlagenen Bauernstand durch im Verfassungsrang festgeschriebene Zwangsgebühren (ähnlich wie die Wirtschaftskammer) zusätzlich zu. Sie dienten, dienen meines Erachtens wie eh und je mehr den Parteieninteressen als jenen ihrer „Schutzbefohlenen" – schließlich arbeitet dort ja auch eine Vielzahl von Polit-Funktionären wie Bürgermeister, Gemeinderäte, Gemeinde-Parteiobmänner und andere mehr.

Im Gegenzug waren die Auflagen für Direktvermarkter in einer Weise verschärft worden, dass viele es erst gar nicht versuchten. Wer sich am strikten Regelwerk stieß, wurde auf die EU verwiesen – für mich nichts weiter als eine faule Ausrede der heimischen Politik und Beamtenschaft. Und auch die von allen Kammerpräsidenten abgesegnete Erhöhung der Einheitswerte vor einigen Jahren brachte den Berufsstand noch mehr ins Taumeln und speiste letztlich nur ein System, das daraus höhere Einnahmen (Steuern, Sozialversicherung) schöpfte, wohl auch, um einen im Vergleich zu Nachbarstaaten um ein Mehrfaches überdimensionierten Beamtenapparat mitzufinanzieren. In kurzen Worten: Das große Bauernsterben war und ist bei alledem wirklich keine Überraschung.

Der Kommissar und die guten Ratschläge

Als der Ire Phil Hogan, von 2014–2019 EU-Agrarkommissar, im Jänner 2016 nach Wien kam, wollte er gute Stimmung machen. Die Brüsseler Bürokratie war ohnedies nicht sonderlich beliebt, und so hatte er erfreuliche Nachrichten im Gepäck, als wir ihn – gemeinsam mit Minister Rupprechter und denAgrarsprechern aller Parteien – im Parlament trafen.

„Die Abwicklung bei Förderungen wird sehr viel einfacher werden", sagte er. Und:

„Die EU-Kontrollen auf Bauernhöfen reduzieren wir ebenfalls."

Dass der Förderdschungel seither keine Ende gefunden, sondern an Dichte zugelegt hat, wissen wir, damals jedoch gab Hogan sich unerschütterlich selbstsicher. Als das Wichtigste verkündet war, sprach ich ihn auf seine Anfänge im Berufsleben an, vermerkte, ich sei wie er einst auch in der Versicherungsbranche tätig. Und: „But I also have a lot of cows at five o´clock in the morning."

"Oh", sagte er auf eine Weise irritiert, als hätte einem britischen Adeligen der miefende Stallbursche und nicht der Butler den five o´clock tea serviert.

Dann durfte jeder Agrarsprecher eine Frage an Phil Hogan richten. Als ich an die Reihe kam, sagte ich: „Herr Kommissar, was würden Sie der österreichischen Regierung in puncto Agrarpolitik und den österreichischen Bauern empfehlen, um in diesem internationalen Markt bestehen zu können?"

Hermann Schultes, damals Präsident der Landwirtschaftskammer Niederösterreich, hatte ihm das zuvor bereits eingeflüstert (er wusste genau, womit ich daherkommen würde), und so sagte ein gebriefter Hogan wie aus der Pistole geschossen.

„Sie brauchen viel mehr geschützte Produktionsangaben."

„Welche?"

„Nun ja, die GGA[162] zum Beispiel. Sie haben ja nur zwölf, richtig?" (Das stimmte exakt, mittlerweile sind es 18.) Und dann nannte er auch noch, soweit ich mich entsinne, den Tiroler Speck und das steirische Kürbiskernöl, um zu zeigen, wie gut er sogar über das kleine Österreich Bescheid wusste.

Das strengste aller EU-weiten Qualitätssiegel ist zurzeit die Geschützte Ursprungsbezeichnung (GU), das der *Serviceverein für geschützte Herkunftsbe-*

zeichnungen für Lebensmittel (SVGH), Ableger der Landeskammer für Land- und Forstwirtschaft Steiermark, so definiert:

„Dieses Gütezeichen bezieht sich auf Lebensmittel, die an einem bestimmten geografischen Ort erzeugt, verarbeitet und hergestellt werden und besondere Eigenschaften aufweisen, die sie mit dieser Region verbinden. So muss die Milch für Vorarlberger Bergkäse aus Vorarlberg stammen und dort nach einem speziellen Verfahren hergestellt sowie gereift werden.“ [163]

Hogan sprach jedoch von GGA, der bereits stark abgeschwächten Variante[164], zu der es mitunter heißt, es müsse „nur mindestens eine Produktionsstufe (Erzeugung, Verarbeitung, Herstellung) in dieser Region durchlaufen“ worden sein. Der Bezug zum geografischen Gebiet sei hier „weniger wichtig“. Dasselbe Spiel wie beim Schwarzwälder Schinken also. Allein die Rezeptur reicht, das Fleisch kann von irgendwoher kommen. Beim Tiroler oder Gailtaler Speck ist es dasselbe. Desgleichen bei Marchfeldspargel, steirischem Kren und steirischem Kürbiskernöl (erinnern wir uns nur an das jahrelange Katz-und-Maus-Spiel mit den chinesischen Kürbiskernen). Heumilch und Ziegen-Heumilch gelten überhaupt nur als *Garantiert traditionelle Spezialität* (GTS-Siegel) – das schwächste in der mit den EU-Sternen behübschten Reihe.

Was sollen wir mit noch mehr Erzeugnissen unter schwammigen Siegeln?, dachte ich in diesem Augenblick. Hogan, ausgestattet mit dem Instinkt des Hasen, der den Fuchs wittert, las die Zweifel in meinem Gesicht, und so fügte er rasch hinzu: „Aber ... das ist eine sooooooo wichtige Frage, die kann ich Ihnen jetzt gar nicht in aller Ausführlichkeit beantworten. Teilen Sie sie mir doch bitte schriftlich mit.“ Sprach´s und rauschte ab nach Brüssel.

Das tat ich selbstverständlich, gleich am nächsten Tag. Als ich nach drei Monaten keine Antwort erhalten hatte, intervenierte ich. Einmal, ein zweites Mal, ein drittes. Nichts. Dann spielte wieder mal der Zufall schicksalhafte Regie: Es war Volksfest in Wels. Mittendrin stand eine *Europa-Servicestelle*, mit gut und gerne 15 Leuten üppig besetzt. „Nix wie hin, Poldi, sagte ich zu dem Freund an meiner Seite.“ Ich schilderte der für Österreich zuständigen Dame das Treffen mit Hogan im Parlament und meine Ratlosigkeit wegen der fehlenden Antwort.

„Darf ich mir das notieren?“, sagte sie.

„Ich bitte darum“, erwiderte ich.

Abermals zogen drei Monate ins Land. Dann aber erhielt ich tatsächlich ein Schreiben aus dem Büro von Kommissar Phil Hogan. Es war um mehrere Monate rückdatiert. Demzufolge hätte ich es noch vor dem Volksfest in Wels erhalten müssen. Hatte ich aber nicht. Überdies handelte es sich bloß um unverbindliches Blabla, wie ich es im Parlament in Wien ständig zu hören bekam.

Als Kommissar für die Geschichtsbücher, der Großes für die europäischen Bauern sowie die Lebensmittelqualität und -souveränität des Kontinents bewirkt hätte, empfahl Mister Phil Hogan sich in seiner Amtszeit jedenfalls nicht. Bleibend in Erinnerung ist mir von ihm einzig sein PR-Desaster als Coronabrecher, als er 2020 (da bereits Handelskommissar) den Hut nehmen musste, nachdem er Abstecher in noble Restaurants, eine Zweitwohnung oder zum Golfen gemacht hatte, während ganz Irland zu Hause im Lockdown saß.

11

AMA
Abkassieren
Mangels
Anstand

Was aus der Idee eines Qualitätssiegels für Österreich wurde

„Bei meiner Ehr"

Erinnern Sie sich noch?

„Bei meiner Ehr" hieß es damals, 1993, als Landwirtschaftsminister Franz Fischler und Marketing-Chef Stephan Mikinovic DAS neue Zeichen für Lebensmittel präsentierten. Die AMA war selbst geradeemal ein paar Monate alt und schon stolze Mutter ihres ersten Marketingbabys. Es gab Broschüren, ein Kochbuch, einen ersten Werbespot mit dem erwähnten eingängigen Slogan: Bei meiner Ehr. Über allem schwebte der Geist, die wichtigsten Informationen über Lebensmittel zu den Menschen zu bringen, sie in ein Gütesiegel zu gießen und zugleich den Absatz zu fördern.[165]

Mit dem EU-Beitritt war auch die *Agrarmarkt Austria Marketing GmbH* als 100-prozentige AMA-Tochter geboren. Richtlinien wurden erstellt, die Produktpalette erweitert, und Lebensmittelskandale wie BSE oder Dioxin im Futter trieben Bekanntheitsgrad wie Akzeptanz des Gütesiegels enorm in die Höhe. Landwirte, Lizenznehmer stellten sich auf die Kriterien ein, weil das Gütesiegel tatsächlich für etwas stand. Für die Konsumenten eine auf den ersten Blick nur positive Entwicklung – für uns Landwirte jedoch auch eine schallende Ohrfeige, weil mit der Etablierung einer erstmalig *staatlich kontrollierten Qualität* indirekt dieser Vorwurf im Raum stand:

Was unsere Eltern, Großeltern, Urgroßeltern – bei ihrer Ehr, doch leider so ganz ohne AMA, so ganz ohne Kammern und Funktionäre – in den vergangenen hundert Jahren aufgebaut, an Qualität geliefert haben, ist nur bedingt von Wert. Was zählt, ist allein der Sanctus der Agrarmarkt Austria.

Heute verhält es sich mit der AMA wie mit Raiffeisen. Die gute Ursprungsidee ist beim Teufel. Stattdessen webt sie sich überall als fast unsichtbarer, doch reißfester roter Faden ein, ohne dabei Sympathiewerte zu generieren. Ich habe Ihnen schon das eine oder andere von der *Agrarmarkt Austria* erzählt, darum hier nur – in aller Kürze –, was für ein tieferes Verständnis nicht fehlen darf.

Drei Fragen möchte ich klären:

1. Welches sind die gesetzlich festgelegten Aufgaben der AMA?
2. Woher bezieht die AMA ihr Geld – wofür verwendet sie es?
3. Warum macht die AMA den einen Betrieben das Leben so schwer und den anderen gar nicht?

Frage 1 – Welche Aufgaben hat die AMA?

- Marketing für Agrarprodukte aus Österreich
- Markt- und Preisberichterstattung zu Agrarprodukten (In- und Ausland)
- Maßnahmen zur Qualitätssteigerung
- Entwicklung von Qualitätsrichtlinien

Ihre Agenden sind:

- Verwaltung von Lizenzen und Milchquoten (die es inzwischen nicht mehr gibt)
- Marktinterventionen
- Kennzeichnung von Rindern, Schweinen, Schafen, Ziegen
- Abwicklung von Förderprogrammen/Leistungsentgelten für Agrarbetriebe (vom Ministerium verwaltete ausgenommen)

Und: Die AMA wickelt die Ausgleichszahlungen an die Bauern ab, zahlt Gelder aus Umweltprogrammen aus etc. Sie fungiert Brüssel gegenüber im Namen der Republik als eine Art Bank. Das EU-Geld für dic Landwirte ist ein Durchlaufposten und hat mit dem AMA-eigenen Budget (siehe Frage 2) nichts zu tun.

Frage 2 – Woher bekommt die AMA ihr Geld?

Da wären die erwähnten EU-Förderungen (mehr als 30 Mio. im Jahr). Ferner die im AMA-Gesetz geregelten Zwangsbeiträge, die von der AMA bei den Verarbeitern (Molkereien, Schlachtbetriebe etc.) eingehoben und an die AMA-Marketing weitergeleitet werden. Dazu Lizenzgebühren und derlei mehr und, als ebenfalls fetter Budgetposten: die Beiträge der Bauern.

Auch sie zahlen – ob sie wollen oder nicht – AMA-Gebühren, wiewohl indirekt. Das Geld wird beim Erzeugerpreis einfach abgezogen. Pro Kilo Milch 0,3 Cent, pro geschlachtetem Schwein 75 Cent, pro Rind 3,70 Euro. Das klingt nach nicht besonders viel, doch in Summe ist es stattlich. In Österreich werden binnen zwölf Monaten circa 650.000 Rinder geschlachtet, Schweine jenseits der fünf Millionen.[166] Allein die 3,8 Mio. Tonnen Milch spülen jährlich 11,4 Mio. Euro in die Kassen – wiewohl ein Bruchteil der Agrarmarkt Austria abhandengekommen ist, nachdem oberösterreichische Bauern, die ihre Milch nach Bayern liefern, gegen die Zwangsgebühr geklagt und Recht bekommen hatten. Aber auch so fällt ausreichend ab. Obst und Gemüse sind ebenfalls abgabepflichtig, und nach dem Getreide – dank starker Lobby derzeit noch ohne Beitrag – streckt man bereits die Finger aus. Argument: Mühlen und Getreidebauern würden (indirekt) von der AMA-Werbung für heimische Produkte profitieren.

Schikanöses Messen mit zweierlei Maß

Womit wir bei Frage 3 gelandet sind.

Warum macht die AMA manchen das Leben so schwer und anderen nicht?

41.000 Landwirtschaftsbetriebe sind in das vielerorts kritisierte Gütesiegelprogramm eingebunden. Die übrigen 110.000 zahlen jedwede Maßnahme, aber auch jedwedes Nicht-Tun, jedwedes Versagen der AMA mit ihren Pflichtabgaben mit.

Regelmäßige Kontrollen sind Teil dieser Maßnahmen. Checks zu Hygiene und Qualität sind enorm wichtig, denn daran ist uns allen gelegen. Kritiker sprechen aber von einer unnötig hohen Kontrolldichte, ums Drei- bis Vierfache. Wie die AMA ihre Kundschaft bisweilen piesackt, lässt sich – ohne zu sehr ins Spezielle zu gehen – am Beispiel von Fleischzerlegebetrieben aufzeigen. Zertifizierungsverfahren für das AMA-Gütesiegel können sehr aufwendig und teuer sein. Also wurde – nach zähem Ringen mit der AMA – eigens für Kleinst- bis Mittelbetriebe die Idee einer abgespeckten Version der „großen" Variante geboren, die nicht länger ein, sondern ebenfalls zwei Jahre gelten sollte. Ziel war mitunter, die Zahl der Kontrollen zu reduzieren wie auch die Monopolmacht der Marktriesen ein wenig zu schwächen. Das „kleine Zertifikat" wurde entwickelt, eingeführt – und dann sagte die AMA: „Tut leid, das erkennen wir nicht an." Resultat? Bei den Kleinen steht der Mann vom Amt weiterhin einmal jährlich vor der Tür.

Ist das Schikane oder notwendig?

Es ist jedenfalls möglich (Stichwort: 400.000 Tonnen Sojaimporte), mit gentechnisch verändertem Futter aus Südamerika ein Produkt im Massenbetrieb mit rot-weiß-rotem Gütesiegel zu erzeugen. Um den Absatz zu sichern, wurden mitunter die Kriterien für das AMA-Pickerl insoweit verändert, als die vorgeschriebene Fleischfülle (Magerfleischanteil) erhöht wurde. Das Höchstschlachtalter für das klassische Schlachtrind beträgt in Österreich 18 Monate – und ich kann Ihnen sagen: So ein Rind musst du stopfen wie eine Blutwurst, sonst bringst du das in der kurzen Zeit nicht hin. Anstatt die Bestimmungen zu lockern, die Bauern zu animieren, vermehrt heimisches Eiweiß vom Feld zu verfüttern (ob Klee, Luzerne oder Grassilage), werden sie zur Mast nahezu genötigt. Wer diese Unmengen an Futter wiederum an die Bauern verkauft, ist kein Staatsgeheimnis. Da tut es nichts zur Sache, dass AMA und Raiffeisen offiziell keine Partner sind.

Übrigens: Bei dem sogenannten *Verarbeitungsfleisch, das während meines Besuchs bei der Statistik Austria kurz zur Sprache kam*, handelt es sich in der Regel um Schlachtabfälle. Sie werden in Europaletten-großen Blöcken gehandelt und in Fettklassen eingeteilt. Bei Rind R1 bis R3, bei Schwein S1 bis S3. Woher diese Reste stammen, lässt sich am Ende der Verwurstungskette nicht mehr sagen. Gewiss ist bloß: Verarbeitungsfleisch landet in jedem Paar Frankfurter. Und trägt zumeist auch das AMA-Gütesiegel.

Es bleibt die Erkenntnis:

Einerseits boykottiert die staatliche AMA zuvor vereinbarte Standards zum Nachteil kleiner Betriebe, fördert große – und fährt selbst, andererseits, in vielen Bereichen bloß ein absolutes Mindestprogramm.

Siegel für die Gärtnerware

Kommen wir zu Erfreulichem: Blumen und Zierpflanzen. Auch sie sind neuerdings AMA-Gütesiegel-tauglich. Ist wenigstens da ganz und gar Österreich drin? Echt und ehrlich?

Ein fast 50 Seiten starkes Konvolut für Anwärter mit allen Bestimmungen rund um das Gütesiegel für Blumen klärt auf – und so lese ich:

„Wird beispielsweise das AMA-Gütesiegel mit der Regionsbezeichnung „Austria“ auf Blumen und Zierpflanzen verwendet, muss das Produkt in Österreich gewachsen, getopft, kultiviert sowie sortiert und abgepackt worden sein.
Da die Herstellung des Saat- und Pflanzgutes sowie der Jungpflanzen weltweit nur noch von einigen wenigen Konzernen durchgeführt wird, kann diese Stufe derzeit nicht in die Herkunftsdefinition aufgenommen werden.“[167]

Welche Gefahren drohen, wenn die Weltproduktion, wovon immer, in Händen einiger weniger liegt, wissen wir. Vor ein paar Jahren führte ein Zufallsfund in Helsinki zur massenweisen Vernichtung von Blumen. Ein finnischer Biologe war an einer Bahnstation vorübergelaufen und hatte orangefarbene Petunien entdeckt, die ihn frappant an ein richtungsweisendes Gentechnik-Experiment, das 30 Jahre davor durchgeführt worden war, erinnerten. Er pflückte eine, brachte sie ins Labor und … tatsächlich, es war eine gentechnikmanipulierte Sorte. Dabei war er sicher gewesen, die Blumen wären nie auf den Markt gekommen.

Blumenhändler in Europa und den USA mussten daraufhin auf behördliche Anweisung massenhaft genetisch verwandte Ware vernichten. In einem Artikel der *Süddeutschen Zeitung* war gar von einem Petunien-Massaker[168] die Rede. Der Weg der manipulierten Laborpflanze hinaus in die Welt war nicht nachvollziehbar, und so zeigt der Fall, wie schwierig die Kontrolle gentechnisch veränderten Erbgutes sein kann, ist es erstmal in Umlauf.

Was die Geschichte noch zeigt: Bei den Blumen und Zierpflanzen läuft es nicht anders als bei Lebensmitteln. Eine echte Herkunftsgarantie gibt es nicht, und schon gar nicht vonseiten der AMA. Sie gesteht es indirekt ja selbst ein: Der Ursprung, worauf es bei der Herkunft tatsächlich ankommt, „kann nicht in die Herkunftsdefinition aufgenommen werden“. Alles andere, außer der Herkunft, wird kontrolliert. Trotzdem wird unter dem Siegel ein Stück Österreich vorgegaukelt, und das Geschäft, um in der Blumensprache zu bleiben, floriert. Vierstellige Einmalgebühren werden beim erstmaligen Abschluss eines Lizenzvertrages fällig, für die „Dienstleistung der Erstbeantragung eines Markenprogrammes" (ist das nicht dasselbe?) weitere 600 Euro, ferner Gebühren zur Aufrechterhaltung von Markenprogrammen und vieles mehr.

Kurioserweise landet, wer dem Pfad „Weg zur Teilnahme" auf der Homepage folgt, bei einem Gebührenmodell[169], das nicht von Blumen, sondern Schlachtkörpern etc. spricht. Es scheint, als hätte man sich nicht einmal die Mühe eines eigenen Datenblatts gemacht, ein Indiz mehr, dass Blumen aus Österreich wohl nur an zweiter Stelle stehen. Gleich nach dem Geschäftsmodell, das alles dem Selbstzweck der systemischen Eigenwerbung der AMA unterordnet. Darum habe ich den Titel dieses Kapitels so gewählt: Abkassieren Mangels Anstand. Heißen könnte er aber auch: Abcashen Mit Anlauf. Ganz nach Geschmack.

Das Problem mit dem AT-Stempel

Ich liebe Volksfeste, weil ich dort immer auch Menschen finde, mit denen ich diskutieren kann. Eines meiner liebsten Themen ist der berühmt-berüchtigte AT-Stempel. Als ich auf dem Volksfest in Ried war, traf ich einen Bekannten aus der Lebensmittelbranche, und wir landeten rasch beim Stempel.

„Der ungarische Stier", sagte ich, „der in Zwettl geschlagen wird – rauf mit dem Österreich-Zeichen. Die slowenische Kuh, die am Lebensabend noch rasch zur Steirerin wird, und die georgische Sau zur Niederösterreicherin – der Stempel macht´s möglich. Das ist die Grundlage für eine gezielte Irreführung der Konsumenten. Es mag ja gesetzeskonform sein, doch für mich grenzt das an Betrug!"

Und dann bekam ich zu hören, was ich fast wortgleich schon so oft gehört hatte. „Aber Leo, was regst dich denn auf, das ist doch gar nicht für die Konsumenten gedacht und außerdem nur ein Kennzeichen zur Genusstauglichkeit!"

Natürlich ist es nur das. Der Stempel, auch Identifikationsnummer genannt, ist EU-weit auf allen amtlich geprüften Schlachtkörpern anzubringen und gibt Auskunft über die Unbedenklichkeit der Ware. Er ist bei Fleisch, Milch und Milchprodukten, Eiern und Fisch in Verwendung. *Zum Verkauf freigegeben*, bedeutet der Stempel, und er besagt obendrein, wo das Produkt zuletzt bearbeitet wurde, und die Kürzel hinter der Länderkennung verweisen auf den Herstellungs- und Verpackungsbetrieb. Daten, die in erster Linie nicht als Verbraucherinformation dienen, sondern der Lebensmittelüberwachung. Es ist aber so, dass in den Köpfen sehr vieler Menschen dieser Stempel, dieses AT, für etwas anderes steht:

Qualität aus Österreich.

Warum müssen Tiere, die auf österreichischem Boden nur ihre letzten Schnaufer und Zucker getan haben, den AT-Stempel tragen? Warum können wir nicht vom Beschauorgan verlangen: Jetzt kommen die Tiere aus Tschechien, da kommt das CZ drauf, und bei denen aus Polen das PL.

Es wäre nur ehrlich und würde obendrein die Bilanz einer angeblichen Überversorgung da wie dort zurechtrücken. Gewiss, das Tier, von dem wir Frischfleisch beziehen, muss nicht bloß im Inland aufgezogen, geschlachtet und verarbeitet, sondern muss auch hier geboren sein, um das AMA-Siegel tragen zu dürfen. Sobald es jedoch in die Verarbeitung geht, ist auch das Schwein aus Rumänien, gemästet mit Gentechnikmais aus Brasilien und nur in Österreich geschlachtet, dafür gut genug.

Wir diskutierten noch eine Weile, doch ich wusste, ich hatte es mit einem eingefleischten Befürworter des geltenden AT-Stempel-Unwesens zu tun. Also zog ich weiter und kam an einem Stand von McDonald's vorüber. „Herr Steinbichler, haben Sie kurz Zeit?", sprach mich ein gepflegter Mann an. Er entpuppte sich als Mitglied des mittleren Managements beim Fastfood-Riesen.

Die Lüge rund ums Kalbfleisch

Wir plauderten eine Weile über Rindfleisch, sprachen von der Absurdität, dass der angebliche Selbstversorgungsgrad Österreichs beim Rindfleisch (145 Prozent laut Statistik Austria) auch das Kalbfleisch mit einschloss. „Eine aufgelegte Lüge", sagte ich und mein Gegenüber nickte wissend.

Heimisches Kalbfleisch ist absolute Mangelware. Keine zehn Prozent des vor allem in der Gastronomie und Hotellerie hohen Bedarfs vermag Österreich abzudecken. Nicht zuletzt deswegen, weil viele Tiere in den lukrativen Export gehen, sei es, um geschächtet, sei es, um gemästet zu werden. Das sind 40.000 Tiere jedes Jahr. Im Prinzip läuft das so: Wer vermeint, tolle Kalbinnen für den Export zu haben, meldet es einem der Zuchtverbände (ebenfalls große Nutznießer aus dem Agrarbudgettopf). Der Geschäftsführer kommt mit dem Käufer, dann wird mit Händen und Füßen diskutiert (oder via Dolmetscher). Wenn der Deal steht, werden die Tiere vom Zuchtverband in Quarantäneställe gebracht, wo ihnen zur Begrüßung als Erstmaßnahme die Hörner, soweit vorhanden, entfernt werden (siehe Kapitel 7). Nach sechs Wochen unter Beobachtung beginnt die Reise voller Torturen – ein Irrsinn, den ich meinen Tieren seit vielen Jahren nicht mehr antue.

Woher kommt nun das viele Kalbfleisch, das wir laut Statistik haben und doch nicht haben, weil wir Zigtausenden Kälbern die Qual antun, sie in die weite Welt zu verschicken? 70 Prozent des heimischen Konsums decken Tiere aus den Niederlanden, unter ihnen auch Kälber, die von Österreich zur Mast dorthin gekarrt werden. Die sogenannte *Weißmast* ist immer noch üblich, eine qualvolle Methode der Aufzucht, weil die Tiere, wiewohl von Natur aus der Milch längst entwöhnt, weiterhin fast ausschließlich mit Milch gefüttert werden, damit das Fleisch möglichst hell bleibt. Raufutter (Gras, Mais, Hülsenfrüchte etc.) hätte einen zu hohen, das Fleisch rot färbenden Eisenanteil. Wobei die Milch bei der Milchmast keine ist – vielmehr ein Mix aus Palmölfett, Eiweiß und Molkepulver, angerührt mit Wasser, der sich Milchaustauscher nennt.

Die Perversion des Systems zeigt sich bisweilen daran, was mit jungen Stieren geschieht. Ein männliches Kalb bedeutet in der Regel: Verlustgeschäft. Bis das Tier ein verkaufstaugliches Gewicht erreicht, sind die Kosten höher als der Erlös. Unvorstellbare Dumpingpreise von 50 Euro und weniger werden für kleine Stierkälber gezahlt, muss der Tierarzt kommen, ist selbst dieses Geld verloren. Oft genug (wiewohl niemand offen darüber spricht) werden Jungstiere nach der Geburt getötet, ehe die Meldepflicht einsetzt. In den Niederlanden gab es jüngst einen Fall mit 300 auf einen Schlag getöteten Tieren. Der grauenvolle Begriff *Ramschkälber* hat sich eingebürgert. Zusätzliches „Defizit" männlicher Kälber ist: Sie stammen meist von auf Milchleistung gezüchteten Kühen ab, setzen darum nur relativ wenig Fleisch an.

Auch sprachen der McDonald's-Mann und ich über den generellen Preisverfall. Ich erzählte, dass ich jüngst drei Kuhkälber gekauft hätte zu je 80 Kilogramm für 560 (!) Euro für alle drei. „So ein Kalb musst du täglich füttern und pflegen, und dann ist es nichts wert. Ein kleiner Rassehund kostet heute einen Tausender und mehr. Kein Wunder, dass die Geschäftsmodelle sich in diese Richtung ändern."

Das neue „Kalb rosé Austria" war ebenfalls Thema: ein Programm, das damit wirbt, die Tiere, auch die männlichen, im Inland gewinnbringend mästen zu können. „Ich halte nichts davon", sagte ich. „Es dient vorwiegend den Zuchtverbänden und Händlern, zudem ist die Art der Mast nicht entscheidend schonender (ideal wäre die Mast mit Milch direkt auf dem Geburtshof). Das AMA-Gütesiegel trägt das Fleisch trotzdem. Sie bewerben es mit eigenen

Rezeptseiten, einem AMA-Grillclub und loben die Güte – auch die des weißen Fleisches."[170]

Beim Wort AMA verdrehte der Manager plötzlich die Augen. „So wohltuend es ist, mit einem Bauern, Bauernvertreter zu sprechen, der nicht systemverhangen ist, so sehr …"

Er hielt inne, doch ich hatte den Eindruck, er wollte in die Tiefe gehen und Vertrauliches ansprechen. Dafür war das Volksfest aber der falsche Ort. Ich wusste natürlich, dass auch McDonald's, größter Abnehmer für Rindfleisch im Land, mittlerweile unter dem AMA-Siegel segelt.

„Sind Sie nicht zufrieden mit Schweinebörse, Rinderbörse und AMA?"

Er lächelte säuerlich. „Am besten wird sein, ich lade Sie mal zu uns nach Wien ein", sagte er abschließend. „Dann können wir in Ruhe reden."

Wer weiß, was er mir zu erzählen hat, überlegte ich und dachte an die Schilderungen eines Insiders, für die ich bisher leider keinen Beleg ausfindig machen konnte. Sie handelten von den Verladestellen an der Donau – dort, wo heute sämtliche Futtermittelkonzerne und andere mit ihren Kränen angesiedelt sind, um ausländische Ware zu heimischer zu machen – und davon, dass es immer wieder Diskrepanzen mit den Papieren gab. „Da kamen dann abends die Betreuerinnen aufs Schiff", sagte er, „und am nächsten Morgen waren die Papiere in Ordnung."

Hat der McDonald's-Manager womöglich Ähnliches, doch Beweisbares auf Lager? Bisher hat er sich nicht bei mir gemeldet.

Das Problem mit der Transparenz

Dreiviertel der Gelder, die Jahr für Jahr ins Budget der AMA-Marketing fließen, stammen aus Bauerngeldern. Der Rechnungshof ging in seinem Bericht von 2016 mit der *Agrarmarkt Austria* hart ins Gericht. Intransparentes Abrechnungssystem, mangelhafte Wettbewerbe bei der Vergabe von Kreativleistungen an externe Agenturen und auch eine befremdliche Kooperation mit manchen Vereinen, lauteten die wichtigsten Vorwürfe. So floss etwa Fördergeld an einen AMA-nahen Verein, der Teile der 1,5 Millionen Euro dafür verwendete, überhaupt erst die Voraussetzungen für die bereits erhaltene Förderung zu erfüllen.[171]

55 Empfehlungen zur Verbesserung listete der vernichtende Bericht auf, seither steht die AMA jährlich im Parlament Rede und Antwort. Ob mit dem Wechsel an der AMA-Spitze mit 1. Jänner 2023 der erhoffte neue Besen zu kehren angefangen hat, muss sich erst weisen. Bei der *Agrarmarkt Austria*

selbst gibt man sich insofern zuversichtlich, als mit der neuen Chefin, vormals Prokuristin der AMA-Marketing und Leiterin des *Netzwerks Kulinarik*, „Kontinuität und Stabilität in der Geschäftsführung sichergestellt“ seien.[172]

12

Die richtigen Kühe – Wege aus dem System

Das Konzept einer „politischen Endlichkeit" im Amt

Das Gute zum Schluss

Nach so viel zum Grübeln und Haareraufen folgt das uneingeschränkt Positive: Wir ALLE können etwas tun, und das ist nicht wenig.

Als Totengräber der Demokratie wird die Staatsführung bisweilen bezeichnet. Das hat seine Gründe, denn politische Parteien agieren wie ein Staat im Staat, haben diesen zum Parteienstaat ausgebaut, zum Selbstbedienungsladen und Spielfeld wechselseitiger Begünstigung, und wer es nicht in die hochdotierte Politikerpension schafft/schaffen will, springt für Bestgagen in die Privatwirtschaft ab. Dort werden ab und an ideologische Salti geschlagen, die ans Widerwärtige grenzen. Erinnern wir uns an Altpolitiker(innen), die ein Berufsleben lang auf die Kraft der Demokratie geschworen haben, um sich hinterher in den Dienst autokratischer, korrupter Regime zu stellen, Lobbying für Glücksspielkonzerne zu betreiben oder im Aufsichtsrat bei *Gazprom* zu sitzen. Verbindliche Regeln oder mehrjährige Abkühlphasen gibt es keine, verdecktes Lobbying floriert, selbst wenn es von höchster Stelle heißen mag: „So sind wir nicht."

Bedauerlicherweise sind Teile unserer Gesellschaft sehr wohl „so", und daher sagte Franz Fiedler, Ex-Rechnungshof-Präsident und Ehrenpräsident von *Transparency Internationa*l, dazu in einem Zeitungs-Interview:

„Lobbying ist das Tor zur Korruption."[173]

Was mich aber so sehr stört, ist die systematische Abgehobenheit, diese völlige Entfremdung von den Lebensrealitäten der Menschen, dem Volk, das immerhin Verfassungssouverän ist und höchstrangigen Mandataren und Regierungsmitgliedern ihre Jobs erst ermöglicht. Aus diesem Grund ist meine zentrale Forderung zum Wohl von Gesellschaft und Demokratie diese:

MINDESTENS FÜNF JAHRE BERUFSERFAHRUNG VOR EINTRITT IN DIE POLITIK – VERPFLICHTEND!

Mit Politik meine ich: Bezirkspolitik aufwärts. Mit Berufserfahrung meine ich: von der Privatwirtschaft bis zum öffentlichen Dienst. Ich weiß, das ist eine harte Nuss. Ein dahingehendes Gesetz müssten just jene erlassen, deren Nachahmer und Epigonen es betrifft. Mit dem Direkteinstieg in die oberen Sphären aus den vielen Kaderschmieden heraus und als Studienabbrecher ins Ministerauto wäre so Schluss. Das hieße: Erfahrung sammeln in realen Arbeitswelten. Denkbar wäre auch, politische Ämter auf Zeit zu beschränken – je höher, umso weniger Perioden. Der Bundespräsident darf schließlich auch nur zwei Amtszeiten am Stück verweilen. Warum nicht Minister und Ministerinnen? Auch der Gedanke, Abgeordnete und andere Politiker(innen) wüssten um ihre „Endlichkeit im Amt“ und eine zwangsweise Rückkehr in die freie Wildbahn der Arbeit gefällt mir – das Gegenmodell zur Sicherheit einer pragmatisierten Wiedereinstellung als Ass im Ärmel. Ebenso muss die seit Jahren geforderte persönliche Haftung für Politiker eingeführt werden.

Bestimmt gibt es noch griffigere Konzepte, doch ein lohnender Anfang wär es allemal. Und wenn sich im Nationalrat keine Mehrheit für ein solches Gesetz findet, bleibt immer noch die Volksabstimmung. Natürlich muss auch die vom Nationalrat auf Antrag des Bundeskanzlers beschlossen werden. Doch da gäbe es ja noch dieses andere Mittel … das Volksbegehren … und wer weiß … ist der Zuspruch ausreichend groß und der Druck erst ausreichend hoch …

Bei Zwentendorf hat es jedenfalls geklappt.

Die simple Faustregel für unser Essen: Regional ist ideal!

Der bäuerliche Weg

Zur gentechnischen Veränderung von Lebensmitteln haben die Menschen in Deutschland, Österreich und der Schweiz (DACH) eine klare Meinung:

NEIN ZU GENTECHNIK IN DER LANDWIRTSCHAFT!
NEIN ZU GENTECHNIK IN DER VERARBEITUNG!
NEIN ZU GENTECHNIK IN UNSEREM ESSEN!

Weit mehr als 80 Prozent im DACH-Raum sehen das so, und auch ich zähle mich zu ihnen. Ohne Wenn und Aber. Nicht umsonst habe ich den „Bürgervertrag" zwischen Bauern, Konsumenten und Ärzteschaft mit unterzeichnet – jenes Manifest, das darlegt, worauf es – Motto „Wo Österreich draufsteht, muss Österreich drin sein" – ankommt:

- Strenge und transparente Lebensmittelkennzeichnung
- Faire Preise für die Bauern und zugleich hochwertige Lebensmittel im Dienste der Gesundheit der Menschen
- AT-Stempel nur auf tatsächlich österreichische Tiere und Lebensmittel
- Regional statt international – die Förderung echter regionaler Produktion mit dem Effekt der Sicherung heimischer Arbeitsplätze und Wertschöpfung
- Ende der qualvollen Tiertransporte quer durch Europa mit dem Zusatzeffekt, Umwelt und Klima zu schützen (jüngstes Beispiel ein Betrieb aus Gmunden [OÖ], der seinen Slogan „Kurzer Weg – gute Qualität" tatsächlich lebt und dafür von der „Falstaff-Community" zum beliebtesten Fleischhauer des Landes gekürt wurde[174])
- Frische, traditionelle anstatt gentechnisch manipulierte Lebensmittel

Die „grüne Gentechnik" und der Bio-Papst

Einmal mehr ist es die Forschung, die uns das Gegenteil weismachen will. Mehr als 180.000 Menschen werden Tag für Tag weltweit geboren, die Acht-Milliarden-Marke an Erdenbürgern ist seit November 2022 geknackt, in weniger als 30 Jahren könnten es zehn Milliarden sein. Die explodierende

Weltbevölkerung, die explodierenden Rohstoffpreise, ein Ökolandbau, der um bis zu 50 Prozent mehr Fläche benötige, doch um ein Drittel geringeren Ertrag abwerfe als konventioneller Anbau (nicht zuletzt, weil Bio-Landwirtschaft vor allem in Westeuropa in der Regel auf weniger ertragreichen Böden, vor allem Grünland, betrieben würde, Stichwort: alpiner Raum etc.) – an Argumenten, das vorherrschende System nicht über Bord zu werfen, sondern im Gegenteil weiter zu perfektionieren, mangelt es von dieser Seite nicht. Allerdings sieht der *Green Deal* der Europäischen Union vor, den Bio-Anteil auf ein Viertel zu erhöhen, Biodiversität der Ökosysteme besser zu schützen und Lebensmittelsysteme nachhaltiger zu machen – mit heimischem Eiweiß, Soja, Erbse, Klee, Luzerne oder Wiesengras anstelle von Importsoja aus dem Regenwald oder Osteuropa. Das Motto:

Vom Hof auf den Tisch

Dass rund 40 (!) Prozent des für Landwirtschaft geeigneten Bodens weltweit degradiert sind, in einem schleichenden, kaum merklichen Prozess weiter degenerieren, und allein in Österreich, Deutschland und der Schweiz wegen immer intensiverer Bewirtschaftung jährlich zehn Millionen Hektar Ackerland durch Erosion bzw. Verbauung und mit ihnen jede Menge Biodiversität verloren gehen, bleibt zumeist unbeachtet. Vielmehr heißt es vonseiten der Forschung: Kunstdünger und Pestizide von den Äckern zu verbannen, sei ebenfalls keine Lösung, festgemacht am Beispiel Sri Lanka, das als erstes Land weltweit nur auf Bio-Anbau setzte und wegen zu starker Ernteeinbußen letztlich die Reißleine zog.

Vielmehr wird die Zauberformel ausgegeben:

Mehr Technologie, um die Böden noch effizienter als bisher zu bewirtschaften, gepaart mit grüner Gentechnik.

Grüne Gentechnik?

Dazu sagt etwa der Agrarökonom Matin Qaim von der Universität Bonn: „In grüner Gentechnik liegen enorme Potenziale." Die breite Ablehnung basiere bloß auf Missverständnissen und Streuung von Halbwahrheiten, das Wissen habe sich enorm weiterentwickelt. Auch Franz Sinabell vom Wirtschaftsforschungsinstitut in Wien machte sich jüngst dafür stark, entscheidend sei bloß, Verfahren, die Gene in das Erbgut von Pflanzen übertragen, für Konsumenten transparent auszuschildern.[175]

Erstaunlich ist, dass ausgerechnet Europas Pionier und Bio-Papst, der Schweizer Urs Niggli, ins selbe Horn stößt. „Wir brauchen robustere Pflanzen", sagte er in einer TV-Doku,[176] und die Gentechnik sei eine Chance. Schließlich habe der Mensch immer schon, seit bald 15.000 Jahren, ins Erbgut von Fauna und Flora eingegriffen, die Urform von Getreide auf Ertrag gezüchtet und den Büffel zur Kuh. Gentechnik sei demzufolge kein totaler Bruch hin zu etwas völlig Neuem, sondern bloß eine Verfeinerung bewährter Praktik.

Was der eidgenössische Bio-Papst mit Österreich zu tun hat?

Seit dem nicht ganz freiwilligen Abgang an der Spitze des *Forschungsinstituts für biologischen Landbau* (Fibl) in der Schweiz steht Niggli dem Austro-Ableger der Institution vor, fand in Ex-Ministerin Köstinger eine frenetische Anhängerin, sitzt im wissenschaftlichen Beirat des UN-Welternährungsgipfels, ist auf den Podien gern gesehen, wo Vertreter der Agrarlobby üblicherweise unter sich bleiben, und pflegt ein sehr enges Verhältnis zur Politik. Erwähnt sei auch: Niggli saß als studierter Agrarwissenschaftler in jenem Gremium, das einst das nun geächtete Glyphosat für sein Heimatland bewilligte, ehe er sich der Bio-Schiene zuwandte und wie zahlreiche andere Experten eine Gesinnungskehrtwende hinlegte. Jenes Interview, worin er die Gentechnik explizit lobte, bezeichnete er später zwar als „Dummheit", vom Inhalt distanziert hat er sich jedoch bis heute nicht, thematisiert im Gegenteil weiterhin die Chancen von Digitalisierung und Gentechnik, so auch in seinem jüngsten Buch.[177]

Die Feldroboter und ihre Masterminds

Umweltorganisationen in aller Welt warnen eindringlich vor genau dieser *neuen Gentechnik*, die als „natürlicher Prozess" verkauft wird. Jetzt schon haben Bayer und Corteva 1.430 Patente[178] auf genveränderte Pflanzen in Händen. Die beiden Konzerne allein kontrollieren 40 Prozent des weltweiten Saatgutes, eine Marktmacht, die den Zugang zur genetischen Vielfalt einschränkt, die Ernährungssicherheit bedroht, Landwirte in noch tiefere Abhängigkeiten treibt. Es werden nicht kleine Einheiten, Familienbetriebe, gefördert, und letztendlich wird für Konsumenten die Auswahl verringert, und die Preise werden erhöht.

Lehnen wir Gentechnik als Allheilmittel ab, wird uns als zweite Schiene die Robotik angepriesen. Ist sie der Weg in die Zukunft unserer Ernährung, nachhaltig, umweltverträglich, gesund, regional, gerade so, wie wir sie gerne hätten?

Wohin die Reise mit dem technischen Fortschritt draußen auf den Feldern führt, zeigen die neuesten Feldroboter. Mit Sensoren ausgestattet und mit einer Spannweite wie Segelflugzeuge, die an die gigantischen Mähdrescherkolonien etwa in Brasilien oder Argentinien erinnern, zumeist jedoch in unseren Breitengraden nicht geeignet sind, scannen sie den Boden und sollen den Bauern zeigen, wo sie punktgenau düngen und spritzen müssen. *Precising Farming* ist der Fachbegriff dafür, wenn Künstliche Intelligenz (KI) sich auf die Suche nach der Logik hinter der Ökologie macht. Da werden Unmengen von Daten gesammelt, ob Schädlingsbefall, Blattwuchs oder Feuchtigkeit, um dem Landwirt zu helfen, seinen Grund und Boden besser zu begreifen und ressourcenschonend wie auch noch effizienter zu bearbeiten.

Schlecht?

Projekte für Hightech in der Landwirtschaft gibt es auch in Österreich. *Innovation Farm* ist das umfangreichste. Heinrich Prankl, Geschäftsführer im *Josephinum Research* in Graz, ist einer der Initiatoren. Er schwärmt naturgemäß davon, was heute schon mit KI möglich ist – das Lokalisieren von Unkrautnestern, herbizidfreie Kulturführung, automatische Ampferbekämpfung, präzise Einkorn-Aussaat, Systeme, die das Tierwohlpotenzial bei der Milchviehhaltung errechnen, Sammelroboter für die Entmistung und Fütterung in Laufställen u. v. m. Wer einen Blick auf die Homepage[179] wirft, kommt nicht aus dem Staunen.

Was ist das Problem?

Die Software für etwa jene Roboter, die den Einsatz von Pestiziden und Dünger punktgenau steuern und verringern soll, stammt von den Herstellern der Chemie selbst. Dies sei jedoch kein Widerspruch, so die Schalmeienklänge, vielmehr hätten die Konzerne längst begonnen, dem Druck aus Gesellschaft und Politik Rechnung zu tragen, den Gedanken der Nachhaltigkeit zur Maxime zu erheben. Man habe Angst, die Diskussion könnte kippen, sodass es zu Totalverboten komme, wolle darum Teil der Lösung sein.

Riecht das nicht nach Greenwashing?

Mich erinnert es an den französischen Energieriesen *Total*, der Journalisten neuerdings zu Sonnen- und Windparks in den USA karrt, groß die Werbetrommel für sein Umweltengagement rührt, in Wirklichkeit aber weniger als 0,4 Prozent der Energie aus den Erneuerbaren schöpft. Der Rest ist und bleibt fossil, vieles davon im umweltvernichtenden und gesundheitsschädlichen Fracking-Verfahren gewonnen.

Was geschieht mit den Riesenmengen Daten, die Roboter für die Chemieriesen sammeln? Sind sie nicht ein gefundenes Fressen für Spekulanten?

Prankl räumt ein: „Die Daten haben einen großen Wert. Man muss sie auch dem Einzelnen verfügbar machen, den Data Access garantieren, um nicht Gefahr zu laufen, dass die Konzerne ein großes Geschäft machen und die Landwirte unter Umständen ihre eigenen Daten zurückkaufen müssen. Dafür braucht es Regeln."

Regeln, die für ALLE gelten. Im Stall, auf dem Feld, auf der Wiese und im Wald. Genau das ist das Problem.

„La Via Campesina" – das Kleine im Großen nachahmen

Precise Farming – für die einen die Revolution der Landwirtschaft zum Guten, für die anderen das Tor zur Hölle, durch das Bauern in neue, noch größere Abhängigkeiten stürzen.

„Die großen Akteure haben viele Interessen. Die Sicherung der Welternährung zählt nicht dazu. Hungernde spielen für sie keine Rolle", sagt Franziskus Forster. Und: „Einfache Lösungen im großen Geschäftsmodell … schon klar, wenn Konzerne genau das wollen. Die Rechnung zahlen Konsumenten und Bauern. Und sie verkaufen eben nur an jene, die es sich leisten können." Ein Feldroboter, wie beschrieben, mit Solarantrieb kostet aktuell 70.000 Euro.

Forster ist nicht nur Politikwissenschaftler, sondern Österreich-Sprecher von *La Via Campesina* – zu Deutsch: der bäuerliche Weg. Das ist jene globale Vereinigung, die vor 30 Jahren als Gegenkonzept zur Welthandelsorganisation (WTO) und ihrer immer stärkeren politischen Macht ins Leben gerufen wurde. 200 Millionen Menschen aus 80 Ländern gehören dem globalen Bündnis mittlerweile an, Klein- und Bergbauern, Landarbeiter, Fischer, Landlose und Indigene.

70 Prozent aller global erzeugten Nahrungsmittel stammten, so Experten von *La Via Campesina*, von kleinbäuerlichen Erzeugern, die dafür rund 30 Prozent der Ressourcen benötigten. Die industrielle Landwirtschaft sichere dagegen bloß 30 Prozent der Ernährung und brauche einen Großteil der Ressourcen.

Eine Studie der UNO behauptet wiederum, Kleinbauern würden auf 12 Prozent der Ackerflächen lediglich 35 Prozent der Welternährung decken.

Der Vergleich hinkt jedoch, da nur Bauern mit weniger als zwei Hektar Land in die Berechnungen einflossen und Hirten und Fischer generell ausgeschlossen waren.

La Via Campesina steht vor allem dafür:
- Umweltfreundliche Landwirtschaft
- Kleinbäuerliche Strukturen
- Faire Produktionsbedingungen
- Faire Verteilung von Lebensmitteln
- Fokus auf jene Menschen, die Lebensmittel produzieren und konsumieren und NICHT auf die großen Player und Investoren der Privatwirtschaft
- FÜR Landreformen
- GEGEN Gentechnik

In drei Worten ließe sich das Credo von *La Via Campesina* auch so zusammenfassen:

REGIONAL IST IDEAL!

Rückgewinn der Ernährungssouveränität als Basis

Um das zu erreichen, muss uns zuallererst daran gelegen sein, unsere *Ernährungssouveränität* zurückzugewinnen.[180] Definiert ist der Begriff so: das Recht der Völker auf gesunde, demnach nicht schädliche, nachhaltige Ernährung. Kulturell angepasst (möglichst regional) soll sie sein und unter Achtung der Umwelt hergestellt.

Im Zentrum stehen nicht die Interessen der Märkte und transnationalen Konzerne, sondern WIR: jene Menschen, die Lebensmittel herstellen, die diesen Namen auch verdienen, verteilen und verbrauchen. Zwingend autark muss ein Volk/Land mit Ernährungssouveränität nicht sein, doch in der Lage, seine Politik in Sachen Landwirtschaft und Ernährung selbst zu definieren. Zudem benötigt jede Nation einen Lebensmittelkrise-Vorsorgeplan – etwas, das ich bereits 2015 im Parlament gefordert habe und das mit teils lachenden Gesichtern und dem Verweis auf die „Überschüsse" in unserem Land, wie könnte es anders sein, abgelehnt wurde.

Mit bio allein, so scheint es, werden wir weder das schaffen, noch den Welthunger stillen, müssen wir aber auch nicht. Biologische Landwirtschaft, sagt Pionier Urs Niggli, der ja auch viel Kluges spricht, sei nicht dafür konzipiert, so viele Menschen zu ernähren, die Ertragsmengen ließen sich nicht beliebig nach oben schrauben. Man müsse, was die Kleinbauern mit ihren Kreisläufen erhalten, im großen Maßstab kopieren, nachahmen. Mit bedeutend geringerem Ressourceneinsatz.

Bio-Landwirtin Maria Vogt aus dem Waldviertel, Mitglied bei *La Via Campesina*, hielt in einem Fernsehinterview dagegen. Ihre Ernte falle zwar geringer aus, dafür verschwende sie bedeutend weniger Ressourcen. Sie brauche weder Kraftfutter noch Kunstdünger, einen Roboter schon dreimal nicht und in Summe weniger Energie pro Hektar.

Wovon leben wir? Wo ist unser Bezug zur Natur? Was ernährt uns? Können wir uns einfach so davon abkoppeln? Oder sind wir Teil des Ganzen und sollten in Dankbarkeit danach handeln? Wie gehen wir mit der Welt um, damit es auch die nachfolgenden Generationen schaffen?

Und so denken immer mehr Menschen, ob für bio oder konventionell:

Die Welt braucht nicht wenige große Konzerne, um ernährt zu werden, sondern viele, viele Kleinbauern. Besonders in Krisenzeiten mit weniger Abhängigkeiten von internationalen Konzernen und Containerschiffen.

Regeneratives Wirtschaften im Kreislauf der Natur

Es wird erhalten, was die Kleinbauern mit ihren Kreisläufen erhalten. Zum Modell der Kreislaufwirtschaft gibt es meterweise Bücher, und wir wissen, dass es sich als Gegenentwurf zum vorherrschenden System des linearen Wirtschaftens versteht: Es basiert darauf, den Einsatz von Ressourcen auf ein unverzichtbares Minimum zu beschränken und so viele Elemente wie möglich wiederzuverwenden. Dabei wird die Herstellung biologisch abbaubarer Waren gefördert. Sie sollen in ihren natürlichen Zustand zurückkehren können. Ohne Beeinträchtigung der Nutzungsdauer. Ohne Schäden zu verursachen.

In meiner Welt, wo auch die Tierhaltung eine große Rolle spielt, sieht die Kreislaufwirtschaft so aus: Pflanze – Tier – Dünger. Das bedeutet: Wir müssen regionale Futtermittel fördern und verwerten. Das Futter von der Wiese, vom Acker wird anhand der eigenen Tiere veredelt. Aus regionalem Futter werden regionale Dünger und Lebensmittel – Eier, Fleisch, Mehl (Brot), Öle und vieles mehr. Ein Mehrwert an Kulturlandschaft, die Grundlage für die Erholungslandschaft der heimischen Bevölkerung wie auch für den florierenden Tourismus, wird obendrein generiert.

Pflanze – Tier – Dünger. Das bedeutet auch: Ich reduziere Kunstdünger, nehme eigenen Wirtschaftsdünger vom Hof und betreibe artgerechte Tierhaltung mit ausreichend Auslauf. Das ist, was ich unter Nachhaltigkeit verstehe und auch meine Enkelkinder lehre. Betrete ich hingegen ein Feld, auf dem es riecht wie auf einem Golfplatz, weiß ich, wo ich gelandet bin: bei Monsanto, Raiffeisen und den anderen Konzernen.

In puncto Klimawandel ist die Landwirtschaft gegenwärtig Täter und Opfer zugleich. Der Kompromiss ist ein vernünftiger Mix, der selbstverständlich auch Viehzucht beinhaltet, aber mit Tieren, die Gras fressen und nicht vorwiegend Getreide. Fast 50 Prozent der weltweit nutzbaren Landfläche sind Gras- bzw. Grünland, und es sind vor allem die Kleinbauern, die es nutzbar machen. Hirten/Sennerinnen müssen künftig wieder eine größere Rolle spielen.

Das Kleine im Großen nachahmen ist dabei das eine, das Kleine so oft wie möglich nachahmen, inszenieren, das andere. Dieses „Kleine" gibt es längst, und damit meine ich nicht allein die Hofläden der Bauern. Es gibt immer mehr innovative Initiativen da wie dort, und stets kommen neue dazu. Sie müssen wir stützen, kopieren, verfeinern, weiterentwickeln, sodass sie zu einer breiten, mächtigen Front gegen die Riesen der Lebensmittelversorgung wachsen, ihnen die Stirn bieten, ohne selbst in deren Fahrwasser zu geraten.

Ein paar dieser Bewegungen, Ideen, Konzepte möchte ich Ihnen ans Herz legen.

Weil es die Menschen nach einer Abkehr vom System hungert:

Vom Bauernmarkt bis zu Foodsharing

In den 1990er-Jahren, frisch zum Obmann der Bezirksbauernkammer gekürt, trieb mich der Gedanke um, meinen damals schon vehementen Forderungen nach mehr Regionalität und Nachhaltigkeit auch Taten folgen zu lassen. Ich traf mich mit Menschen, die ich für offen genug und geeignet hielt, und unterbreitete ihnen meinen Vorschlag. „Wir brauchen nicht die x-te Neuauflage eines Bauernballs", sagte ich abschließend, „sondern etwas wirklich Sinnvolles. Mit Zukunft."

Zu hören bekam ich anfangs das Übliche: „Leo, deine Idee ist eine Spinnerei. Aber wir machen mit. Dieses eine Mal. Weil du es bist. Aus Solidarität."

Es war die Geburtsstunde des *Martini-Marktes Regau.* Ich musste das Rad nicht neu erfinden und nahm Anleihe beim Martini-Markt in Steinakirchen. Dort setzten sie unter anderem auf indische Seidentücher, industrielle Schaumrollen und derlei mehr, und als meine Frau Marianne und ich genug gesehen hatten und auf dem Heimweg waren, sagte sie:

„Leo, was meinst du, sollten wir das nicht auch versuchen? Bei uns zu Hause?"

„Ja, das sollten wir", pflichtete ich ihr bei und machte mich ans Werk. Mein Konzept sah allerdings die Vermarktung ausnahmslos regionaler Ware vor. 120 Handwerker, vom Besenbinder bis zur Hinterglasmalerin, stellten bereits beim ersten Mal aus, es gab auch Fleischbrote, Bauernkrapfen und diverse Mehlspeisen. Der Hunger der Menschen nach einer Veranstaltung dieser Art warf mich fast um. Es kamen weit über 10.000 Menschen, und so war augenblicklich klar: Nächstes Jahr geht es weiter, ja, es kam ein regelrechtes Gerangel unter den Ausstellern auf, wer wieder mitmachen dürfe. Also gab ich die simple Grundregel aus: Wer beim ersten Mal dabei war, ist beim nächsten Mal Fixstarter. Danach sehen wir weiter – wo wir Ersatz brauchen, wo neue Produkte.

Da Martini bekanntlich nur im November ist, hoben wir gleich im Folgejahr dazu den *Regauer Bauernmarkt* aus der Taufe, der einzig Lebensmitteln gewidmet war. Der Gedanke war, die Brücke zwischen Erzeugern und Konsumenten zu schlagen, ohne die Profitgier der verarbeitenden Industrie sowie des Handels einzubinden. Während der Martini-Markt nach meinem Rauswurf aus dem Bauernbund nur noch einmal stattfand, hat sich der Bauernmarkt nicht bloß gehalten, sondern zum unverzichtbaren Fixstern in der Region entwickelt. Er ist heute, nach 23 Jahren, einer der größten seiner Art in ganz Oberösterreich, fix in einer eigenen Halle zu Hause und wird ganzjährig, freitags, abgehalten. An die 20 Anbieter preisen großartige Lebensmittel an – Bauernbrot, Fleisch, Milchprodukte, Säfte, Gemüse, Most, Honig, Teigwaren, Gestecke und vieles mehr.

Übrigens, apropos Martini: Nur 17 Prozent der 500.000 jährlich in Österreich verspeisten Gänse sind aus heimischer Produktion, der Rest Massenware aus dem Ausland. Warum, ist nicht schwer zu erraten: Das Kilo Fleisch der echten, artgerecht gehaltenen Weidegans kostet zehn Euro, die Tierfabrikware 2,70 Euro.

Knüppel der Bürokratie

Direktvermarkter zu werden, ist in Ländern wie Österreich oder Deutschland ein hartes Brot. Ob ab Hof, auf Märkten, als fahrender Händler, Anbieter von Selbsternte oder Zusteller – wer den Sprung ins kalte Nass wagt, wird zuerst mit einer Flut von Bürokratie und Auflagen begrüßt. Außerdem muss man bereit sein, den Kampf um Kunden aufzunehmen, innovativ sein, sich auf einerseits globale Marktschwankungen und andererseits das oft sprunghafte Verhalten von Käufern einstellen, dem Qualitätsdruck standhalten und Lehrgeld bezahlen. Der 60 Seiten starke Leitfaden „Rechtliche Rahmenbedingungen für Direktvermarkter" der Landwirtschaftskammer[181] ist ein Spießrutenlauf der Abschreckung und ich würde mir wünschen, die Kennzeichnung von Lebensmitteln (Stichwort: Geschmacksverstärker, Palmöl, Ameisensäure, E-Stoffe, Farbstoffe und allerlei andere Chemie in der Industrie) wäre nur halb so lückenlos und rigoros wie Dokumentationspflicht und Standards für Direktvermarkter.

Nur die Härtesten kommen da ohne Unterstützung durch. Eine Entbürokratisierung wäre das Gebot der Stunde. Lippenbekenntnisse seitens der Politik in diese Richtung gibt es zwar, wirklich gewollt im Sinne eines nationalen Schulterschlusses mit den Bauern gegen die Allmacht von Großproduzenten und Handelsriesen scheint es allerdings nicht zu sein. Darauf deuten nicht zuletzt die Umsteigewillige begleitenden Kurse und Workshops hin, von „Lebensmittelhygiene und Allergeninformation" bis zu „Dekorationsideen für Gast- und Verkaufsräume", die allesamt zu bezahlen sind, oft als unergiebig beschrieben werden, den Kammern jedoch ein schönes Extra-Körberlgeld bescheren.

Kleine Anbieter, die sich allen Widrigkeiten zum Trotz durchkämpfen, müssen leider mitansehen, wie Supermärkte ihre guten Ideen kopieren und ihnen das Wasser abgraben (z. B. mit Automaten oder kleinen Regional-Nischen zu Werbezwecken). Dennoch gibt es an die 17.000 bäuerliche Direktvermarkter in Österreich und Initiativen wie z. B. „Kauf dein Schwein", „Salzburg schmeckt" oder Abo-Kistensysteme, um nur einige wenige zu nennen. Auch das Konzept der Ganztiernutzung (*Nose to tail*) beginnt sich als Nachhaltigkeitskonzept wieder auszubreiten (möglichst alles zu verwerten, war in früheren Generationen eine Selbstverständlichkeit). Desgleichen die Idee des *Foodsharing*: Internetplattformen, die der Wegwerfkultur entgegentreten und *Fairteiler* einrichten – Regale bzw. Kühlschränke, wo Menschen Lebensmittel hinbringen (anstatt sie wegzuschmeißen) oder abholen können.[182]

Bauernmärkte gibt es inzwischen ebenso in recht erfreulicher Zahl, und eine gute Übersicht für alle Bundesländer (auch bio) bieten diese Links:

- www.wissenswertes.at/bauernmarkt
- www.meinbezirk.at/wien/c-lokales/alle-bauernmaerkte-in-ganz-oesterreich_a4281279
- www.bio-austria.at/a/konsument/bio-maerkte-mit-bio-angebot/

Aber: Es muss von alledem viel, viel mehr sein. Bei den Bauernmärkten etwa ist es so, dass viele nur saisonal abgehalten werden, andere bloß einmal im Monat, oft „fliegend" mit gerade mal ein, zwei Wägen. Fixe, überdachte Orte für eine Vielzahl von Anbietern sind nicht die Regel und alles andere als einfach zu bekommen.

Wo bleibt hier die Unterstützung der Politik auf kommunaler wie überregionaler Ebene? Oder sind alternative Versorgungskanäle für das Volk ein belächeltes Romantikthema im Kaminzimmer, so von Konzernchef zu Parteichef, ihr tatsächliches, großflächiges Aufkommen jedoch eher unbequem und unerwünscht? Weil bäuerliche Lebensmittel erst nach der Verarbeitung und im Handel etwas „wert" sind?

Die Unkultur des Nicht-scheitern-Dürfens

Unbequem und unerwünscht ist es auch, zu scheitern, keine Frage. Das musste ich am eigenen Leib spüren und just mit meinem erklärten Herzensprojekt. Der *Wimberghof* in Vöcklabruck stand für alles, wofür ich stehe: echte Regionalität, hohe Qualität, und das zu leistbaren Preisen. Das Konzept war simpel: ein Gasthaus, das Kost aus ausnahmslos regionalen Lebensmitteln kredenzt. Wem es geschmeckt hat, wer darüber hinaus wissen will, wo dieses herrliche Gulasch, das Blunzngröstl oder der Schweinsbraten herstammen, den er auf dem Teller hatte, geht hinterher ins Vorhaus und kauft die Zutaten im angeschlossenen Hofladen für den Genuss zu Hause.

Die Leute haben es geliebt. Ich ließ eigene Würste aus Rindfleisch produzieren, eigenes Faschiertes, eine Reihe von Spezialprodukten, die sich von der minderwertigen Industrieware abhoben. Der Preis war höher, aber nicht gravierend. Ein Kilo Knacker etwa kostete um 1,20 Euro mehr als im Supermarkt – ein überschaubarer Zuschlag.

Wem das NICHT schmeckte, war mein Geschäftspartner. In der Rückbeschau kann ich sagen, lief es zwischen uns, wie es sich heute in weiten Teilen von Hotellerie und Gastronomie verhält und sich auch auf Fachmessen wie jener in Salzburg (*Alles für den Gast*) auf erschreckende Weise offenbart: Es geht um möglichst geringen Wareneinsatz, immer mehr Fertigkost aus den Industrieküchen und vorgetäuschte Qualität. Es dürfte nicht mehr weit hin sein, bis der erste Wirt, will er sich vom Einheitsbrei abheben und nicht als bloßer Endfertiger dastehen, diesen Aushang macht:

HIER WIRD NOCH RICHTIG UND FRISCH GEKOCHT!

Mein Kompagnon beim Wimberghof war finanziell wesentlich besser aufgestellt als ich und wollte doch an allen Ecken und Enden sparen. Es ging zulasten der Qualität. Endpunkt der immer häufigeren, immer heftigeren Streitereien um Authentizität, Ehrlichkeit und Qualität war der Niedergang. Wir schlitterten in die Pleite, was aus meiner Sicht ein Produkt ungezügelter Gier war, das 12 Mitarbeiterinnen und Mitarbeiter um den Job und Teile ihres Gehalts brachte und mich um viel Geld. „Agrarrebell Steinbichler in Konkurs" titelte die *Kronen Zeitung*. Die Schadenfreude war bis in die hohe Landespolitik hinauf zu hören, doch es gab auch vereinzelt Stimmen, die sich hinter mich stellten. Tenor:

Jede/r kann im Leben Fehler machen. Es sind schon viele gescheitert. Auch honorige Leute. Das ist keine Schande. Aufstehen, lernen und weitermachen ist Pflicht.

So sehe ich das auch. Kaum etwas ist für mich schlimmer als der Altersstarrsinn, der begangene Fehler um jeden Preis schönredet. In einer Welt der Perfektion mag kein Platz fürs Scheitern sein, doch habe ich mir damals geschworen: Leo, du lässt dich nicht unterkriegen. Du machst weiter, kämpfst weiter, insbesondere für regionale, gesunde Lebensmittel zum fairen Preis, weil auch das ein Stück Kultur ist, das zunehmend als Teil unserer Identität verloren geht, so wir nicht gegensteuern. Andernfalls ergeht es uns mit dem Essen wie den Menschen in den Tourismushochburgen in puncto Lebensqualität. Ob Magenfüllstoff aus der Retorte, ob Busse voller Chinesen, die Cash bringen, doch „Geisterorte" schaffen – da wie dort wandert die Dividende in die Taschen einiger weniger. Und anstatt das Fleisch von jenen glücklichen Rindern zu beziehen, die von den Terrassen aus zu sehen sind, verkocht die Gastronomie zu 80 Prozent Importe aus China, Brasilien oder Argentinien.

Verbürgte Regionalität, unverfälschte Qualität, radikale Ehrlichkeit bis auf den Teller – und warum nicht auch an Auflagen geknüpft, heimische Qualitätsware zu bevorzugen? (Bei den mancherorts sehr üppigen Coronahilfen für die Gastronomie wäre das übrigens eine Chance gewesen, ein Zeichen zur Stützung inländischer Produktion zu setzen.) Auf dem Land, inmitten bäuerlicher Strukturen, mag so ein Umdenken, Umstrukturieren noch vergleichsweise „einfach" zu bewerkstelligen sein, doch wie sieht es in den Städten aus? Welche Konzepte, Möglichkeiten gibt es für die Ballungszentren, wo – setzt sich der Trend fort – in wenigen Jahrzehnten schon zwei Drittel aller Menschen leben werden?

Wo sind die Visionäre in den Chefetagen?

Gesunde, ehrliche Nahrung für Millionen

Kennen Sie einen (Groß-)Betrieb in der Stadt, in dem die Belegschaft anstelle des Kantinenfraßes, Typ Massenware/Convenience, Essen aus nachhaltiger, ehrlicher und regionaler Produktion angeboten bekommt? Sie arbeiten dort? Sie sind der Boss und haben genau das ermöglicht? Was für ein unglaublicher Glücksfall! Kennen Sie einen zweiten?

Was wir brauchen, sind nicht nur Visionäre für die neuesten Handytools, sondern Vordenker, die offen sind für neue Konzepte, sie selbst vorantreiben. Was spricht gegen den Lieferbus aus der Umgebung, der Schlag 17 Uhr, bei Schichtwechsel, auf dem Gelände einer Lenzing AG mit 5.000 Mitarbeitern wartet und bäuerliche Produkte aus der Umgebung anbietet, nachdem er davor bereits andere Destinationen angefahren hat? Was spricht gegen die Konzernzentrale in der City, die ihre hauseigene Systemküche mit Billigware nicht nachvollziehbarer Herkunft sukzessive auf heimische Nahrung umstellt? Was gegen individuelle, faire Partnerschaften zwischen Betrieben und Zulieferern, ganz ohne Deal mit Systemgastronomie?

Metropolen aus sich heraus zu ernähren, mit Eigenproduktion im Stadtgebiet ohne massenhafte Warenströme von außen, ist nicht möglich. Wien, als Zwei-Millionen-Stadt, verfügt über 17 stationäre Märkte und fünf temporäre Wochenmärkte.[183] Für die große Masse, gefangen im Alltagsstress und mit oft begrenztem Budget, heißt es zumeist, bloß zwischen Supermarkt A bis C oder dem Diskonter entscheiden zu können. Man wählt, aus einem Bauchgefühl heraus, den „immer noch besseren" und meint den nicht ganz so schlechten.

Ansätze zur Eigenversorgung von Großstädten gibt es viele – und sie sind von verblüffender Kreativität. Bleiben wir gleich in Wien. Da gibt es natürlich die Kleingärtner an der Peripherie, den Anbau auf Flachdächern, in Gewächshäusern und Folientunneln. Aber auch im Verborgenen wächst allerlei. Austernpilze sprießen in feuchten Kellern eines Zinshauses in mit Kaffeeresten gefüllten Säcken. Fische wachsen, unter einfachsten Verhältnissen, dafür mit nährstoffreichem Futter, in großen Becken auf und reichern das Wasser über ihren Kot mit Nitraten an, die ins angrenzende Glashaus geleitet werden, wo an ihnen Obst und Gemüse gedeihen. Aquaponik nennt sich das Verfahren. Salatpflanzen wachsen nicht in die Breite, sondern auf schmalen, übereinander gelagerten Ebenen *(Vertical Farming)*. Und es gibt Algen, die richtige CO_2-Fresser sind und in Europas größter Algenfarm am Stadtrand der Bundeshauptstadt zu Pulver verarbeitet werden.

So wunderbar diese und andere Initiativen sind, so beschränkt sind sie. Die Menge macht das Problem. Mehr als fünf, sechs Prozent Eigenversorgung gehen sich auch in Zukunft nicht aus. Um beispielsweise den Salatbedarf Wiens durch *Vertical Farming* zu decken, wären 14.000 Gebäude vom Format eines Uniqa Towers vonnöten. Und an den Käse ohne Milch oder aus Stammzellen in Nährlösungen gezogene Burger, wie sie in Labors bereits kreiert werden, möchte ich lieber nicht denken.

Eine Landwirtschaft ohne Land? Ist das die Zukunft?

Ich denke nicht. Vielmehr werden wir die Landwirtschaft draußen vor den Toren der Städte immer brauchen. Daran führen auch die raffiniertesten Tüfteleien und Geschäftsmodelle nicht vorbei und der Weg zum täglichen Brot hinaus auf den Acker. Aber wie lange machen unsere noch dazu schwindenden Äcker die systematische Ausbeutung zur maximierten Effizienzsteigerung und die Extremwetterlagen noch mit? Wen müssen wir auf welche Weise in die Pflicht nehmen?

Wer trägt die Grundverantwortung wofür?

Der Gefrierbrandhase und die 5-G-Regel

Ein Drittel aller weltweit erzeugten Nahrungsmittel wird verschwendet. Nicht verzehrt. Weggeworfen. Bei Obst ist es fast die Hälfte (!), bei Milch- und Fleischprodukten rund 20 Prozent, bei Fisch sind es ca. 30 Prozent.

Souverän über die Ernährung im eigenen Land zu sein, bedeutet auch, dass Konsumenten und Landwirte wieder ein Stück aufeinander zugehen. Corona hat gezeigt, dass es möglich ist, doch wir dürfen – kaum hat die Pandemie ihren Schrecken eingebüßt – nicht wieder in altes Fahrwasser kippen, nicht weitermachen wie bisher. Wir müssen im Gegenteil die Entfremdung der Menschen von der Herkunft ihrer Nahrung stoppen, neue Bezüge und Verständnis füreinander schaffen – neue Partnerschaften.

Daran, unseren Verbrauch zu überdenken, kommen wir nicht vorbei – angefangen beim überbordenden Konsum von Steak, Filet und anderen Edelteilen. Der massenhafte Import (schließlich wiegt das Filet beim Schwein grademal 1,2 und jenes vom Rind fünf Kilogramm) wird genau dadurch so richtig befeuert, und da fallen mir einmal mehr die Worte meiner Oma ein, die oft sagte:

„Die Menschen wissen nicht mehr, wann Sonntag ist."

Doch es gibt auch eine Vielzahl anderer Maßnahmen, die helfen können, dass wir nicht länger nur die falschen Kühe füttern. Allen voran liegt mir eine ganz besonders am Herzen:

Rückführung der Genossenschaften auf die Gründeridee

Die Genossenschaften zerschlagen und auf neue Beine stellen. Nein, nicht die unzähligen kleinen, etwa Einkaufsgenossenschaften, die es ja auch gibt und die den hehren Urgedanken von „Hilfe zur Selbsthilfe" tragen.

Gemeint sind jene Riesen, die die Genossenschaftsidee pervertiert haben im Sinne eines allein auf Profitmaximierung ausgerichteten Geschäftsmodells. Da fallen mir sofort die großen Agrargenossenschaften ein. Oder der Maschinenring. Grundpfeiler einer solchen Erneuerung müsste das Ende der Selbstkontrolle sein – Schluss mit den internen Revisionsabteilungen. Welcher Unternehmer sonst kommt in den Genuss, sich selbst kontrollieren und einen Persilschein ausstellen zu dürfen?

Abgesehen davon gibt es eine Vielzahl weiterer Maßnahmen als Schritte in die richtige Richtung. Meine wichtigsten Forderungen sind diese:

• Keine Agrarsubventionen mehr für Stiftungen und ein Ende des Missbrauchs von Geldern aus dem Agrarbudget (bekanntlich kommt nur ein Viertel bei den Bauern an)

• Abkehr vom Prinzip der Flächenförderung in der Landwirtschaft, um die kleinen Bauern zu fördern – etwa durch Abgeltung ihrer Arbeitszeit für Tierhaltung, Humusprämien, CO_2-Prämien, Sauerstoffprämien und derlei mehr

• Förderung für Direktvermarkter anstelle bürokratischer Hürden

• Förderungen für Lieferservice heimischer Produkte in Ballungszentren

• Förderung und Entbürokratisierung für „fahrende Metzger". Projekte wie z. B. die ***BOA-Farm Mitterhof*** [184] sind ein absolutes Vorbild. Geschlachtet wird vor Ort. Besser geht´s in puncto Tierwohl nicht!

• Förderung kleiner Strukturen bzw. Betriebe zur Sicherung von Biodiversität und Artenvielfalt wie auch der Begrünung von Dächern, Fassaden etc.

• Transparenz bei Lebensmittelstatistiken in puncto Eigenversorgung anstatt alte Zahlen fortzuschreiben

• Klare und nachvollziehbare, verpflichtende Herkunftskennzeichnung von Lebensmitteln

• Regionales, gesundes Essen aus der gepflegten Kulturlandstelle anstelle von Substituten mit Palmfett, Insektenpulver etc.

• Neu-Konzeption der heimischen Wasserwirtschaft: Nach wie vor gehen über versiegelte Flächen und Regenwasserkanäle Unmengen Wasser verloren, der großflächige Einsatz von grasdurchwachsenen Gittersteinen statt Beton- und Asphaltflächen etwa könnte Niederschlag- und Oberflächenwasser vor Ort halten. Auch ließen sich Retentions- bzw. Rückhaltebecken besser nutzen – nicht bloß für Löschwasser, sondern als Nutzwasser zur Bewässerung (Sport-, Freizeit-, Garten- und Landwirtschaftsflächen) wie auch als Trinkbereich für Vögel, Bienen und alle Insekten.

• Wertschöpfung versus Schadschöpfung in der Landwirtschaft – das Etablieren eines Abgabensystems zur Belastung und Nicht-Belastung des Ökosystems

• Ende des Kampfes „Trog gegen Teller" – sprich: Wertvolle Nahrung darf nicht länger zu Biosprit und Biogas verarbeitet werden

• Ein fairer Finanzausgleich, um die Benachteiligung des ländlichen Raums zu beenden

• Ende der Doppelgleisigkeiten: sei es die Verwaltung mit ihren fünf Ebenen (Gemeinde, Bezirk, Land, Bund, EU), sei es bei der Erhebung von Agrardaten durch AMA, Gemeinden, Sozialversicherungen etc.

• Erstellung eines nationalen Masterplans für die Landwirtschaft

• Politische Ausschüsse öffentlich und medial zugänglich machen (weil oftmals gerade dort sinnvolle Ideen im Keim erstickt werden)

• Massive Sanktionen für erpresserische Handelsriesen und verarbeitende Betriebe

• Verpflichtende, europaweite CO_2-Beschilderung auf Lebensmitteln (einen Versuch in die Richtung gab es bereits, doch er wurde vom Handel als „zu aufwendig" abgelehnt und wieder fallengelassen) – am Beispiel des „Planet-

Score“-Nachhaltigkeitslabels (vgl. Kapitel 7)

• Gesetzliches Verbot irreführender Klimalabels

• Gesetzliches Verbot von „Minus 25/50-Superwochenenden“ und ähnlichen Preisdumping-Aktionen mit Grundlebensmitteln

• Ein differenziertes Tierschutzgesetz, das diesen Namen verdient – weg von Bestimmungen, die ein Tier juristisch nach wie vor näher an eine Sache als an ein Lebewesen rücken, Einbindung der Praktiker.

Der Konsument soll´s richten

Alle Last immer nur auf jene abzuwälzen, die es – so das Totschlag-Argument von Industrie, Handel und Politik – mit ihren Kaufentscheidungen in der Hand hätten, die Welt zu einem besseren Ort zu machen, ist nichts als billig. Schäbig aber auch, wer uns Konsumenten als dumpfe Masse hinstellt, die willfährig alles mit sich geschehen lässt und von Handel und Werbung gelenkt werden will. Niemand darf sich einfach so aus der Pflicht stehlen, der Kuchen der Verantwortung ist riesig, und er sollte zu möglichst gleichen Teilen aufgeschnitten und verzehrt werden, weshalb meine persönliche 5-G-Regel lautet:

• Grundverantwortung der Bauern
• Grundverantwortung der Politik/Behörden
• Grundverantwortung der Industrie/Verarbeitung
• Grundverantwortung des Handels
• Grundverantwortung der Konsumenten

Das ist natürlich leicht hingesagt, sind doch die Verflechtungen unserer Welt auf eine Weise komplex, dass niemand sie in ihrer Dimension nur annähernd zu fassen bekommt, abzulesen etwa auch daran, dass China mittlerweile Beteiligungen an zwölf europäischen Häfen hält und bereits 27 Prozent von jenem in Hamburg besitzt.

Dazu, abschließend, diese kleine Episode: Eines Tages bekam ich im Gasthaus (es waren Wildwochen) einen Hasen vorgesetzt, der angeblich frisch geschossen war. Das Fleisch war staubtrocken und auch sonst allerlei verdächtig. Ich roch den Braten und entlarvte ihn als Gefrierbrandopfer. Dem Wirt war das peinlich ohne Ende, und wir redeten die Angelegenheit hinterher bei einem Schnaps aus. Er meinte:

„Ich beziehe die Hasen schon seit Jahren aus Argentinien. Von einer Farm."

„Die sind sicher vollgestopft mit Antibiotika", entgegnete ich. „Wenn so ein Hase einmal niesen muss, fällt er tot um."

„Dafür ist er frei von Schrotkugeln", sagte der Wirt.

Hotellerie und Gastronomie leben uns diese Vernetzungen von allem und jedem exemplarisch vor, sodass wir uns eingestehen müssen: Regionale Wildwochen sagen noch gar nichts aus. Bloß, wer trägt die Grundverantwortung für meinen Gefrierbrandhasen? Erzeuger? Industrie? Handel? Der Wirt? Die Politik, weil sie den systematischen Betrug mit Lebensmitteln nicht verhindert? Ich selbst kraft meiner Wahl? Ich hätte ja zu Hause bleiben und kochen können.

Wer vergiftet die Welt? Wer rettet sie? Wie viele Klima- und Umweltgipfel ohne Ergebnis können wir uns noch leisten? Wie viele Fußballweltmeisterschaften nach dem „Vorbild" Katar?

Hätte ich die Patentlösung parat, wie wir die Strippenzieher unseres Planeten zu Menschen mit globalem Verantwortungsgefühl fernab von Gier und Machtstreben machen, würde ich nebenher keine Versicherungen verkaufen, sondern mich bloß von früh bis spät feiern lassen.

Druck machen. Unbequem werden, unbequem bleiben. Alternativen aufzeigen und aufschreien, wo Unrecht, Betrug geschieht, den Finger auf die Wunde legen und dort belassen. Sie kennen ja mein Motto: Wenn's wehttut … draufbleiben, wie engstirnig und in altem Denken verhaftet unsereins auch sein mag.

Beginnen müssen wir dort, wo ein Andersdenken noch auf unverfälscht fruchtbaren Boden fällt: bei den Jüngsten. In den Krabbelstuben, Kindergärten und Schulen sind die Käufer wie auch Forscher, Politiker, Labortechniker, Pharmavertreter, Chefeinkäufer und Bosse in den Vorstandsetagen von morgen. Sie sind meine großen Hoffnungsträger. Keine Generation vor ihnen war je so gebildet, und an ihnen, den Jungen, liegt es, nicht in den Eh-wurscht-kann-man-nix-machen-Trott von uns Alten zu verfallen. Insofern liegt es also doch wieder an uns – aber nicht an uns als Konsumenten, sondern an uns Menschen.

Es gibt ungemein viel zu tun. Packen wir es an, am besten gleich heute. Um der Gesellschaft willen. Um unser selbst willen. Und vor allem in Verantwortung jenen zuliebe, die uns nahestehen. Mir sind allein schon meine Familie und die 14 Enkelkinder Verpflichtung genug.

Ihr/Euer *Leo Steinbichler*

Was wir JETZT brauchen – unser Fahrplan in eine bessere Zukunft

Meine Bitte an die Konsumentinnen und Konsumenten:

Möglichst viele unverarbeitete Produkte essen, Imitate meiden
Frisch kochen, frische Lebensmittel statt Convenience Food
Regional und saisonal kaufen
Idealerweise (wo geht) direkt ab Hof kaufen
Sowohl im Supermarkt als auch im Restaurant oder beim Wirt: nach Lebensmittelherkunft fragen
Besonders beim Fleisch: nach Herkunft fragen

Meine Forderungen an die Politik:

Wesentliche Entbürokratisierung bei den Direktvermarktern (ab Hof Verkauf) und beim Kleingewerbe
Klare, nachvollziehbare Lebensmittelherkunft-Kennzeichnung einführen
Kleine Familienbetriebe fördern
Keine Freihandelsabkommen, die die heimische Produktion gefährden
Verbot der Lebendtiertransporte, kein AT Stempel auf ausländische Tiere

Danksagung

Mein aufrichtiger Dank gilt meiner wunderbaren Familie für die uneingeschränkte Unterstützung in allen Lebenssituationen, sowie allen Freunden und Verantwortungsträgern, die mich auf meinem Weg begleiten.

Leo Steinbichler

Die vielen Namen für den Regenwaldkiller Palmöl

Palmöl ist in unserem Alltag allgegenwärtig – ob in Fertiggerichten, Süßigkeiten, Kosmetika, Waschmitteln und derlei mehr. Hier eine Übersicht (ohne Anspruch auf Vollständigkeit), unter welchen Namen es auf Verpackungen auftaucht.

Palmöl

vegetabiles Fett
Stearyl/Stearate
Capric Triglyceride
Cetearyl Alcohol
Coconut Butter Equivalent (CBE)
Emulsifying Wax
Fettsäureglycerid
Glyceryl Laurate
Hydrated Palm Glycerides
Isoamyl Laurate
Lauryl Glucoside
Myristyl Myristate
Palm Olein
Palmitate
Pflanzenfett/pflanzliches Fett
Dodecyl Sulphate (auch SDS oder NaDS)
Sodium Lauryl Sulfate* (kann auch aus Rizinusöl hergestellt sein)
Sodium Stearoyl Glutamate
Steareth-20
Sucrose Laurate
Palm Kernel
Palmolein
Sodium Laureth Sulfate

Palmfett

Cetearyl/Cetyl
Arachmide mea
Capryl Glucoside
Cetearyl Glucoside
Coconut Butter Substitute(CBS)
Fatty Alcohol Sulphates
Glycerinfettsäureester
Glyceryl Stearate
Hydrogenated Vegetable Oil
Lauroyl Lysine
Magnesium Stearate
Oleyl Betaine
Palmöl
Palmitinsäure
Pflanzenöl/pflanzliches Öl
Sodium Dodecyl Sulphate
Sodium Palmate
Sorbitan Caprylate
Steareth-21
Taxanomic, Tricaprylin
Palm Kernel Oil
Glyceryl
Sodium Kernelate
Palmityl Alcohol

Palmkernöl

Lauryl/Lauroyl/Laurate
Ascorbyl Palmitate
Caprylic Triglyceride
Cetyl Alcohol
Elaeis Guineensis
Fatty acid methyl esters ethoxylate
Caprylate
Glyceryl Stearate Citrate
Hydrogenated Palm Glycerides
Lauroyl Sarcosine
Myristol
Palmitic Acid
Palm Sterine
PEG-100 Stearate
pflanzliches Glycerin*
Sodium Laureth Sulphate
Sodium Palm Kernelate
Steareth-22
Stearic Acid
Zink Stearate
Palm Fruit Oil
Palm Stearine
Etyl Palmitate

Pflanzliches Fett/Öl

Palm/Palmate/Palmitate
Betaine
Caprylyl Glucoside
Cetyl Palmitate
Emulsifiers E471
Fettalkohol (oft bei der deutschen Deklaration von "Cetearyl Alkohol")
Glycerin* (bei veganen Produkten aus Kokos- oder Palmöl hergestellt)
Glyceryl Stearate SE
Hydrogenated Palm Glycerides Citrate
Isopropyl Octyl Palmitate (achten Sie auf alle palmitate-Endungen!)
Myristyl Alcohol
Palm Oil Kernal
Palmate
Peptide Complex
Polyglyceryl-2-Caprate Polyglyceryl-10 Laurate
Sodium Cetearyl Sulfate Sodium Coco Sulfate (oft aus Palmöl hergestellt)
Sodium Isostearoyl Lactylate, Sodium Lauroyl Lactylate
Sodium Lauryl Sulfoacetate /SLSA* (meist aus Kokosöl gewonnen, kann jedoch auch mit Palmöl hergestellt werden)
Stearinsäure
Vegetable Oil/Vegetable Fat (hoch gesättigtes Fett = Palmöl)
Palmitoyl Oxostearamide
Palmitoyl Tetrapeptide-3
Sodium Lauryl Lactylate/Sulphate

Quelle: http://www.affenstarke-regenwaldbotschafter.de/bezeichnungen-fuer-palmoel-2/

Verzeichnis

1) https://www.derstandard.at/story/2000141732840/tierschuetzer-erheben-schwere-vorwuerfe-gegen-steirischen-gefluegelmaester?ref=article
2) www.sn.at/panorama/wissen/bienensterben-global-2000-wittert-falsche-zahlen-5039518
3) www.wienerzeitung.at/nachrichten/politik/oesterreich/544547-Berlakvichs-Kehrtwende-beim-Bienen-Gipfel.html
4) www.derstandard.at/story/2000078766222/verbot-fuer-neonikotinoideauf-europaeischer-ebene-beschlossen
8) https://ooe.orf.at/stories/3061065/
9) www.spiegel.de/wissenschaft/mensch/mikroplastik-der-groesste-verursacher-sind-autoreifen-a-1226400.html
10) www.aerzte-gegen-tierversuche.de/de/tierversuche/humanmedizin/2942-alzheimer-gescheiterte-tierversuche-und-zukunftsweisende-technologien
11) www.derstandard.at/story/2000098222790/bramble-cay-mosaikschwanzratte-ist-die-erste-vom-klimawandel-ausgerottete-saeugetierart
12) www.diepresse.com/612858/schulverwaltung-wer-wofur-zustandig-ist
13) Bericht des Rechnungshofes, Schulbehörden in Oberösterreich und Tirol: Landesschulräte , Oberösterreich 2015/6, S. 124
14) Stand Herbst 2022
15) www.nachrichten.at/politik/landespolitik/Direktoren-Wie-objektiv-ist-die-Objektivierung;art383,521162
16) https://www.wienerzeitung.at/nachrichten/politik/oesterreich/483495-Gefangen-im-Netz-der-drei-maechtigen-Buende.html
17) https://www.meinbezirk.at/enns/c-lokales/prominenter-neuzugang-beim-ennser-seniorenbund_a3450138
18) www.raiffeisen.at/de/meine-bank/raiffeisen-bankengruppe/unsere-philosophie.html
19) www.derstandard.at/story/2000076715002/zum-200-geburtstag-raiffeisen-wuerde-im-grab-rotieren
20) www.raiffeisenverband.at/de/raiffeisen-in-oesterreich0/geschichte.html
21) www.raiffeisenverband.at/de/raiffeisen-in-oesterreich0/geschichte.html
22) genos.univie.ac.at/fileadmin/user_upload/genossenschaftswesen/Genos/FOG/FOG-Vortragsveranstaltung/Heft_42.pdf
23) http://sga.monarchisten.org/die-monarchisten.html
24) www.faz.net/aktuell/finanzen/anleihen-zinsen/oesterreich-raiffeisen-bank-will-2-milliarden-vom-staat-1725158.html
25) https://kurier.at/wirtschaft/staatshilfen-raiffeisen-zahlt-im-maerz-wird-zurueck/51.200.038 28)

26) www.raiffeisenverband.at/de/die-idee-raiffeisen---genossenschaft.html
27) https://lagerhaus.at/mostviertelmitte/ueber-uns/a/geschichtliche-entwicklung-unserer-genossenschaft
28) www.maschinenring.at/maschinenring-salzburg-reggenmbh/uns-verbindet-die-gelebte-naehe-zum-kunden
29) www.maschinenring.at/maschinenring-almenland/arbeiten-beim-maschinenring
30) www.maschinenring.at/maschinenring-almenland/arbeiten-beim-maschinenring
31) noebauernbund.at/wir/geschichte/ein-weg-voller-meilensteine/
32) ooe.kpoe.at/article.php/20060219180745129
33) www.rwa.at/beteiligungen+2500+++1038
34) www.vivatis.at/de/unternehmenstruktur-tochtergesellschaften
35) www.derstandard.at/story/1385171907359/raiffeisen-steigt-bei-do--co-aus
36) www.mediaprint.at/impressum
37) www.derstandard.at/story/2000122909430/erwin-hameseder-raiffeisen-kurier-gesellschaftliche-verantwortung-der-medien-nicht-als
38) https://www.raiffeisenholding.com/holding/medien/
39) https://cmpf.eui.eu/mpm2020-results/
40) https://de.wikipedia.org/wiki/Neue_Z%C3%BCrcher_Zeitung
41)https://www.wienerzeitung.at/nachrichten/kultur/medien/607830_Journalist-Lutz-Holzinger-verstorben.html
42)https://www.kobuk.at/2013/06/news-beugt-sich-dem-machtfaktor-raiffeisen/
43) https://epub.jku.at/obvulihs/download/pdf/841758?originalFilename=true
44) https://bauernzeitung.at/impressum/
45) https://www.agrarheute.com/tier/rind/faktencheck-turbokuehe-milchleistung-versus-lebensdauer-536323
46) https://www.derstandard.at/story/2000132027127/europas-groesste-milchfabrik-soll-in-spanien-entstehen-und-sorgt-fuer
47) https://www.zentrum-der-gesundheit.de/ernaehrung/lebensmittel/milchprodukte/kuhmilch-qualitaet-ia
48) https://bauernladen.at/artikel/produkte/milch-to-go-ab-hof/
49) https://www.verbrauchergesundheit.gv.at/Lebensmittel/buch/hygieneleitlinien/hytienell.html
50) https://www.allergieinformationsdienst.de/aktuelles/news/article/loest-verarbeitete-milch-staerkere-allergiebeschwerden-aus.html
51) Milk processing increases the allergenicity of cow's milk-Preclinical evidence supported by a human proof-of-concept provocation pilot - PubMed (nih.gov)
52) www.ots.at/presseaussendung/OTS_20070509_OTS0199/bmwa-staatspreis-marketing-2006-fuer-die-faire-milch
53) https://www.voem.or.at/

54)https://www.profil.at/oesterreich/wer-verdient-an-der-milch-bauer-oder-billa/401759103
55) kontrast.at/landwirtschaft-in-oesterreich/#:~:text=Ihr%20Gesch%C3%A4ftsf% C3%B-Chrer%20ist%20Johann%20K%C3%B6ltinger,der%20gesamten%20Frischmilch%20 in%20 %C3%96sterreich.
56) kurier.at/chronik/niederoesterreich/projekt-a-faire-milch-wurde-zu-grabe-getra-gen/400991384
57) kurier.at/chronik/niederoesterreich/projekt-a-faire-milch-wurde-zu-grabe-getra-gen/40099138458) www.ig-milch.at/landwirtschaft-in-oesterreich-wird-stark-von-raiffei-sen-dominiert/
59) www.diepresse.com/4954615/ende-der-milchquote-ein-jahr-nach-der-planwirtschaft#:~:-text=1984%20wurde%20in%20der%20EU,2015wurde%20die%20Milchquote%20endg%C3%B-Cltig%20abgeschafft.
60) www.nachrichten.at/wirtschaft/bauernsterben-jeder-neunte-landwirt-hat-seit-2010-zuge-sperrt;art15,3679690
61) https://kaernten.orf.at/v2/news/stories/2517348/index.html
62)www.welt.de/geschichte/zweiter-weltkrieg/article112404403/Erfindungen-Der-Man-gel-des-Zweiten-Weltkriegs-schuf-die-Spruehsahne.html#:~:text=Als%20w%C3%A4hrend%20 des%20Zweiten%20Weltkriegs,Spr%C3%BChdose%20wurde%20es%20zum%20Welterfolg.
63) www.wwf.at/neuer-bericht-bodenverbrauch-bedroht-gesundheit-und-lebensqualitaet/
64) www.wienerzeitung.at/nachrichten/wirtschaft/oesterreich/2117923-Land-der-Supermaerk-te.html#:~:text=Laut%20der%20Wirtschaftskammer%20%C3%96sterreich%20(WK%C3%96,-betrage%20dieser%20Wert%2045%2C5.
65) www.topagrar.at/rind/news/almo-kuenftig-mit-arge-rind-13147153.html
66) www.derstandard.at/story/2000132834940/schirnhofer-an-rewe-ich-habe-angst-vor-ihnen
67) www.derstandard.at/story/2000132900996/schirnhofer-gegen-rewe-krieg-der-worte-ums-ochsenfleisch
68) https://www.sn.at/wirtschaft/oesterreich/wie-unfair-ist-der-handel-wirklich-26903503
69) https://www.derstandard.at/story/2000133119532/die-imperien-schlagen-zu-rueck-wie-viel-macht-haben-supermaerkte
70) www.kleinezeitung.at/wirtschaft/6193613/Fritz-Poppmeier_SparChef_Energiepreise-bringen
71) https://ec.europa.eu/eurostat/documents/2995521/11008690/2-19062020-AP-DE.pd-f/291bd291-4754-3fc1-26e9-036b9d581d35
72) www.sn.at/wirtschaft/oesterreich/kleines-land-mit-grossen-preisen-warum-die-oesterrei-cher-mehr-fuers-essen-zahlen-72309217
73) https://orf.at/v2/stories/2095165/2092377/
74) www.profil.at/home/handel-billa-pranger-84226
75) www.derstandard.at/story/2387872/neuburger-kehrt-in-billa-regale-zurueck
76) www.oxfam.de/system/files/documents/oxfam_2021_knebelvertrage.pdf
77) www.ots.at/presseaussendung/OTS_20220301_OTS0004/koestinger-heute-startet-fair-ness-buero-unter-leitung-von-johannes-abentung

78) https://info.bml.gv.at/themen/lebensmittel/fairness-buero.html
79) https://de.wikipedia.org/wiki/Pferdefleischskandal_in_Europa_2013
80) https://kurier.at/wirtschaft/steirisches-kuerbiskernoel-made-in-china/712.952
81)https://www.nature.com/articles/srep40373
82) www.quarks.de/gesundheit/ernaehrung/darum-gehoert-titandioxid-nicht-in-lebensmittel/
83) https://dzw.de/studie-ratten-lebensmittelzusatz-e171-ist-krebserregend
84) www.efsa.europa.eu/de/news/titanium-dioxide-e171-no-longer-considered-sa-fe-when-used-food-additive
85) https://tv.orf.at/program/orf3/orfiiithem1108.html
86) www.lgl.bayern.de/lebensmittel/warengruppen/wc_07_fleischerzeugnisse/et_separatoren-fleisch.htm#lit
87) www.welt.de/wirtschaft/gallery6768032/Preiserhoehungen.html
88) www.derstandard.at/story/2000140656609/weniger-inhalt-hoeherer-preis-lebensmittelher-steller-verkaufen-mehr-luft?ref=article
89) www.sn.at/wirtschaft/oesterreich/zu-teuer-handel-wirft-markenprodukte-aus-den-rega-len-128018491
90) https://praxistipps.focus.de/lebenserwartung-von-kuh-schwein-schaf-und-huhn-alle-in-fos_143342
91) https://orf.at/v2/stories/2013060/2013056/
92) www.janatuerlich.at/Ja__Natuerlich/Ja__Natuerlich_Werbewelt/Unsere_Hauptdarsteller/Unsere_Hauptdarsteller/Content.aspx
93) Stand: 28.12.2022
94) https://help.orf.at/v3/stories/2974354/#:~:text=Ein%20Liter%20der%20Spezialmilch%20kostet,um%20eine%20kleine%20Milchproduktion%20handelt. https://
95) www.marktforschung.de/marktforschung/a/siegel-sorgen-fuer-mehr-vertrauen-und-stei-gern-preisbereitschaft/
96) www.derstandard.at/story/2000068408192/viele-guetesiegel-versprechen-mehr-als-sie-halten
97) https://greenpeace.at/assets/uploads/publications/181030_gp_guetersiegel-guide_web.pdf?_ga=2.268400782.1892276857.1569487522-1616858810.1569487522
98) https://greenpeace.at/news/blog-ist-oesterreichisches-schweinefleisch-zu-schlecht-fu-er-deutsche-supermaerkte/#:~:text=Allerdings%20bekommen%20Schweine%20von%2050,oder%20dem%20AMA%2DG%C3%BCtesiegel%20gehalten.
99) www.derstandard.at/story/2000141844246/oesterreichische-puten-fliegen-aus-han-del-und-gastronomie
100) www.wiwo.de/unternehmen/handel/trend-im-lebensmittelhandel-warum-nicht-al-les-aus-der-heimat-regional-ist/20501764.html
101) unipub.uni-graz.at/obvugrhs/content/titleinfo/3106295/full.pdf
102) www.umweltbundesamt.de/sites/default/files/medien/6232/dokumente/ifeu_2020_oeko-logische-fussabdruecke-von-lebensmitteln.pdf

103) www.derstandard.at/story/2000119974154/gute-geschaefte-mit-dem-guten-gewissen-bei-nahrungsmitteln
104) https://wien.arbeiterkammer.at/service/broschueren/konsument/WEB_Lebensmittel_Etikett_rg.pdf
105) www.krone.at/2527329
106) noe.orf.at/stories/3142451/
107) www.gast.at/gastronomie/fragen-und-antworten-zur-lebensmittelkennzeichnung-der-gastronomie-42175
108) https://bauernzeitung.at/zunehmend-hitzige-diskussion-um-herkunftskennzeichnung/
109) www.gierlinger-holding.com/de/standorte/
110) www.wko.at/branchen/industrie/nahrungs-genussmittelindustrie/PA-6.5.2022_Herkunftskennzeichnung_weitere_LM-Teuerung.html
111) www.sn.at/wirtschaft/oesterreich/regionalitaet-bei-oesterreichern-sehr-positiv-belegt-87141517
112) www.agrarheute.com/tier/rind/kuehe-verstehen-so-gehts-kuhbrille-553493
113) www.oekolandbau.de/landwirtschaft/tier/spezielle-tierhaltung/rinder/milchviehhaltung/tierzucht/genetisch-hornlose-rinder-eine-alternative-zum-enthornen/
114) https://huetthaler.at/unternehmen/schlachthof-nach-tierwohl-grundsaetzen/
115) www.lko.at/anbindehaltung-in-biobetrieben-was-zu-beachten-ist+2400+3382596
116) www.sn.at/panorama/oesterreich/oesterreichweit-erste-mobile-schlachtanlage-genehmigt-70320322
117) Der große Bio-Schmäh; Clemens G. Arvay, Verlag Ueberreuter, 2012
118) Günter Wallraff, dt. Investigativ-Journalist, der durch seine Reportagen über diverse Großunternehmen wie auch die Bild Zeitung bekannt geworden ist. Unter anderem arbeitete er zwei Jahre als „türkischer Gastarbeiter Ali" und deckte den Umgang mit Gastarbeitern etc. auf.
119) Vgl TV-Reportage "Bio aus China" - https://tv.orf.at/program/orf3/orfiiithem992.html
120) www.bio-austria.at/a/bauern/verpflichtende-zertifizierung-fuer-bio-gastronomie-notwendig/
121) www.zotter.at/das-ist-zotter/news/news-detailseite/zotter-verzichtet-kuenftig-auf-das-fairtrade-logo
122) www.welt.de/regionales/hamburg/article175770020/Lebensmittelbetrug-Es-gibt-einfach-viel-zu-viel-Bioprodukte.html
123 www.lebensmittelklarheit.de/fragen-antworten/herkunftsbezeichnung-eu-nicht-eu-landwirtschaft
124) www.tagesschau.de/wirtschaft/weltwirtschaft/welternaehrungsgipfel-lobbyismus-101.html
125) www.deutschlandfunkkultur.de/gefaehrdete-welternaehrung-wie-konzerne-die-100.html
126) www.deutschlandfunk.de/konzernspenden-an-ngos-die-womoeglich-verkaufte-100.html
127) www.foodwatch.org/at/news/nachrichten/greenwashing-wie-lebensmittel-sich-klimafreundlich-rechnen-koennen/

128) de.statista.com/statistik/daten/studie/1176464/umfrage/anbauflaeche-von-palmfruech-ten-weltweit/
129) www.wienerzeitung.at/nachrichten/wirtschaft/oesterreich/636444_Prozess-um-Listeri-en-Quargel.html
130) www.regenwald-schuetzen.org/verbrauchertipps/palmoel
131) www.umweltberatung.at/checkliste-da-steckt-meist-palmoel-drin
132) www.tips.at/nachrichten/eferding/wirtschaft-politik/395206-besucheran-sturm-in-aschach-neuer-agrarterminal-feierlich-eroeffnet
133) www.scinexx.de/news/geowissen/torffeuer-heizen-dem-klima-ein/
134) www.greenpeace.de/klimaschutz/mobilitaet/biosprit-umweltpolitischer-unfug
135) https://vfi.co.at/de/pflanzenfette-pflanzenoele-fuer-industrie-und-gewerbe/
136) www.noen.at/haag/spatenstich-fuer-oelpresse-neue-arbeitsplaetze-top-11355315
137) www.lebensmittel-cluster.at/news-presse/detail/news/palmoel-in-aller-munde
138) www.regenwald.org/themen/palmoel/kokosoel-keine-alternative-zu-palmoel
139) www.schaerdinger.at/produkte/sommerbutter-250-g
140) retailreport.at/upfield-praesentiert-dem-lebensmittelhandel-flora-plant
141) https://archiv.vki.at/konsument/tabellen/318900720351_6.html
142) www.heilpraxisnet.de/naturheilpraxis/fettreiche-ernaehrung-fuehrt-zu-mehr-schmer-zen-20221115568195/
143)www.diepresse.com/5632559/bauernsterben-mehr-als-jeder-zweite-hof-seit-1970-ver-schwunden
145) www.lko.at/ergebnisse-der-agrarstrukturerhebung-2020+2400+3660668#:~:-text=57%25%20der%20Betriebe%20werden%20im,der%20Betriebe%20von%20Frauen%20gef%C3%BChrt.
146) www.gruenes-gas.at/themen/gruenes-gas-ist-teil-der-energiewende/gruenes-gas-ist-bio-gas/
149) www.wissenschaft.de/erde-umwelt/algen-im-rinderfutter-verringern-methanausstoss/
150) www.global2000.at/sites/global/files/Pestizidatlas-2022.pdf
151) https://ec.europa.eu/commission/presscorner/detail/de/mex_22_1304
152) Vgl : «Grünland schafft Luft zum Leben», LKO Oberösterreich
153) https://science.apa.at/mehrzumthema/die-natur-inhalieren-lassen/
154) www.statistik.at/fileadmin/publications/SB_1-26-Versorgungsbilanzen-tierische-Produk-te2021.pdf
155) www.ble.de/DE/Themen/Marktorganisation/Private-Lagerhaltung/private-lagerhaltung_node.html
156) www.ots.at/presseaussendung/OTS_20191010_OTS0114/ernaehrungssouveraenitaet-oes-terreichs-durch-klimawandel-und-bodenverbrauch-massiv-gefaehrdet-anhaenge
157) https://kontrast.at/erntehelfer-jobs-erfahrungsberichte/

158) www.mdr.de/nachrichten/welt/osteuropa/politik/agrarsubventionen-betrug-osteuropa-100.html
159) www.trend.at/branchen/gewerbe-industrie/betriebe-million-eu-agrarfoerderung-6415821
160) www.topagrar.com/dl/3/4/0/3/6/8/8/Die_20_groessten_Agrarfoerdergeld-Empfaenger_2017-18.PNG
161) https://blickinsland.at/schadholz-foerderungen-fuer-nasslager-werden-erhoeht/
162) GGG: Geografisch Geschützte Angabe
163) www.svgh.at/guetesiegel/geschuetzte-ursprungsbezeichnung-gu/
164) www.svgh.at/guetesiegel/geschuetzte-geografische-angabe-gga/
165) www.ots.at/presseaussendung/OTS_20141118_OTS0166/zur-geschichte-des-ama-guetesiegels
166) www.statistik.at/statistiken/land-und-forstwirtschaft/tiere-tierische-erzeugung/schlachtungen
167) mainfo.at/fileadmin/user_upload/AMA_G%C3%BCtesiegel_Richtlinie_Blumen_und_Zierpflanzen.pdf
168) www.sueddeutsche.de/wissen/gentechnik-verbotene-gentechnik-fuehrt-zu-massenhafter-blumenvernichtung-1.3522129
169) amainfo.at/teilnehmer/qualitaets-und-guetezeichen/blumen-zierpflanzen/weg-zur-teilnahme#c43192
170) https://amainfo.at/artikel/kalbfleisch-in-der-kueche
171) www.rechnungshof.gv.at/rh/home/home/Agrarmarkt_Austria_Marketing_GesmbH.pdf
172) www.ama.at/allgemein/presse/presse-2022/staffeluebergabe-in-der-geschaeftsfuehrung-der-ama-marketing-gmbh-zum-jahreswechsel-fixiert!
173) www.kleinezeitung.at/politik/innenpolitik/5380937/Lobbying_Der-heikle-Seitenwechsel-der-Altpolitiker
174) www.falstaff.at/nd/das-sind-die-beliebtesten-fleischhauer-in-oesterreich-2022/
175) www.derstandard.at/story/2000136802895/weniger-bio-mehr-gentechnik-europas-landwirte-auf-spurensuche
176) https://tv.orf.at/program/orf2/ecospezial112.html
177) www.zeit.de/2021/22/landwirtschaft-oesterreich-urs-niggli-oekologie-umweltschutz-agrarwissenschaft
178) https://orf.at/stories/3290292/#:~:text=Weltweit%20habe%20Corteva%20bereits%20 1.430,Unkraut%20und%20Sch%C3%A4dlinge%20resistent%20sind.
179) www.innovationfarm.at/projekte/
180) www.weltagrarbericht.de/themen-des-weltagrarberichts/ernaehrungssouveraenitaet.html
181) www.lko.at/rechtliche-rahmenbedingungen-f%C3%BCr-direktvermarkter+2400+2949803
182) https://verein.foodsharing.at/
183) www.wien.gv.at/freizeit/einkaufen/maerkte/lebensmittel/index.html
184) www.beefcattle.at

Von ALOIS